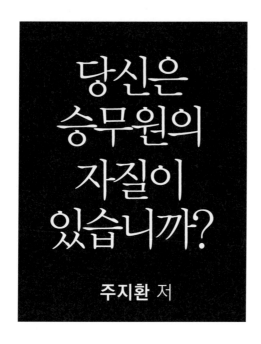

당신은
승무원의
자질이
있습니까?

주지환 저

B (주)백산출판사

승무원의 단점까지 인정하고도 여전히 스스로가
진지하게 하고자 하는 직업이 맞는지,
자기 자신에게 물어봐야 하고,
이 질문에 스스로 확실하게 대답하여
앞으로 승무원 면접 준비를 한다고 했을 때,
포기하지 않고 해낼 수 있는 확고한 의지와
마음가짐을 가질 수 있는지에 대해 고민해야 합니다.
만약 이 두 가지 질문에
스스로가 확고하지 않다면 깨끗이 포기하고
더 잘할 수 있는 일을 찾아야 한다고 주장합니다.

저자의 글

우선, 저자의 글을 시작하기에 앞서 꼭 하고 싶은 말이 있습니다. 화려하게만 보이는 지난 비행 생활들에 대한 비행일기나 면접 답변에 대한 예문을 나열한 책을 찾는다면, 이 책은 찾고자 하는 내용이 아닐 것이라 생각합니다. 승무원이 되고 싶다면 우선 승무원 면접에 합격을 해야 하고, 내가 보고자 하는 승무원 면접이 어떤 점을 가장 중점적으로 평가하며, 어떤 방향으로 준비해 나가야 하는지 그리고 어떤 마음가짐과 의지가 필요한지에 대해 조금은 냉정하게 들릴 수 있는 얘기들만 가득한 책이기에… 만약 "잘한다" "예쁘다" "할 수 있다"를 바탕으로 한 얘기들과 승무원이라는 직업에 대한 화려한 장점들을 통한 응원이 필요하다면 이 책의 저자인 저는 그러한 점을 충족시켜 줄 수 있는 내용을 이 책에 담지 않았다는 점을 먼저 말씀드립니다.

승무원 면접강사로서 학생들을 가르치며, 처음 승무원 준비를 시작하고자 하는 학생들에게 항상 하는 말이 있습니다.

객실승무원이라는 직업이 절대 대단한 직업이라서가 아닌, 승무원도 결국엔 수많은 직업 중 하나이지만 특수한 기내라는 공간에서 유니폼을 입고, 서비스와 안전이라는 업무에 대한 기대치가 높은 승객들을 응대해야 하고, 또한 높은 경쟁률을 뚫고 합격해야만 승무원으로 합격하여 교육을 받고 최종적으로 승무원이라는 이름으로 기내에서 일할 수 있다는 여러 특성 때문에 단순히 내가 하고 싶다는 마음만으로는 도전할 수 없는 직업이라고 항상 얘기합니다. 이 직업을 다른 어떤 직업보다 더 높게 평가했거나 마치 연예인과 비슷한 그 어디쯤 되는 것인 양 미화하는 것에 대해서는 매우 경계하고 반대합니다. 하지만 위에 나열된 이 직업의 면접이 가지는 특성들에 의해 하고 싶다는, 조금은 막연한 도전의식만으로는 준비할 수 없다는 것이 제 주장입니다. 단순히 내가 하고 싶다는 마음만으로 뛰어들어 1~2년 혹은 그 이상의 시간을 허비할 수 없다고 생각하며, 이 직업에 대한 그리고 승무원 면접에 대한 나의 가능성을 확인한 결과, 최소한의 가능성도 보이지 않는다면 깨끗이 포기하고 더 잘할 수 있는 일을 찾아야 한다는 것이 제 개인적인 주장입니다.

승무원이라는 직업에 대한 면접을 준비하는 학생들을 가르치며, 제가 승무원을 준비했던 학생시절에 가졌던 고민들도 나름 있었지만 막상 누군가를 가르치는 입장에서 학생들의 고충을 바라볼 때는 또 다르다는 것을 알게 되었고, 내가 승무원을 준비했던 시간들과 객실승무원으로서 외국 항공사와 국내 항공사 모두에서 비행했던 시간, 그리고 현재 학생들을 가르치는 시간과 과거의 모든 시간들을 종합하여 축적한 경험과 기술들을 바탕으로 승무원 면접 관련하여 현실적인 글들을 카페나 블로그 등에 싣고 있습니다. 물론 어떠한 기관에 소속되어 학생을 가르치는 강사의 입장으로서 내가 속한 기관을 홍보하기 위한 내용을 글 속에 담아내지 않을 수 없지만, 최대한 홍보를 배제하고 진심으로 나의 경험들과 생각들을 솔직하게 써나가며, 단기간에 일 방문자 수 1,000명 이상이라는 결과를 얻게 되었고, 하루하루 써내려간 글들을 인연으로 나를 만나 승무원 면접 준비를 시작하고 좋은 결과를 얻게 되는 과정들을 보면서 학생을 직접 가르치는 강의시간과는 또 다른 보람을 느끼고 있습니다.

기존에 출간된 승무원 관련 도서들과 인터넷 글들을 보면서 항상 저만의 기준과 시선에서는 안타까움이 많았습니다. 물론 승무원이라는 직업은 승객의 안전을 책임지는 너무나 막중한 임무를 수행하지만, 세상 어떠한 직업도 무의미하거나 가벼운 직업은 없다고 생각합니다. 그렇기 때문에 단순히 승무원이라는 직업을 미화하거나 화려함만을 강조하는 것에 대해서는 개인적으로 불편하게 느끼는 부분 중 하나입니다.

승무원 관련 책들과 인터넷에 떠다니는 글들이 모두 그렇다고 일반화시킬 수는 없지만, 대체로 기존 자료들의 경우 제 기준에서는 승무원이라는 하나의 직업을 여러 직업 중 하나로 보기보다는 매우 대단하고 장점만을 가진 화려한 직업, 외국을 밥 먹듯이 다니는 멋있는 직업, 그리고 더 나아가 승무원이 되기 위해 거쳐야 하는 승무원 면접도 누구나 쉽게 합격할 수 있다는 식으로 풀어나가는 측면이 많다고 생각했습니다. 그러한 점에서 이 책은 승무원이라는 직업과 승무원이 되기 위해 거치는 승무원 면접에 대한 내용들을 하나의 책으로 엮은 것으로 기존에 쉽게 접할 수 있었던 여러 승무원 출신들의 화려하게 비행했던 순간들을 일기로 담아낸 책이 아님을 다시 한 번 알려드립니다.

또한, 면접 답변을 만드는 방법만 나열된 책이 아닌, 승무원 준비를 고민하거나, 승무원 준비를 하고 있거나, 혹은 준비를 포기하려는 단계에 와 있는 학생들을 위한 참고서와 같은 책을 내고자 고심했습니다. 특히나 특정 기관에 소속되어 작성해 왔던 인터넷 글 속에 모든 현실적인 내용을 담는 데는 한계가 있었기 때문에 출판되는 책에서는 더 적나라하고 솔직한 사실만을 담기 위해 노력했습니다.

또한, 그간 출간된 승무원 관련 도서가 승무원을 준비하는 학생들을 위한 자료가 대부분이었다면, 이 책은 승무원이라는 하나의 직업에 대한 현실적인 시선에서의 이해와 함께 준비를 고민하는 단계라면 각자 가지고 있는 고민에 대한 솔직한 답변을, 그리고 준비하고 있는 학생들에게는 실질적으로 도움이 될 수 있는 여러 자료를 제공하고, 이미 함께 준비를 시작했지만, 여러 문제로 인해 포기하려는 상황에 놓여 있는 학생들을 위한 책이라고 볼 수 있습니다.

물론, 이 책에 담긴 내용들이 정답이라고 할 수는 없겠지만, 그간 승무원 관련 도서로는 접하지 못했던 사실들, 그리고 전현직 승무원들조차 몸으로는 이해하고 있지만, 머리와 입으로는 풀어내지 못했던 내용들에 대해 현실적이면서도 냉철한 시선으로 써 내려간 제 글들로 인해 세상에 존재하는 여러 직업 중 하나인 객실승무원을 준비하고자 고민하는 학생들이 직업을 선택하는 데 조금이나마 도움이 되기 바랍니다.

당신은 승무원의 자질이 있습니까?

C O N T E N T S

차 례

Chapter 3
승무원 면접 준비 시작 전 고민

Chapter 4
승무원 면접 준비단계에서의 정보

Chapter 5
외국 항공사 관련 정보

Chapter 6
국내 항공사별 실제 나왔던 면접 질문

Chapter 7
지상직 면접 준비의 모든 것

Chapter 8
승무원 준비단계에서 자주 하는 질문

Chapter 9
승무원 면접 준비 포기

Chapter 1

객실승무원
직업 이해

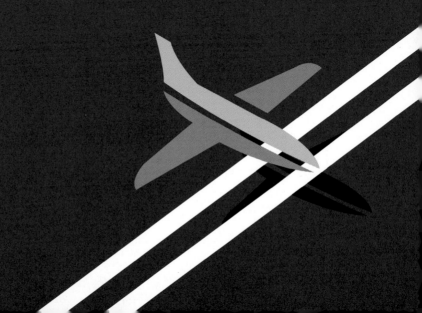

당신은
승무원의
자질이
있습니까?

객실승무원 직업 이해

1
당신은 승무원의 자질이 있습니까?

승무원이 되고자 결심한 사람에게 제가 가장 먼저 요구하는 것은 객실 승무원이라는 직업에 대한 이해입니다.

물론, 아직 항공사에 입사하여 안전업무와 서비스 업무에 대한 교육을 받지 않았고, 객실승무원으로서 실제로 일해 본 단계가 아니므로 정확히 객 실승무원이라는 직업에 대해 이해하기 어려울 수 있으나, 내가 하고자 하는 이 직업이 어떤 직업인지에 대해 어느 정도의 정확한 이해가 없다면 과연 승무원이 되기 위해 참여해야 하는 승무원 면접에 대한 준비를 올바른 방향으로 해나갈 수 있겠느냐는 생각을 가지게 됩니다.

승무원 면접이라는 것은 쉽게 말하자면 승무원이 어떤 직업인지를 잘 이해하고 있는지 그리고 더 나아가 내가 왜 승무원이라는 직업에 적합한 사람인지, 왜 잘할 수 있는지에 대해서 스스로가 보여주고 면접관을 설득시킬 수 있어야 하지만, 내 스스로가 이 부분을 잘 알지 못한다면 과연 내가 면접에서 면접관을 납득시키고 설득시켜 확신을 줄 수 있을지에 대한 의문이 들게 합니다.

승무원이 되고자 한다면 우선 승무원 면접에 합격해야 하므로 승무원이라는 직업에 대한 이해도를 평가받는 승무원 면접에서 해당 직업에 대한 이해가 없고, 더 나아가 승무원의 자질이 무엇인지를 내가 알지 못한다면 합격하기 위해 면접에서 보여줘야 하는 것들이 무엇인지도 모를 것이기 때문에 올바른 방향으로 면접 준비를 해나갈 수 없습니다.

하지만 많은 학생을 처음 만나고 준비를 해나가는 과정에서 아무리 제가 객실승무원이라는 직업에 대한 이해와 진지한 마음, 진정성 있는 접근이 필요하다고 강조해도 많은 학생들은 머리로만 이해할 뿐, 실제로 몸이 제대로 움직이지 않는 게 대부분입니다.

우선, 내가 하고자 하는 객실승무원이라는 직업에 대한 정확한 이해가 필요합니다. 많은 학생들이 알고 있는 것과 같이 승무원의 업무 중 가장 중요한 것은 안전입니다. 입사 후 배우게 되는 승무원의 모든 업무에 대한 것들이 나와 있는 업무 교범 혹은 외국 항공사에서는 Manual이라 불리는 것에도 언급되어 있지만, 객실승무원에게 가장 중요한 업무 순서 1번이 안전업무이기 때문입니다.

우리는 기내에서 발생하는 승객과 승무원을 위협하는 다양한 상황으로부터 목숨을 구하고 안전을 보장받기 위한 안전업무를 수행할 수 있어야 하고, 그다음으로 중요한 부가적인 업무로는 기내에 탑승하는 모든 승객의 편안한 여행을 위한 전반적인 서비스를 하게 됩니다.

세부적으로 들어가면 너무나 많은 일을 하는 것이 승무원이지만, 크게 두 가지 카테고리로 나눈다면 안전업무와 서비스입니다. 내가 하고 싶어 도전을 선택한 승무원이라는 직업이 단순히 어떤 스타일의 유니폼을 입고, 연봉은 얼마이며, 노선은 얼마나 다양해서 어떤 곳으로 해외여행을 갈 수 있는지에 대한 생각도 너무나 중요하지만, 그 이전에 내가 객실승무원이 된다면 하게 될 업무에 대한 이해가 더 중요하다는 것을 항상 강조합니다.

안타까운 것 중 하나는 학생 대부분이 내가 하고자 하는 직업의 업무에 대한 이해와 실제로 내가 해야 하는 일에 대한 단점을 알고자 하기 전에, 이 직업이 가지고 있는 화려한 면과 연봉 그리고 복지와 같은 것들에만 더 집중한다는 것입니다. 물론 그런 것들이 중요하지 않다고 볼 수 없지만, 직업에 대한 직무 이해보다 더 앞에 있어야 한다고 생각하지는 않습니다.

또한, 승무원이라는 직업은 그저 유니폼을 입고 공항과 기내를 활보하는 일이 아닌 24시간 유니폼을 입고 있는 그 순간만큼은 항상 을의 입장에서 모든 승객에게 서비스해야 하고, 조금은 과도한 요구를 하거나 불합리한 상황에서도 내 감정을 모두 드러낼 수 없는 현장에서 서비스를 제공할 수 있어야 합니다.

하나의 예로 제 경험을 들어보자면 기내라는 전체 공간은 절대 좁은 곳이 아니기 때문에 온도에 대한 조절이 가능하긴 하지만, 단시간에 조절되는 것은 아닙니다. 한 승객의 춥다는 요구에 의해 기장님께 보고 후 기내 온도 조절을 했고, 조절까지 일정 시간이 소요되기 때문에 기다려 달라고 양해를 구했으나, 조절을 왜 빨리 하지 않느냐고 실제 욕설을 했던 경우가 있었습니다. 이러한 경우에도 물론 욕설에 대한 제지를 해야 하지만, 여전히 승무원의 입장에서는 승객에게 웃으며 친절하게 양해를 구할 수밖에 없는 것이 이 직업의 현실입니다. 이러한 상황에서도 감정을 숨기고 웃을 수 있어야 합니다.

그 외에도 만일의 사태에 대비하여 내 목숨을 걸고 몇 백 명이 되는 승객의 안전을 책임질 수 있어야 합니다.

과연 내가 기대하고 접근했던 직업이 맞는지에 대한 생각을 스스로 다시금 정리해 볼 필요가 있습니다. 내가 정말 진심으로 하고자 하는 직업이 맞는지 다시 한 번 본인 스스로 물어볼 수 있는 시간을 가졌으면 합니다.

내가 정확하게 승무원의 직무를 이해했고, 여러 단점을 모두 고려하고 난 이후에도 그런데도 진심으로 하고자 하는 일이 맞는다면 면접에서 승무원으로서의 자질이 있다는 것을 보여줄 수 있어야 합니다. 나 혼자만 내가 가진 승무원으로서의 자질과 강점들을 알고 있다면 소용이 없겠죠. 앞으로 면접을 통해 보여줄 수 있어야 합니다.

그렇다면 승무원의 자질에는 어떤 것이 있느냐고 생각할 수 있습니다. 저는 개인적으로 저 역시도 승무원이 되고자 준비했던 시간 그리고 외국 항공사와 국내 항공사에서 모두 승무원으로서 비행했던 시간, 현재 학생을 가르치고 있는 모든 시간을 다 종합했을 때, 객실승무원의 자질은 절대 한정적이지 않다고 생각합니다.

세상을 살아가며 필요한 모든 자질이 어쩌면 객실승무원의 자질과도 연결될 수 있다고 보는 게 제 주장입니다. 단순히 키가 크고, 영어를 잘하고, 잘 웃는 것들만이 승무원의 자질은 아니겠죠. 비행 중 기내라는 공간은 지상과는 매우 다른 특수성을 가진다고 생각합니다. 물론, 매우 급한 순간에는 회항을 결정하거나 가까운 공항에 비상착륙을 할 수 있지만, 쉽게 이루어질 수 있는 것은 아니므로 비행 중에 기내에서 발생하는 모든 일은 기내에서 해결할 수 있어야 합니다.

그리고 기내에서 발생하는 일들은 기내를 담당하는 객실승무원이 책임져야 합니다. 몇 백 명의 승객들과 그들을 책임지는 승무원이 일하는 공간인 기내에서는 정말 많은 일이 일어납니다. 비단 그것이 영화나 드라마에서 나올 법한 일들, 하지만 실제로도 벌어지고 있는 비상상황만은 아닙니다.

눈앞에서 사람이 쓰러지고 발작을 일으키거나, 심한 경우 기내에서 사망하는 경우까지도 매일매일 비행에서 일어나고 있지만, 그게 아니더라도 작게는 기내 시설물 등에 의해 옷이 찢어지고, 기내에 파리가 날아다니거나 바퀴벌레가 기어 다니는 등에 대한 일들도 해결해야 하는 사람은 기내를 담당하는 객실승무원입니다. 기내에서 날아다니며 승객을 방해하는 파리를 잡는 일, 그리고 찢어진 옷을 바느질하는 것도 모두 승무원이 해야 하는 일입니다.

기내에서 일어나는 다양한 일들을 해결해야 하므로 저는 인생을 살아가며 가지게 되는 모든 능력과 자질이 다 기내 객실승무원의 자질이 될 수 있다고 봅니다. 물론 그 자질을 면접이라는 곳에서 승무원의 자질로서 보여줄 수 있는 준비가 필요합니다.

나 스스로 아무리 승무원의 자질이 있다고 생각하고 어떤 장점을 가지고 있어도 그것을 승무원 면접에서 면접관을 설득시키는 방법을 모르거나 제대로 준비가 안 되어 있어 면접관에게 확신을 줄 수 없다면 소용이 없겠죠.

일반적으로 생각하는 승무원의 자질에는 사람을 응대하기 위한 서비스마인드, 다양한 국적의 승객을 상대해야 하는 직업의 특성상 언어능력, 그리고 매일 몇 백 명의 승객을 기내에서 처음 맞이하므로 필요한 호감 가는 첫인상과 미소, 매일 새로운 승무원과 처음 만나 친해질 수 있는 시간 없이 브리핑 후 바로 비행에 투입돼야 하고, 승객 탑승과 동시에 이미 팀워크를 발휘하고 있어야 하기에 필요한 팀워크, 전 세계를 다니는 특수성으로부터 필요한 새로운 환경에 대한 적응력, 다양한 승객의 요구를 정확히 이해할 수 있는 이해력, 몇 백 명의 승객의 다양한 요구를 한번에 처리할 수 있는 멀티태스킹 능력 등 정말 끝도 없이 많은 자질을 필요로 하는 게 바로 객실승무원입니다.

다시 한 번 정리하지만, 절대 승무원이라는 직업이 대단하므로 많은 자질을 요구한다는 주장은 아닙니다. 비행 중에는 지상에서의 즉각적인 도움을 받을 수 없는 공간의 특수성으로 인해 기내에서 모든 일을 처리해야 하는 직업이기 때문에 승무원이라는 직업은 정말 다양한 능력이 자질이 될 수밖에 없는 것입니다.

본인이 가지고 있는 다양한 능력들을 객실승무원의 능력으로 승무원 면접에서 보여주고 설득할 수 있는 준비를 앞으로 해줘야 하고, 그 이전에 내가 정말 승무원이라는 직업에 도전하고자 한다면 이 직업이 어떤 일을 하며, 어떤 단점을 가졌는지에 대한 정확한 이해가 우선 필요하며, 이 책에서는 그런 점들을 중점적으로 다루고 있습니다.

당신은 승무원의 자질이 있습니까?

그리고 그 이전에 가장 중요하게 먼저 해야 할 것은 본인이 승무원 면접 준비에 대한 가능성이 있느냐를 확인해야 합니다.

단순히 내가 하고 싶다는 마음만으로 할 수 있는 직업이 아니므로 본인이 가진 전반적인 것들과 상황이 승무원 면접 준비에 얼마나 가능성이 있는지를 확인하고 만약 가능성이 있다면 앞으로 어떤 방향으로 준비해 나갈지에 대해서 이 책의 전반적인 내용을 통해 생각해 보기 바랍니다.

2
절대로 단순하지 않은 승무원이 하는 일

승무원 준비를 고민하거나 처음으로 해보고자 하는 학생들을 만날 때마다 항상 처음 물어보는 질문 중 하나가 바로 본인들이 하고자 하는 직업이 어떤 일을 하는 것일 것 같느냐입니다. 물론 아직 교육을 받은 사람이 아니지만, 가장 안타까운 것 중 하나가 바로 내가 하고자 하는 직업에 대한 정확한 이해가 없다는 것입니다. 적어도 내가 쉽지 않은 면접 준비를 해나가야 하는 이 직업이 어떤 일을 하는지에 대해서 조금은 알아야 한다고 생각합니다. 특히나 내가 만약 최종합격을 한다면 앞으로 해나가야 할 일이기 때문에 더더욱 정확히 승무원이 어떤 일을 현실에서 하는지 알아야 합니다.

세부적으로 얘기하자면 너무나 많은 일을 하고 있지만 크게 두 가지로 나눈다면 보편적으로 알려진 대로 비행 중 승객의 편안함을 위한 전반적인 기내 서비스와 기내에서 발생할 수 있는 다양한 위험요소에 대한 안전업무입니다. 승무원을 준비하는 학생이고 아니고를 떠나 일반적으로 우리가 알고 있는 승무원이 하는 일은 비행기를 탔을 때 승객에게 식사를 나눠주고, 기내 판매를 하거나 승객의 불편함을 응대하는 서비스적인 부분이 큽니다. 물론, 너무나 중요하게 승무원이 하는 일이 바로 승객을 응대하는 서비스이고, 실제로도 승무원 업무에서 큰 부분을 차지하는 게 사실입니다. 세부적으로 들어가면 너무나 다양한 업무를 합니다.

가장 먼저 얘기해 볼 것은 기내 서비스입니다. 승무원이 하는 일을 알

당신은 승무원의 자질이 있습니까?

아보기 위해서는 우선, FSC항공사와 LCC항공사마다 서비스 방식에 차이가 있기 때문에 하는 업무에서 조금의 차이가 있을 수 있다는 것을 알아야합니다.

FSC항공사는 Full Service Carrier의 약자로서 단어 그대로 모든 서비스를 무상으로 제공하는 항공사를 뜻하며, 국내 항공사에서는 대한항공과 아시아나항공이 있습니다. LCC항공사는 Low Cost Carrier의 약자로 국내에서는 저비용항공사로 불리는 제주항공, 티웨이항공 등이 대표적이며, 기내식사, 음료, 수화물 등은 각자의 필요에 따라 추가금을 내고 선택할 수 있기 때문에 항공권의 가격이 저렴한 항공사입니다.

FSC와 LCC에 대한 구별없이 승무원은 비행 전, 2시간 30분에서 3시간 전까지 정해진 규정에 맞게 정해진 장소로 출근을 해야 합니다. 항공사마다 용어의 차이는 있겠지만, 승무원이 정해진 시간에 브리핑을 위한 장소에 출근하는 것은 쇼업(Show-up) 혹은 사인온(Sign on)이라는 단어들을 주로 사용합니다. 시간에 맞춰 출근 후 그날 비행에 대한 브리핑을 준비하여 시행합니다.

그날 비행에 객실을 총 담당하는 사무장에 의해 진행되는 객실 브리핑은 항공편의 비행 정보와 도착지에 대한 여러 규정들, 그리고 특별한 케어가 필요한 승객, 새로운 안전과 서비스에 대한 공지사항을 공유하고, 언제 발생할지 모르는 안전에 대한 대비로 안전 지식을 확인하는 몇 가지 질문을 통해 승무원의 안전 지식 등을 종합적으로 확인합니다.

객실승무원 브리핑 이후에는 운항승무원과 합동으로 브리핑이 진행되며, 운항승무원과 함께 진행되는 2차 브리핑에서는 비행시간, 날씨 등에 대한 조금 더 상세한 비행 정보를 공유하게 됩니다. 이후 공항으로 이동하여 항공기에 탑승하게 되며, 승객이 탑승하는 시점에는 이미 비행 전 업무가 완료된 상황이기 때문에 승객 입장에서는 승객 환대와 짐 정리 등이 주업무인 것처럼 보이지만 사실상 승객 탑승 전 40분에서 1시간 동안 벌어지는 탑승 전 업무들은 전쟁과도 같다는 표현을 승무원끼리는 합니다.

안전업무적인 측면에서 본다면 항공기에 최초로 탑승 후 내가 담당한 구역에 배치된 안전장비들이 정상적으로 작동하는지에 대한 상태 확인과 위험한 물건 등이 있지는 않는지에 대한 보안 점검을 합니다. 그 이후 비행 내내 제공하게 될 서비스에 대한 점검을 합니다. 서비스에 필요한 용품들과 식사, 음료 등의 재고가 필요한 만큼 탑재되었는지에 대한 확인을 합니다. 비행 중에는 잘못된 수량을 다시 보급받을 수 없기 때문에 기내의 주방으로 불리는 갤리 담당 승무원은 정확한 재고 확인이 필요합니다.

또한, 서비스에 필요한 모든 용품들이 정확히 탑재되어 있어야 하며, 미탑재된 물품과 재고에 대해서는 항공기 문이 닫히기 전, 지상에 있는 케이터링 담당자를 통해 수급받아야 합니다. 그 이후에는 각 항공사마다 필요한 서비스를 제공하는 순서에 맞춰 일하게 됩니다. 가장 보편적으로 이륙 후 핫 타월과 웰컴 드링크, 혹은 핑거푸드를 제공하고, 시간에 맞춰 식사를 제공합니다. 모든 것들이 판매되는 LCC항공사의 경우 무료 음료 서비스를 시행하고 그 이후 식음료 판매 서비스를 시작합니다. 그리고 식음료 서비스 직후에는 항상 수거를 잊으면 안 됩니다.

음식과 관련된 서비스 이외에도 승무원이 해야 할 업무는 기내 판매 서비스입니다. 식음료를 판매하지 않는 FSC항공사 역시도 기내에서 매출을 내기 위한 다양한 제품들을 판매하고 있습니다. 가장 기본적으로 면세품과 해당 항공사 관련 기념품을 판매하게 됩니다. 기내 판매 매출은 곧 항공사의 영업 이익과 직결되고, LCC항공사의 경우 더더욱이나 기내 판매 매출에 대한 중요도가 높은 만큼 LCC항공사로서 승무원이 가지고 있는 판매에 대한 책임감이 큰 편입니다. 그렇기 때문에 FSC항공사도 그러하지만, LCC항공사의 경우 판매 매출에 대한 인센티브나 상금을 걸고 사내에서 다양한 이벤트를 진행하기도 합니다.

기내 판매 서비스는 이륙 30분 혹은 1시간 전 항공사마다 차이가 있지만, 판매 서비스가 종료되기 전까지는 카트가 지나갈 때가 아니더라도 승객 요구에 따라 각자의 자리에서 개인적으로 구매가 가능합니다. 식음료 서비스와 기내 판매 서비스가 종료되면 정식적인 기내 서비스는 한 차례 종료되었지만, 승객들마다 개별적인 요구들이 끊이지 않기 때문에 각자가 맡은 구역의 승객이 요구하는 사항들을 처리해야 합니다. 일반적으로 우리가 알고 있는 서비스에 대해서는 이 정도로 설명할 수 있습니다.

그렇다면 승객의 시선에서 잘 보이지는 않지만, 실제로 승무원이 하는 일에서 가장 큰 역할을 차지하는 안전업무에 대해 알아봅시다. 승무원이 하는 일에서 가장 중요한 일은 바로 승객의 안전에 대한 안전업무입니다. 승무원이 항공기에 탑승하는 이유가 우선 안전이기 때문이죠. 물론, 사고가 나지 않는 이상 승객의 입장에서 안전과 관련된 일을 하고 있다는 생각이 들지 않을 수 있지만, 사실상 비행 중 가장 많이 행동하는 것이 바로 기내 안전을 위한 행동입니다. 앞에서도 설명했듯이 탑승 전, 기내 용품과 서비스 물품들을 확인하기 이전에 탑승하자마자 가장 먼저 해야 할 것은 기내에 승무원이 꼭 체크해야 할 안전장비와 보안을 확인하는 것입니다. 오늘 내가 담당한 도어의 상태를 확인하고, 소화기, 인터폰, 산소통, 의료장비 등에 대한 상태를 확인해야 합니다.

만약 이륙 후 안전장비들이 필요한 상황에서 작동되지 않거나 사용할 수 없는 어떠한 문제가 생기게 된다면 큰 문제로 번질 수 있기 때문에 이를 방지하기 위해 꼭 필요한 안전장비들에 대한 정상 작동상태를 확인하는 것이 필수업무입니다. 내 구역 장비에 문제가 생겼고, 그것에 대해 사전에 제대로 확인하지 않아 비행 중 문제가 발생한다면 담당구역의 승무원이 책임을 지게 됩니다. 일부 아이템의 경우 이륙 전 특정 수량과 상태에 대한 정확성이 확인되지 않는다면 이륙 허가에 문제가 생길 수도 있습니다.

안전과 관련된 정보를 확인했다면 그다음은 보안입니다. 승무원은 안전 외에도 기내의 보안과 관련된 책임을 지고 있기 때문에 승객이 탑승하기 전, 위험물품 혹은 폭발물과 관련된 물건은 없는지 등을 확인하고 모든 상황이 깨끗하다면 탑승을 시작해야 합니다.

탑승을 하면서도 물론 승객들을 맞이하며 좌석을 찾아주고 짐 정리를 도와주는 역할을 하고 있지만, 더 중요한 것은 승객 환대 위치에서 탑승을 담당하는 승무원들은 수상한 승객이 없는지에 대해서도 의심의 눈초리를 거두면 안 됩니다.

또한, 전염병이 있는 상태에서 숨기고 탑승하는 경우도 있기 때문에 탑승권 확인을 하는 단계에서는 승객의 외적인 건강상태를 확인해야 합니다. 한정된 좁은 공간이기 때문에 전염병이 치료되지 않은 상황에서 해당 승객이 탑승하게 되면 몇백 명의 승객에게 위협이 될 수 있는 사안이기 때문입니다. 그리고 탑승권을 확인할 때는 날짜, 편명, 시간 등의 정보를 꼭 확인해야 합니다. 물론 실수로 잘못 타는 승객을 가려내는 것도 있지만, 허술함을 틈타 보안 관련 범죄를 계획하는 경우도 있기 때문에 탑승권 확인은 필수입니다.

　모든 승객이 탑승하고 이륙을 위한 항공기 움직임이 시작된다면 항공기 기종에 따라 안전과 관련된 데모를 승무원이 직접 하게 되는 경우도 있습니다. 안전상황에 따라 어떤 식으로 대처해야 하는지에 대한 안전 데모를 마치면 이륙을 위해 모든 승객들의 기내 안전상황을 체크해야 합니다. 모든 승객들은 좌석벨트를 착용해야 하고, 등받이와 좌석 앞 테이블은 제자리로 해야 합니다. 만일에 대비하여 바깥 상황을 잘 알고 있어야 하기 때문에 모든 창문 덮개는 활짝 열어놔야 합니다.

　이륙하는 과정에서도 승무원의 안전활동은 계속됩니다. 수시로 비행기 이동과 이륙 중 일어나는 승객은 없는지, 일어나는 승객이 있다면 제지를 해야 하고, 매뉴얼에 따라 이륙 중 정해진 자세를 취하며 만일의 사태에 대비하기 위해 일어날 만한 상황에 대한 대처방법을 마음속으로 리뷰하고 있어야 합니다. 정상 고도에 올라가 좌석벨트 사인이 꺼지고 기내 서비스를 하는 상황에서도 항상 안전과 보안 상황에 대해 긴장을 해야 하고, 불필요하게 조종실 주변 혹은 도어 주변을 돌아다니는 승객이 없도록 주시해야 합니다.

　또한, 예상치 못하게 갑자기 흔들릴 수 있는 CAT(Clear Air Turbulence), 일명 클리어 에어 터뷸런스가 발생한다면 즉각적으로 승무원 스스로의 안전을 확보하고, 주변 승객들의 안전을 위한 활동을 해야 합니다. 기내 방송을 하기 위해 인터폰과 가장 가까운 곳에 있는 승무원은 터뷸런스 방송을 해야 하고, 이동이 가능한 정도라면 승객들의 좌석벨트 착용 상태를 확인해야 합니다. 비행 중에도 틈틈이 정해진 시간인 15~30분마다 한 번씩 기내를 돌아다니며 안전과 보안에 문제는 없는지, 승객들의 건강은 이상이 없는지 등을 확인하는 기내 체크를 해야 합니다.

착륙을 준비하기 위해서도 마찬가지로, 안전한 착륙을 위해 모든 서비스가 종료되며, 서비스적인 측면에서는 한국으로 돌아오는 비행기라면 서비스 마감을 해야 하고, 해외에 도착하여 다음 승무원이 탑승할 예정이라면 다음 승무원을 위한 마감 정리를 해야 합니다. 안전업무 역시 이륙을 위한 준비와 마찬가지로 승객의 좌석벨트, 등받이, 좌석벨트, 창문 덮개상태를 체크해야 하고, 착륙 후 항공기가 완전히 정차할 때까지 승객이 일어나지 않도록 제지해야 합니다.

승객이 모두 하기한 후에도 안전업무는 끝나지 않습니다. 혹시나 위험한 물건을 놓고 내렸거나, 위험하지 않더라도 깜빡하여 짐을 놓고 내리는 것들을 찾기 위해 마지막 기내 점검을 하면 모든 일이 종료됩니다. 서비스든 안전이든 승무원의 업무는 비행 시작 전부터 끝날 때까지 너무나 다양하고, 이곳에 나열된 모든 업무들은 평상시 안전이나 보안적인 큰 문제가 발생하지 않는 일반적인 평범한 비행을 기준으로 작성된 사항이며, 평상시와 달리 안전이나 보안 관련 사고가 일어났을 때는 그 문제에 맞게 교육받은 대로 수행해야 할 업무들이 너무나 다양합니다.

가장 중요하게 떠오르고 나열할 수 있는 사안들에 대해서만 작성한 만큼 승무원이 실제로 어떤 업무들을 주되게 하고 있는지에 대한 감을 잡을 수 있는 계기가 되길 바랍니다. 승무원은 단순히 식사를 주는 사람이 아닌

당신은 승무원의 자질이 있습니까?

기내에서 발생할 수 있는 다양한 위협으로부터 승객들의 안전을 지키고, 도착할 때까지 편안한 여행이 될 수 있도록 기내에서의 전반적인 서비스를 하는 사람으로 2~4달의 초기 훈련과 매년 자격 유지를 위한 훈련을 통해 끊임없이 공부하고 훈련하는 직업이라는 것을 알아야 한다는 것을 강조합니다.

3
현실적인 시선에서 본 승무원의 장단점

내가 먼저 겪었던 경험들을 바탕으로 누군가를 가르치는 일을 하고자 승무원을 만들어내야 하는 강사로 처음 일하면서 동 업계의 여러 사람을 많이 만났지만, 한결같이 그들은 승무원을 처음 준비하고자 하는 학생들에게 이왕이면 승무원의 장점을 얘기해야 한다는 말을 했습니다. 물론, 저 역시도 그 점에 대해 공감하지 못하는 것은 아닙니다. 어느 정도는 필요한 부분이라고 생각합니다.

내가 하고자 하는 직업에 어떤 장점이 있고 내가 어떤 점을 누릴 수 있는지도 알아야 합니다. 하지만 저는 승무원이라는 직업과 이 직업에 합격하기 위해 거쳐야 하는 승무원 면접에 대한 과정을 모두 겪어본 사람으로서 단순히 장점만을 먼저 나열하는 것과 그것만을 보고 준비를 시작하는 것에 대해서는 너무나 반대하는 뜻을 가지고 있습니다. 시간이 더 지나 나이를 더 먹으면 내 생각들이 바뀔지 모르겠으나, 현재의 제 입장은 너무나 다릅니다. 동의하지 않을 수 있으나 제가 가진 개인적인 생각은 이렇습니다.

그렇다면 우선 승무원의 장점에는 어떤 것들이 있을까요? 남들이 화려하게 봐주는 시선들과 연봉, 복지가 나쁘지 않다는 점, 해외여행을 자주 갈 수 있고 호텔생활을 즐기는 등의 장점을 생각해볼 수 있습니다. 물론 제가 이러한 장점을 부정하는 것은 아닙니다. 승무원이 된다면 누릴 수 있는 것들입니다. 하지만 저는 조금 다르게 접근해야 한다고 생각합니다. 당연히 위에 나열된 장점을 승무원이 되면 누릴 수 있지만, 승무원이라는 직업을 위해 면접을 준비하고자 하는 학생의 첫 시점에서는, 이러한 장점 외에 그 이면에 본인들이 실제로 어떤 일을 해야 하는지에 대한 단점 역시도 모두 알고, 동의하고 승무원 준비를 시작해야 한다는 것이 제 주장입니다.

화려한 장점들도 있지만, 그 이면에 어떠한 단점이 있는지도 모두 인정하고 그런데도 정말 진지하고 진정성 있게 하고자 하는 직업이 맞는지에 대해 본인 스스로 먼저 물어봐야 합니다. 이러한 질문에 본인 스스로 YES가 되어야만 쉽지 않은 준비를 해나갈 수 있다고 확신합니다.

그렇다면 승무원이라는 직업을 가지고 일한다고 했을 때의 실질적인 장단점에 대해 알아보겠습니다. 승무원으로서 직접 비행하며 느끼는 것과 승무원을 준비하며 생각했던 승무원의 장단점에는 차이가 있다고 생각합니다. 내가 경험해 보기 전, 간접적으로 접할 수 있는 정보로만 알 수 있는 승무원이라는 직업에 대해서는 정확하지 않을 수 있기 때문이죠. 그리고 아무리 정확한 정보를 알고 있다고 하여도 직접 경험해서 느낀 것과 인터넷이나 지인들에 의해 듣게 되는 정보로 진짜 현실을 알기엔 다소 무리가 있는 게 사실입니다.

승무원이라는 직업에 대한 준비를 고민하는 단계에서 가장 많이 궁금해 하는 것이 승무원의 장점이고, 승무원 장점들로 인해 처음 승무원이라는 직업에 접근하게 됩니다. 우선, 그렇다면 승무원 장점에는 어떤 것들이 있는지 얘기해 봅시다. 참고로 이 책에서 밝히는 모든 글들은 교과서적인 내용이 아닌 실제 현장에서 근무한 경험자로서 현재 학생들을 가르치고 있는 신분에서 작성했기 때문에 현실적으로 알아야 하는 내용에 맞게 다루고 있습니다. 우선 학생들이 가장 많이 승무원이라는 직업에 접근하게 되는 실제 현장에서의 경험은 승무원을 보고 느끼는 화려함 때문입니다. 화려함을 느끼게 하는 요인에는 여러 가지가 있겠지만, 가장 큰 부분이 아마도 유니폼이 아닐까 싶습니다. 유니폼을 입고 있을 때 남들이 화려하게 봐주는 시선들 그리고 사람을 응대하는 서비스를 주되게 하는 직업들과 비교했을 때 연봉이 나쁘지 않고, 항공사에 소속되어 일하는 특성상 관련된 복지가 좋다는 점들이 있습니다. 이외에도 승무원이라는 직업은 원하지 않더라도 매일 다른 도시에 가야 하기 때문에 해외여행을 자주 가게 되는 것 등이 있습니다.

또한, 단점이라면 단점일 수 있지만 생각에 따라 장점이 될 수 있는 것은 개인 시간이 많다는 것입니다. 물론 밤낮없이 일해야 하는 직업이기 때문에 시간 관리가 쉽지는 않지만, 예를 들어 새벽 6시 한국에 도착하는 비행이었다면 그날은 하루 종일 스케줄이 없어 쉴 수 있지만, 실제로는 비행을 한 날이기 때문에 휴무 이외로 쉬게 됩니다. 이러한 시간들을 모두 합치면 개인 시간이 많기 때문에 시간 활용을 잘한다면 할 수 있는 것들이 많습니다. 그리고 평일과 주말 구분 없이 비행하기 때문에 남들이 일하는 평일에 쉬는 경우가 많다 보니, 이러한 점도 단점이라면 단점일 수 있지만 누군가에게는 장점일 수 있습니다. 저 역시도 평일에 쉬는 경우 쇼핑을 하거나 은행업무를 보더라도 사람이 많이 몰리지 않는 평일 낮시간을 즐길 수 있다고 생각하기 때문에 장점이었다고 생각합니다.

이러한 장점은 직업을 선택하면서 너무나 중요할 수 있지만, 저의 생각은 조금 다릅니다. 위에서 언급했던 것과 같이 내가 하고자 하는 직업에 대한 장점만을 보고 접근한다는 것은 매우 위험한 행동이라고 봅니다. 내가 정

당신은 승무원의 자질이 있습니까?

말 이 일을 하게 되었을 때 내가 실제로 해야 하는 일에 어떠한 단점이 있는 지도 알고 시작해야 한다고 생각합니다. 모든 일이 그러하겠지만, 승무원이 라는 일을 한다고 했을 때 장점도 있지만, 분명 단점의 비율도 높다고 봅니 다. 내가 장단점을 모두 수용하고도 여전히 이 일을 해낼 수 있을지에 대한 확고한 의지를 갖추고 승무원 준비를 시작해야 한다는 것이 제 주장입니다.

그렇다면 꼭 알고 가야 할 승무원 단점에는 어떤 것들이 있는지 얘기 해 봅시다. 기내에서 벌어지는 다양한 일들과 승객들의 과도한 요구에 의해 큰 감정노동을 해야 한다는 것, 일부 항공사의 경우 선후배 문화를 인정하 고 받아들여야 한다는 점, 대부분의 외국 항공사와 국내 항공사의 경우에 도 일부 지방을 베이스로 근무해야 하는 경우 타지에서 거주해야 하는 점, 밤낮없이 일해야 하고, 승객에게는 항상 YES라고 해야 하며, 유니폼을 입 고 있는 순간만큼은 항상 을의 입장에서 서비스해야 한다는 점들이 있습니 다. 그 외에도 너무나 많은 단점을 나열할 수 있지만, 현실적인 선에서 할 수 있는 얘기와 가장 많은 고충을 느끼는 점들을 얘기했습니다. 물론, 내가 정말 하고자 하는 직업이 맞는다면 승무원의 장점을 떠나 승무원이라는 직 업이 가지는 단점 역시도 모두 수용하고 견뎌낼 수 있는 정도라고 생각합 니다만, 장점만을 보고 이 직업에 대한 환상을 가지고 접근할 수 있는 문제 는 아니라고 항상 강조합니다. 반대 면에 있는 승무원의 단점까지 모두 알 고도 여전히 이 일을 하고자 하는 것이 맞는지에 대한 생각을 진지하게 한 번쯤 해봐야 합니다.

막연히 승무원이라는 직업에 대해 고민만 하는 단계라면 사실 저는 이 렇게 생각합니다. 내가 하고자 하는 듯한 확실하지 않은 마음만을 가지고 인터넷을 통해 대충의 정보를 확인하고 확신없는 준비를 시작하는 것에는 반대합니다. 내가 정말 관심이 있고 해보고자 하는 마음이 있는 상황이라면 승무원이라는 직업에 대한 정확한 이해와 함께 장점과 단점인 부분도 내가 모두 받아들이고 더 나아가 내가 과연 얼마나 가능성이 있는 사람일지에 대해서도 확인해야 하고, 그 이후 만약 내가 가능성이 없다면 조금 깨끗이 포기하고 더 잘할 수 있는 일을 찾아야 한다는 것도 고려해 봐야 합니다. 정말 최소한의 가능성도 없는 상황에서 막연히 1년, 2년이라는 시간을 허비할 수 없기 때문이죠.

객실승무원이라는 직업에 대한 정확한 이해는 물론 현실적인 시선에서의 장점과 단점에 대한 정확한 접근 역시 중요한 만큼 다음 장에서 조금 더 이 직업의 장점과 단점에 대한 얘기를 이어가겠습니다.

4

승무원, 왜 하고 싶나요? 이렇게 단점이 많은데…

대학 입시를 앞둔 고등학생부터 취업을 준비하는 대학생 혹은 이직을 고민하는 직장인들도 승무원이라는 직업을 꿈꾸는 사람이라면 이 직업에 처음 접근하게 된 여러 가지 이유를 각자 가지고 있을 것이라 생각합니다. 물론 저는 이 직업에 처음 접근하게 된 계기는 중요하지 않다고 생각합니다. 간혹 승무원 준비를 시작하는 학생에게 승무원이라는 직업에 처음 접근하고 준비하게 된 계기를 물으면 특별하지 않은 이유에 부끄러워하는 경우가 있으나 그 계기는 전혀 중요하지 않다고 생각합니다.

많은 학생들이 그러하듯 어렸을 때 기내에서 만난 승무원이 예쁘고 멋있어 보였거나 비행 중 어떤 친절한 도움을 받았던 강한 기억이 머릿속에 남아 자연스럽게 성장하며 취업을 고민하는 단계가 왔을 때 승무원이라는 직업을 떠올리게 되기도 하기 때문입니다.

내가 어떤 계기로 이 직업에 접근하였고 면접 준비를 고민하게 됐느냐보다 더 중요한 것은 준비과정에서 어떤 생각과 마음가짐을 가질 수 있느냐인 만큼 계기는 중요하지 않습니다만 승무원이라는 직업에 접근하여 준비를 고민하는 시점에서 많은 학생들이 이 직업의 겉으로 보이는 다소 화려한 장점만을 고려한다는 점은 부정할 수 없는 사실입니다. 물론 부끄럽지만 저 역시도 승무원이라는 직업을 처음 생각하고 준비하고자 했던 시점에서 내가 승무원이 됐을 때 누릴 수 있는 것들 혹은 남들이 어떤 식으로 평가하고 바라봐줄지에 대한 내용들에 집중했던 시간이 있었다는 것 역시 사실이죠. 그러다 보니 당연히 이 직업을 고민하고 고려하는 사람들이 당장 겉으로 보이는 장점들에 생각이 미칠 수밖에 없습니다.

그럼에도 불구하고 저 역시도 승무원을 준비했던 학생시절이 있었고, 승무원으로 비행했던 순간들 그리고 승무원이 되기 위해 공부하는 학생을 가르치는 강사로서 일한 경험을 돌이켜봤을 때 이 직업에 대한 도전을 고민하고 있다면 꼭 승무원의 단점에 더 집중해야 한다고 주장합니다. 물론 승무원이 되기 위해 대학교까지도 2년 혹은 4년간 항공서비스학에 대해 배우고자 하는 학생이라면 더더욱이나 단점에 먼저 집중해야 합니다.

장점도 있지만 단점이 더 많을 수 있는 직업인 만큼 내가 장점은 물론 단점까지 알고서도 그럼에도 불구하고 여전히 하고자 하는 직업이 맞느냐에 대해 스스로에게 물었을 때 정말 확고한 yes라는 대답이 나와야만 이 직업에 대한 준비를 시작할 수 있고 좋은 결과가 따를 수 있다고 확신합니다.

그렇다면 우선 이 직업에는 어떤 단점이 있는지에 대해 정확히 이해하고 있어야 할 것입니다. 물론 여기서 중요한 점은 단점을 일반화시키기에는 다소 무리가 따른다는 것입니다. 하나의 얘기를 놓고 봤을 때 누군가에게는 그것이 단점일 수도 있고 누군가에겐 장점일 수도 있기 때문이죠.

예를 들어 많은 승무원들이 평일, 주말 구분 없이 근무해야 하는 점을 단점으로 꼽지만 저는 오히려 직장인이 근무하는 평일에 쉴 수 있는 것이 사람이 많지 않은 시간대에 조용한 도시를 즐길 수 있어 좋았습니다. 하지만 여전히 남들이 쉬는 날에 일해야 하고 자연스럽게 경조사 참석은 어려워질 수밖에 없는 점은 장점보다 단점에 가깝습니다.

이외에도 밤낮없이 일하며 새벽에도 누군가는 기내에서 잠자는 동안 나는 눈을 뜨고 버티며 승객의 편의와 안전을 책임지는 일을 해야 합니다.

여러 도시에 가기 위한 비행을 하는 직업으로 어쩔 수 없이 매번 시차 적응을 위한 체력이 소모되는 것 역시도 무시할 수 없습니다. 그렇기 때문에 누군가에겐 매일 여행하는 듯 보이는 승무원의 삶이 화려해 보일 수 있지만 실제론 도착 후 호텔에서 잠자기 바쁜 게 현실이죠.

물론 여전히 대한민국과 비슷한 성향을 가지는 일부 나라의 외항사와 국내 항공사는 편히 쉴 수 없는 선후배 문화를 가지고 있긴 합니다.

선후배 문화라는 단어조차 어울리지 않을 수 있다는 생각이 들 정도로 단점 중에 단점이 아닐까 싶은 것이 바로 선후배 문화입니다. 국내 항공사는 현지 호텔에 도착 후 체력 소모로 인해 휴식을 취하고 싶어도 같이 비행을 온 선배가 도착지에서 관광하고자 하면 함께 움직여야 합니다.

모든 국내 항공사 승무원들이 이렇다고 말할 수는 없고, 최근 내부 분위기가 많이 달라지는 추세지만 여전히 모든 승무원이 이제는 그렇지 않다고 말할 수 있는 상황은 아닌 것 같습니다. 물론 일부 외항사도 비슷한 면을 가진 곳이 있습니다.

선후배 문화라는 단어가 여전히 필요한 순간은 존재합니다. 비행 중 초를 다투는 긴박한 상황에서 정해진 매뉴얼에 따라 보고체계(Chain of command)를 지키기 위해 시니어리티라고 불릴 수 있는 선후배 관계가 적용되는 것은 너무나 절실히 필요합니다만, 친절하고 합리적인 서비스를 제공하는 순간은 물론 더 나아가 비행 외 시간인 사복을 입고 있는 순간마저 선후배라는 단어에 문화라는 아름다운 단어가 추가된 선후배 문화를 실천한다는 것은 너무나 안타까울 뿐입니다.

이 직업이 가지는 가장 큰 단점이자 많은 사람들에게 퇴사의 원인이 되는 부분이 아닐까 싶습니다. 누군가는 불합리한 것을 참고 견디며 시간이 흐름에 따라 무뎌지고 어느 순간 스스로도 불합리하다고 느꼈던 것들을 누군가에게 아주 자연스럽게 적용하고 있을 것입니다. 그리고 또 누군가는 나만 아니면 된다는 생각에 무관심으로 일관하며 비행 생활을 이어나가고 있을 것이고 유교사상과 문화가 오래전부터 내려온 나라이기 때문에 어쩔 수 없다는 말도 안 되는 합리화를 하는 사람도 아주 흔하게 볼 수 있죠.

물론 반대 의견도 분명히 존재할 것이며, 단순히 내가 더 먼저 입사했기 때문에 선배가 아닌 업무적으로나 인간적으로나 배울 게 있는 진짜 '선배'인 사람도 너무나 많은 게 사실이기 때문에 더 많은 현실과 사실을 제시하고 싶지만 다소 민감할 수 있는 사안인 만큼… 이외에도 잦은 이착륙으로 인해 기압차를 자주 겪으며 체내 여러 부분에 좋지 않은 영향을 받아 건강에 좋지 않을 수 있다는 것도 이 직업의 단점 중 하나임을 이어 얘기하고자 합니다.

이외에도 기내에서 누군가를 응대함에 있어 생기는 감정적인 스트레스를 빼놓을 수 없습니다. 승무원의 서비스 자세와 태도에 따라 컴플레인도 칭찬이 될 수 있는 것이 기내서비스입니다만, 여전히 몇백 명의 다양한 성향을 가진 승객들을 마주하고 응대하는 시간 동안 사람에 의해 겪게 되는 감정적인 스트레스 역시 이 직업의 대표적 단점이 아닐까 싶습니다.

과장된 표현인 게 사실이지만 저는 이 직업을 굳이 한 단어로 정의한다면 24시간 '을'이라고 생각합니다. 유니폼을 입고 있는 순간만큼은 항상 을

당신은 승무원의 자질이 있습니까?

의 입장으로 승객을 응대해야 하고, '죄송합니다'를 입에 달고 사는 직업이라고 표현합니다.

또한 외항사의 경우 내가 외국인의 신분으로 입사하는 것인 만큼 한국을 베이스로 근무하는 게 아니라 현지에 가서 살며 비행하는 외항사 승무원이라면 타국살이로 인해 향수병을 겪을 수 있다는 것 역시 무시할 수 없는 부분입니다.

외항사 준비를 처음 고려하는 학생에게 꼭 하는 얘기 중 하나로 저는 외항사를 한 단어로 말하자면 '현실'이라고 합니다. 저는 부모님의 도움을 받아 부모님의 돈으로 러시아에서 학교를 다니며 유학생활도 해봤고, 성인이 되어 해외에서 외항사라는 직장을 구해 돈을 벌며 살아보기도 했습니다만 부모님 돈으로 공부하는 유학생활과 자신이 직접 일하며 돈을 벌어 살아가는 것은 너무나 달랐다고 생각합니다.

내가 한국에서 한국인으로 살아가며 아무렇지 않게 할 수 있는 일들, 예를 들어 월세로 집을 계약하고 휴대폰을 개통하며 마트에서 장을 보는 이렇게 평상시에 아무렇지 않게 누구의 도움도 없이 할 수 있는 일들을 내가 한 번도 살아본 적 없는 나라에서 누구의 도움도 없이 스스로 하나씩 헤쳐나가야 하는 것이 바로 외항사 승무원의 삶이 아닐까 싶습니다.

이런 부분들이 바로 외항사 승무원이 가지는 고충이자 단점이라고 말할 수 있을 것입니다. 물론 위에서 말했던 것과 같이 누군가에게는 이런 단점이—외국에서 살면서 느낄 수 있는 장점이 많기 때문에 만족하며 살아가는 사람에게—장점이 되기도 합니다.

이외에도 승무원이라는 직업에는 수많은 단점이 존재할 것입니다. 세상에 단점 없는 일이 어디 있냐고 생각할 수도 있습니다.

맞습니다. 장점만 존재하는, 100% 만족할 수 있는 직업은 세상에 없을 것입니다. 백수에게도 불만은 존재하기 때문이죠. 제가 이 글을 통해 전달하고자 하는 가장 중요한 내용은 이러한 여러 단점들, 내가 직접 겪어볼 수 없지만 간접적으로나마 확인하고 느낄 수 있는 이 직업의 단점들을 잘 이해하고서도 내가 정말 하고자 하는 직업이 맞느냐에 대한 질문에 확고함이 필요하다는 것입니다. 특히나 내가 하고 싶다고 할 수 있는 직업이 아닌 높은 경쟁률을 뚫고 합격해야만 할 수 있는 승무원이라는 직업의 특성상 시간과 금전적인 투자가 필요한 만큼 더더욱 준비하기 전 이 직업과 면접 도전에 대한 확고한 의지와 마음가짐이 필요합니다.

물론 이 직업이 대단해서는 절대 아닙니다. 저는 승무원도 세상에 존재하는 수많은 직업 중 하나라고 생각합니다. 가장 싫어하고 경계하는 것이 바로 승무원이라는 직업을 다른 직업보다 더 높은 어디쯤 있는 직업이라 생각하고 미화하는 것입니다.

그럼에도 불구하고 여전히 대한민국에서는 승무원이 되고자 하는 사람이 많은 직업이고, 특수한 기내에서 일한다는 점들을 통해 내가 하고 싶다는 마음만으로 할 수 있는 직업이 아니기 때문에 시간과 금전과 같은 것들이 투자되어야 하고 높은 경쟁률이라는 막연함을 가지고 준비해야 하는 만큼 장점은 물론 단점까지도 고려했을 때 내가 여전히 하고자 하는 직업이 맞느냐에 대한 질문에 스스로 확고한 대답이 나와야만 이 준비를 시작할 수 있고 좋은 결과를 낼 수 있을 것이라 믿습니다.

장점과 단점까지 모두 고려하고서도 여전히 하고자 하는 직업이 맞는

당신은 승무원의 자질이 있습니까?

지 그리고 그게 맞다면 조금은 어려울 수 있고 쉽지 않을 수 있는 면접 준비에 대한 확고한 의지와 마음가짐을 스스로 가질 수 있고 가지고 있는지에 대한 부분이 확실하게 준비되었다면 그때가 바로 입시든 면접이든 승무원이라는 직업을 위한 준비를 시작할 수 있는 시점입니다.

직업을 구하고 준비하기 위한 단계에서 해당 직업이 가지는 장점에 대해 고려하는 것은 당연합니다만, 여전히 직업마다 서로 다른 단점을 가지고 있는 만큼 승무원이라는 직업만이 가지는 여러 단점을 간접적으로나마 고려했을 때도 여전히 하고자 하는 직업이 맞는지에 대한 질문을 스스로에게 던져볼 수 있는 시간을 가져보기 바랍니다.

5
승무원 직업이 별로라고요? 이렇게 장점이 많은데!

　책을 출간하는 것 외에도 발 빠른 정보를 전달하기 위해 온라인의 여러 매체를 통해 승무원 면접과 관련한 글을 쓰며 항상 느끼는 것은 이 직업에 대한 잘못된 정보와 시각을 가진 사람이 많다는 것입니다. 물론 절대 저는 제 주장을 강요하거나 그들을 설득할 마음은 없습니다. 저 역시 제가 관련된 혹은 관심을 가지고 속사정까지 잘 알고 있는 직업이 아니라면 제가 그저 제 눈에 보이는 대로 생각하고 평가했을 테니, 그들도 스튜어디스, 스튜어드라는 직업을 직접 겪어보지 않았고 제대로 된 내면의 모습들을 모르는 상황에서 그저 보이는 그림들만 보고 얘기하는 것이라는 점을 충분히 이해하기에 굳이 제가 그 생각을 일일이 바꾸기 위한 노력할 마음은 없습니다.

　하지만 너무나 안타까운 부분이 있다면 이 직업에 대한 올바른 정보를 알지도 못한 채 겉으로 보여지는 부분만 보고 이 직업과 관련한 사람에게 상처 줄 수 있는 발언을 하는 걸 보면 매번 아쉬움을 느끼게 됩니다. 정확한 지식에 의한 것이 아닌 그저 겉으로 보여지는 단점만을 가지고 전혀 겪어보지도 못한 그리고 제대로 된 속사정을 알아보고자 노력하지도 않은 사람이 온라인과 오프라인에서 이 직업을 비하하는 듯한 악성 발언을 쏟아내는 것을 보면 과연 그 사람은 어떤 직업을 가지고 어떤 생각과 마음가짐으로 살아가는 것일까 하는 의문이 들게 하는 게 사실입니다.

　이 직업을 준비하는 학생들에게 항상 장점보다 단점을 더 많이 부각하

　　　　　　　　당신은 승무원의 자질이 있습니까?

는 것은 실제 이 직업이 가지는 장점은 물론 단점으로도 분류되는 내용들을 모두 다 제대로 이해하고 진정성 있게 직업을 선택하고 도전해 나가야 한다는 점을 올바르게 이해할 수 있어야 하기 때문입니다.

물론 이 세상에 존재하는 수많은 직업들은 모두 장점과 단점이 존재합니다. 절대 승무원이 대단해서도 혹은 이 직업이 세상에서 제일 힘들기 때문에 단점을 강조하는 것은 아닙니다. 다른 직업보다 더 위에 있거나 더 좋은 직업이어서가 아닌 세상에 존재하는 수많은 직업 중 하나이기 때문에 모든 직업이 그러하듯 단점과 장점을 모두 가지고 있으므로 단순히 직업을 선택함에 있어 장점만을 가지고 선택할 수 없음을 강조하기 위함입니다. 물론 장점이든 단점이든 누가 생각하느냐에 따라 장점이 단점이기도 하고 반대로 단점이 장점일 수도 있습니다.

그러나 여전히 객관적인 장점들은 웬만하면 누구에게나 다 장점으로 받아들여질 수 있지만 단점은 사람에 따라 매우 치명적인, 소위 말해 직업으로 선택할 수 없는 수준으로 다가오게 된다면 사실상 이 직업에 대한 도전을 한다는 것은 아무런 의미가 없다고 볼 수 있으므로 단점에 대해서도 고려하면서 깊이 있게 직업을 고민하고 선택해야 한다고 생각합니다.

1~6개월이라는 짧은 기간 동안 잠시 체험하고 이직할 직업을 찾는다면 모르겠지만 적어도 몇 년 이상 혹은 평생직장을 고려하고 직업을 구하는 게 맞다면 단점을 가장 주되게 생각하고 고민해야 한다고 봅니다.

그럼에도 불구하고 여전히 "세상에 안 힘든 직업은 없다."며 징징대지 말라는 식으로만 단순히 생각하는 사람들은 저도 설득할 마음이 없습니다. 사람마다 직업을 바라보고 직업을 고민하고 선택하는 초기단계에 대한 잣대가 다를 수 있음을 인정하기 때문입니다.

단점과 관련하여 작성한 글들은 항상 폭발적인 반응을 얻는 만큼 이에 대한 제 생각을 서론에 담다 보니 시작이 길어졌으나, 직업을 선택함에 있어 단점도 제가 항상 주장하는 것과 같이 너무 중요하지만 여전히 반대의 장점도 존재하는 만큼 이번 내용에서는 승무원의 장점에 대해서도 함께 알아보고자 합니다.

물론 앞에서 얘기했던 것과 같이 장점이라는 것은 받아들이는 사람에 따라 단점이 될 수도 있다는 것은 부정할 수 없는 사실이죠. 하나의 예로 평일과 주말 구분 없이 근무해야 한다는 것은 대표적인 단점으로 꼽을 수 있지만, 모두가 일하는 평일에 조용한 도시를 즐길 수 있다는 것을 장점으로 느끼는 저와 같은 사람도 있을 것이라 생각합니다. 개인차를 느낄 수 있는 것이 바로 직업에 대한 장점이겠지만 객관적인 시선에서 누구든 장점으로 생각해 볼 수 있는 내용들을 정리합니다.

우선 항공 여행이라는 특성상 해외여행을 자주 할 수 있다는 점이 가장 대표적인 장점이 아닐까 싶습니다. 물론 국내 지방 취항지도 포함입니다. 여행을 자주 할 수 있다는 것은 승무원이라는 직업의 특성상 평균적으로 4시간 이상 거리를 가게 되는 경우 피로도 관리 차원으로 도착지에서 비행 스케줄 편성에 따라 보통 24~48시간 정도의 휴식을 취한 뒤 돌아오는 비행기 편에 탑승하여 근무하며 돌아오게 됩니다.

이 과정에서 자연스럽게 현지에 체류하는 시간은 자유시간이기 때문에 관광할 수 있는 혜택을 누리게 됩니다. 하지만 여전히 가장 중요한 것은 다음 비행까지 체력을 회복하여 승객들에게 안전은 물론 서비스까지도 완

당신은 승무원의 자질이 있습니까?

벽하게 제공하기 위한 휴식시간인 만큼 관광이 가장 주가 되는 목적은 아니지만 하루 종일 호텔에서 잠만 잔다고 체력이 회복되는 것은 아닐 것입니다.

이와 같이 실제로 일하면서 자연스럽게 다음 비행 전까지 주어진 시간을 잘 활용하여 여행을 즐기는 방법도 있지만, 휴무 동안에도 승무원은 쉽게 여행을 갈 수 있는 장점이 있습니다. 50~90% 내외의 할인율로 제공받는 할인 티켓은 물론 100% 무료 항공권까지 회사 규정에 따라 가족은 물론 일부 외항사의 경우 직계가족 이외에 친구에게도 항공권을 선물할 수 있습니다. 항공사 승무원이라는 직업이 가지는 아마 가장 잘 알려진 그리고 모두가 부러워할 수 있는 장점이 아닐까 싶습니다.

여행이라는 단어로 이 직업에 장점을 얘기한다는 것은 사실 웬만하면 예상할 수 있는 장점들 중 하나이기 때문에 대부분 생각할 수 있는 내용 이외에 장점들을 생각해 봤을 때 제가 꼭 하고자 하는 얘기는 누군가를 배려하는 마음을 기를 수 있다는 점입니다. 진심이든 아니든 그 여부를 떠나 승무원으로 근무하며 자연스럽게 몸과 마음에 익히게 되는 자세 중 하나는 기내에서 승객의 편의와 안전을 위해 항상 그들을 예의주시한다는 점입니다.

사실 타인의 마음과 행동 등을 세세하게 살피며 일하는 직업은 승무원 말고도 많겠지만 승무원 역시도 기내라는 특수한 환경에서 편의는 물론 안전까지 책임지기 위해 한 명 한 명 승객의 행동과 마음을 읽고자 노력하는 시간들을 보내며 자연스럽게 나라는 사람이 누군가를 배려하는 마음을 가지게 된다는 것 역시 이 직업의 장점으로 꼽고 싶습니다. 단적인 예로 특정 기간 이상 근무한 승무원들은 비행 중이 아닌 일상생활 속에서도 상대가 누구든 간에 양보하는 것과 죄송합니다 혹은 감사합니다와 같은 인사가 자기도 모르게 입에 배어 있는 게 일반적입니다. 진심이든 아니든 타인을 배려하고 양보하며 사과와 감사를 표현하는 말을 잘한다는 것은 분명 일상생활 속에서도 부정적인 결과보단 긍정적인 결과를 따르게 하는 행동이라 생각합니다.

기내라는 특수한 환경에서 일한다는 배경에 의해 지상과는 달리 생기는 집중력에 의해 배려하고자 했던 것이 아닌 서비스와 안전이라는 업무를 통해 만족감을 주기 위해 했던 행동들이 결국 일상생활에서도 타인을 배려하기 위한 행동으로 발전될 수 있음을 저는 믿습니다. 물론 이 역시도 내가 승무원으로 일하며, 업무로서 승객에게 만족감을 느낄 수 있도록 해야 한다는 사명감을 가지고 일하지 않는다면 배려라는 것이 몸에 밸 수 없겠지만 기본적으로 주어지는 업무만이라도 승객에게 제대로 전달하고자 일하는 게 맞다면 충분히 시간이 쌓이면서 상대의 행동과 말, 내면에서 보이는 마음을 읽고 배려하고자 먼저 고려한다는 점도 쌓이게 될 것입니다. 이 부분이 본인에게는 별것 아닐 수 있지만 이 직업이 조금 더 장점을 가진 사람으로 변화시켜 주는 중요한 장점이 아닐까 싶습니다.

이외에 내가 싫어도 반강제로 다른 나라에 비행을 가야 하고 기내에서 다양한 국적과 문화를 가진 사람을 마주하며 자연스럽게 새로운 것에 대한 적응력이 좋아진다는 점 역시 장점이 아닐까 싶습니다. 승무원도 사람이기 때문에 내가 평상시 해왔던 것과 다른 어떤 새로운 내용을 마주한다는 것에 거부감을 느낄 수 있다고 봅니다.

그럼에도 불구하고 여전히 승무원이라는 직업은 새로운 것에 대한 거부감을 그대로 기내에서 누군가에게 표출할 수 있는 직업이 아닌 만큼 새로

움에 대한 적응력이 좋은 사람을 찾고자 한다는 것은 이 직업에 맞는 사람을 선택하기 위한 면접의 어쩔 수 없는 부분일 것이라 생각합니다.

이 직업은 내가 평소 새로운 부분에 대한 빠른 적응력을 가진 사람이 아니더라도 자연스럽게 그런 능력들이 생길 수밖에 없는 환경을 가지고 있다고 봅니다. 매일 기내에서 만나는 다양한 문화를 가진 사람들은 물론 도착지에 체류하며 마주하는 새로운 나라에서 느끼는 새로운 점들을 통해 자연스럽게 새로운 것들에 대한 적응력을 기를 수 있고 성장할 수 있다는 점이 또 다른 이 직업의 장점이 아닐까 주장합니다.

정해진 업무를 매일 반복해 나가는 것은 직업이 가지는 기본적인 특성이겠지만 여전히 업무를 하면서 자연스럽게 긍정적인 방향으로 내가 성장할 수 있는 환경에서 업무를 할 수 있다면 그만큼 좋은 장점은 없을 것이라 생각합니다. 별것 아니라고 생각할 수 있는 부분이지만, 무의미하다고 생각하고 보내는 업무 속에서 나도 모르게 조금씩이나마 여러 방면에서 성장하고 있다면 그것이야말로 바로 장점이라고 말할 수 있을 것이라 생각합니다.

물론 해외여행을 자주 갈 수 있고, 회사 돈으로 호텔 생활을 즐기며 연봉과 복지 등이 나쁘지 않고 남들이 나쁘지 않게 봐주는 직업에 대한 시선 등이 바로 누구든 떠올릴 수 있는 승무원이라는 직업의 장점이라 내세울 수 있겠지만, 여전히 이외에도 안전이라는 명목 아래 진행되는 훈련과 현장에서 익히게 되는 전문지식은 물론 편의를 위해 제공하는 서비스를 그 어떤 직업보다 더 제대로 배우고 익힐 수 있다는 점, 사람을 응대하며 나도 모르게 성장하게 되는 누군가를 배려하는 마음가짐, 새로운 문화와 국적의 사람들을 마주하고 새로운 나라에 방문하여 겪게 되는 여러 상황에서 습득되는 적응력과 세상을 바라보는 시야가 넓어진다는 점은 이 직업을 매력적으로 보이게 만드는 중요한 부분이 아닐까 싶습니다.

그 누구보다 이 직업의 장점보다 단점을 강조하고, 단점을 스스로 적나라하게 마주해야 함을 강조하는 강사입니다만, 여전히 단점까지 고려하고서도 내가 진짜 하고자 하는 직업으로 결정해서 승무원으로 일하면서 어떤 장점들을 마주할 수 있고, 내가 성장해 나갈 수 있는지에 대한 것도 정확히 이해하고 있어야 승무원 면접에서 내가 '승무원에 적합한 사람'이라는 것을 보여주고 면접관을 설득시킬 수 있을 것이라 확신합니다.

당장 눈에 보이는 허황된 꿈을 꾸게 만들 수 있는 부분들만 장점으로 생각하기보단 이 직업이 가진 본질적인 특성에 의해 내가 자연스럽게 성장하고 좋은 방향으로 나아갈 수 있게 만드는 것에는 어떤 점들이 있는지를 정확하게 이해하고 그 부분들 역시 이 직업이 가진 장점이 될 수 있다는 것을 잊지 않기 바랍니다. 마지막으로 승무원에 대한 도전을 생각하고 이를 준비하는 승무원을 꿈꾸는 여러 학생들은 물론이며 승무원이 아닌 다른 직업에 종사하는 이 글을 읽는 모든 이들이 각자의 직업에 사명감과 자부심을 가지고 서로 존중할 수 있는 마음을 가지길 바라봅니다.

당신은 승무원의 자질이 있습니까?

6
FSC항공사와 LCC항공사 승무원 인재상의 차이점

전체 항공시장의 성장세를 견인하는 과정에 LCC의 영향력을 무시할 수 없다는 것은 부정할 수 없는 사실이 아닐까 싶습니다.

중단거리의 비행들은 대부분 짧은 시간에 어떤 서비스를 기대하기보다는 더 저렴한 항공권을 찾는 사람들이 많아지고, 항공사들 간의 경쟁으로 인해 LCC항공사들의 가격이 매우 합리적으로 낮아지면서 해외여행에 대한 진입장벽을 낮추며 한정되어 있던 시장에 새로운 수요가 생긴 것이 가장 큰 LCC항공사의 성장 속도 이유라고 생각합니다.

그렇다면 현재 항공시장의 전체 흐름을 주도하는 LCC와 항공사의 오랜 전통을 유지하고 있는 FSC항공사에 대한 차이점에 대해 구체적으로 알아보겠습니다. FSC는 Full Service Carrier의 약자로 단어의 뜻과 같이 모든 서비스를 제공하는 항공사입니다. LCC는 Low Cost Carrier로 역시나 단어와 같이 저렴한 가격으로 항공권을 판매하는 항공사입니다. 소위 말하는 기내의 모든 서비스를 무상으로 제공하는 FSC와 개개인의 필요 때문에 추가로 필요한 서비스를 구매해야 하는 LCC는 서비스에 차이가 있으므로 면접에서 보고자 하는 자질에도 약간의 차이가 있습니다. 물론 안전에 대해서는 모두 같은 기종과 교육을 받고 있으므로 차이점을 둘 수 없습니다. 일부 사람들은 LCC가 주는 보편적인 이미지로 인해 안전에 대해 FSC항공사보다 부족할 것이라 생각하지만, LCC와 FSC는 모두 다 에어버스 혹은 보잉에서 제작하는 항공기를 똑같이 사용하고 있고, 이 항공기를 운항하는 운항 승무원 그리고 정비사들은 모두 같은 교육을 받습니다. 애초부터 LCC 정비사, FSC 정비사로 나뉘는 것이 아닌 기종에 따른 정비사, 그리고 해당 기종의 면허를 취득한 운항승무원으로 나뉘기 때문에 안전에 대해서 두 항공사를 비교하는 것은 의미가 없습니다. 물론 정비에 대한 투자나 수준에는 차이가 있을 수 있지만, 그 부분은 항공사에서 얼마나 안전에 대해 투철한 정신을 가지고 투자를 하느냐의 차이이기 때문에 단순히 FSC와 LCC의 차이로 볼 수 없습니다.

우선 FSC항공사의 경우 몇십 년 전부터 내려오는 고전의 법칙들을 그대로 유지하는 보수적 성향의 기업들이 대부분이라는 것을 알아야 합니다. 우리가 일반적으로 생각하는 항공사, 그리고 승무원에 대한 고정화된 이미지와 성향을 그대로 유지한 채 사람을 채용하므로 보고자 하는 자질과 인재상 역시 그러합니다.

FSC/LCC 구분 없이 공통되게 객실승무원으로서의 자세와 자질이 필요하겠지만, LCC의 경우 LCC만이 가지는 특화된 서비스에 맞춰 일해줄 수 있는 인재를 조금 더 필요로 하는 성향이 강합니다. LCC의 경우 기존 항공 시장에 끼어들기 위한 돌파구로 물론 가격에 대해 경쟁도 하지만, 가격경쟁 이외에 기존 항공사들과의 차별화를 위해 시행하고 있는 특화된 기내 서비스들이 다양합니다.

기본적으로 수화물, 기내식, 식음료, 좌석선택 등에 대한 모든 기내 서비스를 추가 결제로 판매하고 있다는 것과 스크린이 없는 단일화된 기종들을 대부분 사용하므로 비행시간 동안의 지루함을 달래고, 각각의 항공사마

당신은 승무원의 자질이 있습니까?

다 특색 있는 모습을 보여주려는 방법으로 시행하는 다양한 기내 특화 서비스들이 있습니다. 특히나 LCC항공사의 경우 기내 판매 매출이 중요합니다. 티켓 값을 저렴하게 제시하고 있으므로 전체 매출에 큰 부분을 차지하는 것이 바로 기내 판매 매출입니다.

기내에서 판매하는 식음료, 기내식, 기념품, 면세품과 같은 기내 판매 매출이 항공사 전체에 큰 영향을 미치는 것이 LCC이기 때문에 기내 판매에 대한 거부감이 없어야 하고, 판매에 대한 경험, 기술이 있다면 좋은 자질로 평가받기도 합니다. 또한, FSC와는 다르게 강조하는 것이 젊은 분위기와 조금 더 가깝고 친근하게 승객과 소통한다는 점을 내세우는 만큼 항공사를 대표하여 기내에서 승객과 적절한 거리에서 소통할 수 있는 인재를 원하는 분위기입니다. 각각의 LCC항공사에서 요구하는 인재상에 맞는 성향과 성격, 자세, 이미지 등을 가져야 하고, 그것들을 면접에서 보여줄 수 있어야 한다는 것을 항상 명심해야 합니다. 그렇다고 해서 우리가 LCC 성향에 맞는다고 LCC만 면접을 보고 FSC에 맞는다고 하여 FSC만 면접을 보기엔 한계가 있습니다. 다른 직업군과 달리 수시로 면접이 진행되는 것이 아닌, 한 번에 특정 인원 이상을 뽑아 다 같이 2~4달 정도의 초기 교육을 받고 실무에 투입되는 직무인 만큼 채용을 자주 할 수 없습니다.

채용을 자주 하지 않고, 비행기 추가 도입에 따라 채용이 결정되는 만큼 본인이 승무원이 되고자 하는 꿈과 의지, 마음가짐이 있다면 FSC와 LCC를 함께 준비해야 하고, FSC항공사의 면접을 볼 때와 LCC항공사의 면접을 볼 때, 그리고 각각 다른 항공사들의 면접에 참여할 때 적절한 기업분석을 통해 항공사에서 원하는 인재로 보일 수 있는 훈련을 해야 합니다. 기업분석의 경우 채용글이 뜬 뒤에 공부하는 경우가 대부분이지만, 저는 절대 반대의 관점입니다. 내가 하고자 하는 승무원이라는 직업과 이 직업이 속해있는 항공업계에 대한 전반적인 흐름을 내가 읽을 수 있어야 하므로 지속적인 항공시장의 기업분석을 해줄 필요가 있습니다. 전략적인 승무원 면접기술을 쌓기 위해 임원면접 혹은 최종면접단계에서 자주 다루는 정치, 시사 문제들, 그리고 기업분석이 필요한 질문들에 대해 꾸준히 공부해야 하고, 기업분석이 필요한 질문들은 대답을 잘했을 때 면접관에게 얻을 수 있는 이점이 크다는 것을 알아야 합니다.

LCC 항공사가 항공 여행 시장 규모 확대에 영향을 미치는 분위기에 맞춰 신생 항공사가 꾸준히 출범하고 있기도 합니다. 신생 항공사의 경우 과당 경쟁 등의 이슈가 꾸준히 제기되지만, 안정화 단계에 접어들 수 있다면 LCC 승무원 채용에 이바지할 것이라 생각합니다.

2019년 채용을 기준으로 봤을 때 대한항공은 170~200명 내외의 승무원 합격자를 발표했고, 제주항공 130명, 티웨이항공 100명, 아시아나 24명, 이스타항공 48명인 점을 돌이켜본다면 채용 시장 규모를 주도하는 곳이 어디인지 다시금 생각해 보게 됩니다. 앞으로 더 큰 성장을 통해 다양한 노선 확장과 점유율에 대한 변화 등으로 복지나 처우 등에 대한 점은 물론 현재도 큰 차이는 없지만, 이는 좀 더 좁혀질 것이라 생각합니다.

본인이 현재 승무원 준비를 고려하고 있는 단계라면 우선 가장 먼저 해야 할 것은 FSC든 LCC항공사든 기본적으로 승무원으로서 보여줘야 할 자세와 자질은 동일하므로 승무원으로서의 가장 기본이 되는 것들을 면접에서 보여줄 수 있는 준비를 시작해야 한다는 것임을 잊지 않기 바랍니다.

당신은 승무원의 자질이 있습니까?

7
신생 항공사들이 내세운 신조어 TCC와 HSC

코로나 19사태로 전 세계는 물론 국내 항공시장 역시 큰 타격을 입었던 만큼 2019년부터 사업을 영위하는 3곳의 신생 항공사 중 중형기 도입 등과 같은 공격적인 행보를 보인 플라이강원의 한숨은 여타의 항공사에 비해 더욱 깊을 수밖에 없을 것이라 생각합니다.

기반이 약한 상황에서 포스트 코로나 시대를 발 빠르게 맞이하기 위해 선보인 여러 공격적인 행보는 한계점이 보이는 지역 공항의 수요에 따른 아쉬운 탑승률, 느린 중국 노선 회복 속도 등의 복합적인 요인으로 인해 항공기 리스료 체납이라는 사태에 이르기도 했습니다.

강원도 수요를 예측하고 도의 전폭적인 지원을 받으며 양양공항을 살리기 위해 출범한 플라이강원은 기존의 LCC와 FSC항공사로 구분됐던 시장에 조금은 새로운 단어를 제시했습니다. 일명 TCC로 불리는 Tourism Convergence Carrier 다시 말해 관광 융합 항공사입니다. 플라이양양이라는 사명을 내걸고 나름 야심차게 에어서울을 마지막으로 신규 항공사 출범의 대가 끊긴 국내 항공사 시장에 활기를 넣어줄 것처럼 보였습니다만 채용까지 진행하고도 이륙은 실패했고, 이후 사명을 플라이강원으로 변경하고 TCC라는 새로운 카드를 꺼내들었습니다.

우선 기존의 LCC항공이 가지는 서비스 방식을 고수하되 모객 방법에 약간의 차이점을 두는 것이 TCC를 이해하는 첫걸음이 아닐까 싶습니다. 물론 기존에 존재했던 단어라기보단 플라이강원에 의해 만들어진 신조어라고 볼 수 있는 만큼 매우 대중적인 분류는 아닙니다만 외국인 관광객을 강원도라는 조금은 생소한 관광시장으로 유입시키기 위해 항공과 국내 관광상품을 결합시켜 판매하는 형태의 항공사라고 이해할 수 있습니다.

하나의 예로 외국인이 플라이강원 항공권만을 구매하는 것이 아닌 항공권과 한국을 관광할 수 있는 관광상품이 모두 결합된 상품을 구매하여 탑승하는 식으로 이윤창출을 추구하는 구조를 가진 항공사로 여행사와의 연계를 통해 단체관광객을 가장 주되게 공략하게 됩니다. 물론 사업의 첫 전략과는 달리 막상 실전에서 운영하면서는 조금씩 계획이 달라질 수 있는 만큼 단체관광객에게 결합상품을 판매하는 방식 이외에도 강원도민의 아웃바운드 수요까지 공략할 수 있는 항공사가 아닐까 싶습니다.

그러나 서비스 방식으로 LCC와 FSC라는 단어를 분류했던 것과 달리 이윤을 창출하는 사업방식이 무엇인지에 따라 이름 지은 TCC라는 단어는 생소하면서도, 국내에서는 플라이강원이 유일무이하지만 여전히 TCC는 항공사의 여러 운영 전략 중 하나일 뿐 여타의 LCC 항공사와 큰 차이점을 보인다고 말하기 어려운 것도 사실입니다. 관광상품의 결합으로 외국인 관광객을 끌어들이는 TCC 전략을 끝까지 이어갈지는 조금 더 지켜봐야 할 듯합니다.

TCC에 대한 정보를 알아봤다면 최근 전 세계 항공시장에서 가장 새로운 그리고 가장 큰 화두로 떠오르는 것이 있다면 LCC도 FSC도 아닌 HSC가 아닐까 싶습니다. Hybrid Service Carrier로 분류되는 조금은 생소한 이 신조어는 가격이냐 서비스냐를 고민하는, 다시 말해 돈을 조금 더 주더라도 질

높은 서비스를 받을 것이냐 혹은 서비스적인 부분은 조금 포기하더라도 합리적인 가격을 선택할 것인지를 놓고 FSC 그리고 LCC항공사를 저울질하는 승객을 위해 중간점을 제시하는 항공사를 뜻하게 됩니다. 말 그대로 양쪽의 장점만을 지향하는 항공사입니다.

국내에는 최초의 HSC를 주장한 에어프레미아가 인천국제공항을 기점으로 미주와 유럽 노선까지 취항하며 가능성을 인정받고 있습니다. 해외항공시장도 비슷한 상황입니다. 가장 가까운 일본에서 집에어(Zipair)가 출범하여 취항 노선을 늘려가고 있으며, 이외에도 비엣젯항공에 이어 한국의 여러 도시에 취항하며 성장하고 있는 베트남 국적의 뱀부항공(Bamboo airways), 미국의 젯블루(Jetblue), 독일의 유로윙스(Eurowings) 등이 있습니다. 합리적인 가격을 제시한다는 점을 바탕으로 FSC만이 제공할 수 있는 여러 기내 서비스를 무상으로 제공한다는 점이 이들의 장점이자 그간 FSC와 LCC 사이에서 고민하며 지갑 열기를 망설였던 소비층을 공략하고 있습니다. 특히나 LCC의 합리적인 가격을 선호하지만, 기종의 한계가 있는 저비용 항공사의 특성상 중장거리를 취항할 수 없다는 점을 아쉬워했던 승객들에게도 희소식일 수 있는 항공사가 바로 HSC 항공사입니다.

에어프레미아 역시 이런 점에서 업계에서는 2019년 새롭게 출범을 알린 3곳의 신생 항공사 중 여러모로 가장 많은 기대를 모으는 곳이 아닐까 싶습니다. 대한항공과 아시아나항공으로만 좁혀졌던 중장거리노선 시장을 바짝 긴장시키면서도 승객의 입장에서는 선택권이 더 다양해진 만큼 선의에 경쟁을 이어나갈 수 있는 시작점이 될 것으로 보입니다. 승무원이라는 직업을 준비하는 입장에서는 내가 지원하고자 하는 항공사마다의 성향, 색깔의 차이 그리고 더 나아가 운영방식조차 다른 만큼 이러한 점을 바탕으로 LCC와 FSC만으로 정리됐던 기존 항공사를 기본으로 해서 앞으로 어떤 식으로 자리 잡고 성장하여 항공시장에 새로운 바람을 일으킬지 알 수 없는, 그러나 자리를 잡고 성장했을 때 충분히 기존 항공사 역시 좋은 변화와 움직임을 보여주게 만들 선의에 경쟁 항공사가 될 수 있는 만큼 TCC와 HSC라는 신조어 역시 정확한 의미와 방향을 정리해 두기 바랍니다.

당신은 승무원의 자질이 있습니까?

8
국내 항공사와 외국 항공사 비교

한국인 국적으로 승무원으로서 일할 수 있는 곳은 우리가 흔히 생각하는 국내 항공사만은 아닙니다. 일반적으로 알고 있는 국내 항공사 이외에도 다양한 외국 항공사에서는 많은 한국인이 승무원으로서 근무하고 있습니다. 저 역시도 외국 항공사에서 처음 객실승무원으로 비행을 시작하였고, 이후 국내 항공사로 이직하여 승무원 생활을 이어나갔습니다. 특히나 최근에는 이전과 달리 한국의 관광시장 규모가 확대되었고, 인천국제공항이 환승을 위한 허브공항으로서의 입지가 커짐에 따라 다양한 외국 항공사들의 한국 시장 중요도가 높아졌습니다. 이를 통해 한국인 승무원에 대한 수요도 덩달아 높아져 이전보다 외국 항공사에서는 한국인 승무원에 대한 채용이 더 많아진 것이 사실입니다.

승무원이라는 꿈을 이루기 위해 대학교에서 항공서비스학을 전공하는 학생들은 국내 항공사와 외국 항공사에 대한 목표가 확실하게 정해지지 않은 경우가 많으므로 가끔 특강을 진행하다 보면 국내 항공사와 외국 항공사에 대한 차이점을 묻는 경우가 많습니다. 아직은 승무원이라는 직업에 대한 이해도를 높여가는 단계이기 때문에 아무래도 확고한 결정을 하기에 앞서 많은 고민이 있으므로 양쪽을 모두 경험한 저에게 국내 항공사와 외국 항공사를 비교하는 질문을 많이 한다고 생각합니다.

군이 대학생이 아니더라도 처음 승무원 준비를 고민하는 학생들이 많이 궁금해 하는 것 중 하나인 국내 항공사와 외국 항공사의 장단점은 사실 생각하기 나름일 것입니다. 승무원이라는 직업을 놓고 봤을 때 남들이 다 쉬는 주말에 비행하는 것을 단점이라고 생각하는 승무원도 있지만, 반대로 저 같은 경우 남들이 다 일하는 평일에 조용히 여유롭게 이동하고 쉴 수 있다는 것이 장점이라고 생각했기 때문입니다. 이러한 맥락에서 국내 항공사와 외국 항공사를 비교하여 장단점을 말하기엔 사람마다 생각이 다를 수 있다고 봅니다.

우선 국내 항공사와 외국 항공사가 같이 가지는 공통점을 얘기해 보자면, 양쪽 모두 유니폼을 입고 있는 순간만큼은 항상 을의 입장에서 승객을 돌봐야 하고, 항상 손님에게는 YES라고만 말할 수 있고, 내가 잘못한 것도 아니지만, 비행 내내 죄송하다는 말을 입에 달고 살아야 하는 직업이라는 점은 사실 같다고 볼 수 있습니다.

이외에도 일반적으로 많은 수의 승무원들이 공통적으로 생각하는 장단점을 생각해 보면 아래와 같습니다. 일반적으로 가장 흔히 생각하는 것은 바로 근무 분위기나 기업 문화가 아닐까 합니다. 일반적으로 알려진 것과 같이 국내 항공사의 경우 선후배의 역할이 확실하고, 직급에 따른 높낮이가 수직적인 구조를 가지는 게 사실입니다. 물론 이건 항공사, 그리고 객실승무원만이 가지는 특성이기보다는 한국 기업의 전체적인 분위기가 대체로 비슷하다고 생각합니다. 특히나 객실승무원의 경우 안전업무를 다루는 직무의 특성상 선후배 문화가 다른 직무에 비해 더욱더 강하게 존재하고, 전체적인 객실승무원 부서의 문화에 융통성이 부족한 것이 사실입니다. 하지만 이전과 달리 점점 더 사회적인 분위기가 달라지고 있는 것과 같이 객실승무원팀

당신은 승무원의 자질이 있습니까?

역시도 변화를 위한 다양한 시도들이 시행되고 있으므로 과거보다 유연해지고 있는 것은 사실입니다.

국내 항공사의 근무 분위기나 문화가 100% 잘못되었다는 것은 절대 아니지만, 분명 확실한 것은 업무의 능률을 현저히 떨어뜨리는 불필요한 것들이 많이 존재하고, 이러한 점들로 인해 전체적인 객실승무원의 업무능률이 떨어진다는 것은 국내 항공사와 외국 항공사를 모두 경험하며 비행했던 사람으로서 부정할 수 없는 사실이라고 생각합니다.

하나의 예로 2명의 승무원이 하나의 카트를 끌며 서비스하는 과정에서 국내 항공사의 경우 반대편의 상급자와 더 가까운 서비스 용품이 필요하여 요청할 때 눈치를 본다거나 조금 불편하더라도 내가 직접 더 복잡한 과정을 거쳐 스스로 그 용품을 가져와야 하는 분위기입니다. 물론 바쁜 상대를 배려한다고 생각할 수 있겠지만, 한정된 비행시간 내에 다양한 서비스를 해야 하므로 팀워크를 이루며 서로서로 효율적으로 돕지 못한다면 30분에 끝날 서비스는 1시간, 2시간씩 걸릴 수밖에 없습니다. 안전업무를 수행해야 하는 매우 급한 상황이 온다면 객실은 직급에 따라 보고체계가 형성되게 됩니다. 그 순간만큼은 누구보다 상급자를 존중하고 따라야겠지만, 서비스하는 모든 순간까지도 상급자에 대한 눈치를 보고 수직적으로 업무가 이루어진다면 업무에 효율성은 현저히 떨어질 수밖에 없습니다.

물론 이러한 분위기가 다소 아쉬운 국내 항공사는 반대로 서비스적인 측면에서 매우 우수한 수준을 유지하고 있고, 제대로 된 기내 서비스를 배울 수 있다는 장점이 있습니다. 아시아 국가의 항공사들이 대체로 높은 서비스를 제공하고 있지만, 특히나 국내 항공사에서는 FSC/LCC 구별할 것 없이 모두 수준 높은 서비스를 제공하고자 교육하고 노력한다는 것입니다. 이를 통해 국내 항공사에 입사하게 된다면 대체로 전반적인 서비스를 제대로 배울 수 있다는 장점이 있습니다. 이외에도 국내 항공사의 경우 한국인으로서 한국에서 거주하며 근무할 수 있다는 것을 가장 큰 장점으로 꼽을 수 있습니다. 물론 이 점은 사람마다 다를 수밖에 없습니다. 해외 거주를 꿈꾸고 외국 항공사를 가고자 하는 사람도 있기 때문이죠. 하지만 외국 항공사에서 근무하는 많은 한국인 승무원들은 특정 기간이 지나면 한국으로 돌아가고 싶어 하는 것이 현실입니다. 물론 해외 거주에 대한 장점도 많습니다. 한국이라는 나라에서 거주하는 것이 장점만을 가질 수 없기 때문이죠. 그런데도 제가 항상 외국 항공사를 처음 준비하고자 하는 학생들에게 항상 하는 말이 있습니다.

외국 항공사는 승무원이라는 직업이 가지는 단점에 추가로 해외 거주라는 무게가 추가된다는 것입니다. 막연히 해외에 거주한다는 것은 단순히 보면 좋아 보일 수 있지만, 분명한 것은 현실은 그렇지 않을 수 있다는 것을 알아야 합니다. 한국인으로서 한국에서 살면서 아무렇지 않게 했던 일반적인 행동들, 예를 들자면 자취방을 구하고 휴대전화를 개통하며, 마트에서 장을 보는 것마저도 내가 한 번도 살아본 적 없는 타국에서 나 스스로 해나가야 합니다. 내가 만약 부모님에게 돈을 받아 유학을 가서 공부만 하는 상황과 타 국가에서 취업하고 돈을 벌며 나 스스로 살아가야 한다는 것은 다릅니다. 그때는 정말 나 스스로 살아남아야 하는 말 그대로 서바이벌입니다. 내가 아무리 영어에 대한 준비를 통해 외국 항공사에 합격했다고 하더라도 원어민으로 영어를 사용했던 사람은 아니므로 언어적인 부분도 외국 항공사에 살면서 느낄 수 없는 고충 중에 하나라고 볼 수 있습니다.

하나의 예로 모두 다른 국적의 승무원들이 비행하는 외국 항공사에서 내가 억울한 누명에 쓰게 되어 의심을 받는 상황에서 내가 내 주장을 영어로 확실히 하지 못해 어떠한 오해를 받거나, 승객의 요구를 제대로 이해하지 못하여 올바른 응대를 하지 못하게 된다면 이 또한 내가 일하며 스스로 느낄 수 있는 고충이 될 수밖에 없습니다. 외국인의 신분으로 타지에서 근무한다는 것은 하나에서 열까지 아무렇지 않게 쉽게 처리했던 모든 일을 기존 내 상식으로는 절대 이해할 수 없는 감정과 기다림의 연속으로 하나씩 헤쳐나가야 하는 것이 현실임을 알아야 하고, 항상 이러한 점에 대해 본인이 해낼 수 있느냐에 대한 질문을 학생들에게 던집니다. 막연히 내가 나이가 많아서, 키가 작아서, 학점이 낮아서 외국 항공사를 선택한 것으로는 절대 합격할 수 없고, 합격한다고 하더라도 버텨낼 수 없기 때문입니다.

내가 이 모든 단점을 다 인정하고서도 여전히 외국 항공사의 객실승무원으로 일하고자 하는 확고한 마음가짐과 의지가 준비되어야 한다고 강조합니다.

그렇다면 국내 항공사와는 달리 외국 항공사의 근무 분위기나 기업문화는 어떤 색깔을 가지는지 알아보겠습니다. 하지만 국내 항공사와 외국 항공사로 나누기 이전에 더 중요한 것은 각각의 개별적인 항공사마다 가지고 있는 특성은 모두 다를 수 있다는 것을 우선 이해해야 합니다. 물론, 일부 항공사에 따라 차이는 있겠지만, 대체로 외국 항공사 객실승무원팀의 분위기는 유연한 편입니다. 물론 직급이라는 것은 존재하지만, 상급자에 대한 기본적인 존중이 존재할 뿐, 불필요한 문화가 사실상 국내 항공사에 비해서는 덜한 편입니다. 물론 일부 아시아 국가의 항공사들은 여전히 국내 항공사와 비슷한 분위기를 가지는 곳이 없지 않으나, 외국 항공사의 경우 대부분 국내 항공사와는 조금 다른 기업문화와 근무 분위기를 가지고 있습니다.

가장 쉬운 예로 외국 항공사에서는 한국인 승무원들끼리 상급자를 부르는 선배라는 단어를 놀림거리로 삼기도 하기 때문이죠. 이러한 것들만 보더라도 부정할 수 없는 사실이 바로 국내 항공사가 외국 항공사보다 선후배 문화라는 기업문화나 근무 분위기가 유연하지 못하다는 것입니다. 하지만 앞에서 언급했던 것과 같이 과거보다 훨씬 더 변화에 대한 필요성을 느끼고 있다는 점과 조금이나마 변화하고 있다는 것은 긍정적인 흐름이라고 생각합니다.

이와 반대로 국내 항공사에서는 외국 항공사와 달리 내가 거주하고 있는 베이스에 적응하고 살아남기 위한 전쟁을 치르지 않아도 된다는 것이 좋습니다. 한국에서 살아온 한국인이기 때문에 한국 거주라는 점이 가지는 특이점이 없고, 적응할 필요도 없다는 것입니다. 또한, 가족과 친구들, 그리고 사랑하는 사람들과 헤어지거나 떨어져서 지낼 필요도 없다는 것은 사실 직업적인 부분을 떠나서라도 정말 사람의 인생에 있어 중요한 부분이 아닐까 싶습니다.

외국 항공사에 근무하는 한국인 승무원들이 아마도 가장 힘들어하는 부분이 이러한 것일 겁니다. 가족이나 친구와 떨어져서 지내야 한다는 점이 바로 외국 항공사에서 근무하는 가장 큰 고충이자 이직과 전직을 고려하여 퇴사를 하게 되는 가장 큰 원인이라고 생각합니다. 물론 저의 경우 어려서부터 시작된 해외 생활로 인해 타국에서 근무하고 산다는 것에 큰 고충은 없었

당신은 승무원의 자질이 있습니까?

습니다. 승무원 생활 중 경험했던 누군가를 가르치고, 내가 겪은 경험을 나누다는 것에 짜릿함을 느껴 가르치는 일을 하기 위해 퇴사 후 현재 학생들을 가르치고 있지만, 많은 외국 항공사 승무원들이 퇴사하는 이유가 바로 소위 말하는 Homesick이 아닐 수 없고, 그 외에도 외국 항공사 승무원들의 퇴사 이유는 각자 너무 다양하다고 생각합니다. 여성의 경우 결혼이나 육아가 가장 압도적일 것이고 이외에도 다른 직업으로의 전직이나 체력이나 건강과 관련된 문제들도 퇴사 이유의 상단에 있다고 생각합니다. 국내 항공사와 외국 항공사를 비교하고 각자 가지고 있는 장단점을 비교한다는 것은 제가 나열한 얘기들도 그러하지만, 작성자의 생각에 따라 달라질 수 있는 매우 객관적인 사항이라고 생각합니다. 물론 제가 언급한 위 내용도 마찬가지로 저의 객관적인 생각들이 주되게 담긴 글이지만, 최대한 보통 승무원들의 시선에서의 생각들을 얘기하고자 노력했다는 점을 고려하여 참고하기 바랍니다.

국내 항공사와 외국 항공사에 대한 준비를 고려하고 고민하는 단계라면 우선 학생들을 가르치고 합격시키고 있는 강사의 시점에서 가장 좋은 것은 내가 국내와 외국이라는 위치를 선택하기 이전에 승무원이라는 직업에 대한 이해와 함께 승무원이 되고 싶다는 마음을 가지고 양쪽 모두 도전해야 한다고 생각합니다.

양쪽 모두를 다 준비하고 도전해야 면접의 기회가 더 많아진다는 것도 있지만, 외국 항공사든 국내 항공사든 모두 공통으로 요구되는 것이 승무원으로서의 자질과 자세이기 때문에 이러한 점을 공통으로 준비하여 모두 다 면접을 볼 수 있어야 하고, 더 나아가 영어 면접에 대한 두려움 때문에 외국 항공사를 고려하지 않는 학생도 많지만, 내가 영어 면접에 대해서는 국내 항공사 면접을 준비하더라도 준비를 해야 하고, 합격 이후에 승무원으로서 직접 비행을 하더라도 영어 능력에 대해서는 꼭 필요한 자질 중 하나이기 때문에 승무원을 준비하는 단계에서부터 영어 면접을 확실하게 준비하여, 이후 실제로 근무를 하면서도 영어 준비를 했던 것들은 스스로 도움이 될 수 있다는 점을 기억하고 조금 힘들더라도 2배의 노력을 통해 영어 면접까지 준비하여 국내 항공사와 외국 항공사에서 모두 다 면접을 볼 수 있는 준비를 해야 한다는 것을 강조합니다.

하지만 중요한 것은 내가 어떤 쪽을 선택하더라도 혹은 합격하더라도 국내 항공사든 외국 항공사든 모두 다 장단점은 같은 비율로 존재한다는 것을 기억하여 내가 합격 후에도 오래도록 바라왔던 승무원이라는 직업을 해나가며 힘들고 흔들리는 순간에도 나 스스로 버텨낼 수 있는 마음가짐과 의지를 지금 이 시점에서 꼭 다지고 준비해 나가기 바랍니다.

9
최종합격 후 신입 승무원의 교육내용 정리

이 책을 접하고, 이 글을 읽고 있는 대부분은 승무원을 준비하고자 고민하는 학생일 것이라 생각합니다. 그렇기 때문에 아직 입사단계가 아닌 상황에서 입사 후 받게 되는 교육을 미리 알아보는 건 의미가 없을 수 있습니다. 하지만 내가 하고자 하는 승무원이라는 직업이 입사 후 어떤 교육을 받게 되는지 알게 된다면 어떤 자질이 필요한 직업인지를 이해할 수 있고, 더 나아가 내가 면접에서 보여줘야 할 주된 자질이 무엇인지에 대한 감을 잡을 수 있을 것이라 생각합니다.

승무원이 되고자 한다면 가장 먼저 승무원 면접에 합격을 해야 승무원이 될 수 있습니다. 그렇다면 내가 보고자 하는 승무원 면접이 어떤 자질을 중요하게 생각하는지에 대해 신입 승무원 교육내용을 통해 알아보겠습니다.

승무원 면접에서 최종합격을 하면 인사과로부터 받는 합격 메일에는 입과 날짜, 준비물, 복장이 명시되어 있습니다. 입사 교육기간 동안에는 정장을 가장 주되게 입기 때문에 교육기간 동안 입을 정장도 충분히 준비해야 하고, 준비물은 빠진 게 없는지를 생각하며 설렌 마음에 잠 못 이루던 그 순간을 뒤로하고 그토록 원하던 항공사로 승무원 교육생으로서 첫 출근을 합니다. 위에 안내된 것과 같이 어떤 내용들을 어떤 방식으로 훈련받는지에 대한 정보를 통해 어떤 자질을 면접에서 보여줘야 하는지에 대해 생각해 볼 수 있어야 하고, 쉽지 않은 승무원 준비의 길을 이미 걷고 있는 학생들에게는 다시 한 번 다음 채용을 앞둔 상황에서 마음을 다잡고 의지를 가지고 준비를 이어나갈 수 있도록 하기 위한 계기가 되기 바랍니다.

:: 신입 승무원 초기 훈련기간

신입 승무원 초기 훈련기간은 FSC로 분류되는 대한항공, 아시아나항공의 경우 교육시기의 항공사 사정에 따라 달라지지만 대체적으로 3~4개월의 훈련을 받습니다. 또한, LCC로 불리는 저비용항공사는 평균 2개월간의 교육을 받아야 합니다. 외국 항공사 역시 항공사마다 기간이 다르지만 대체적으로 2~4개월의 기간을 필요로 합니다.

:: 교육 복장

신입 직원으로 정식 출퇴근을 해야 하기 때문에 복장은 무조건 '정장'을 입습니다. 남자는 재킷과 넥타이가 필수이며, 여자들도 치마 정장으로 재킷 또한 입어야 합니다. 구두는 면접 때의 높았던 9cm 이상보다는 3~4cm 또는 6~7cm 정도의 안정감 있는 힐을 신는 것이 좋습니다.

승무원 교육생은 처음부터 유니폼이 지급되지 않기 때문에 매일매일 무엇을 입고 갈지에 대한 고민을 많이 하게 됩니다. 하지만 교육내용을 잘 이해하고 낙오되지 않게 공부하여 따라가는 것이 가장 중요하기 때문에 너무 복장에 큰 신경을 쓸 필요는 없습니다.

물론, 우리가 추후에 승무원으로 비행을 한다고 했을 때 항상 유니폼을 깨끗하고 구김 없이 입어야 하기 때문에 이 점을 몸에 익히기 위해서 교육 중 입는 정장도 항상 주름 없이 깨끗한 최상의 상태를 유지해야 합니다.

하지만 비싸고 다양한 스타일을 보여줘야 하는 것은 아니기 때문에 기본적으로 치마와 재킷 2~3벌 정도와 블라우스 3~4벌을 기본으로 바꿔가며 돌려 입는 것을 추천합니다. 세부적으로 들어가면 너무나 많은 것들을 2~4달 안에 배워야 하지만, 신입 승무원 초기 교육은 크게 안전교육과 서비스 교육으로 나누어집니다.

서비스 교육보다는 안전교육이 훨씬 더 엄격하게 진행되기 때문에 안전교육을 받다가 계속해서 재시험을 보고 태도가 불량하거나 성실한 모습을 보이지 않을 시에는 입사 취소가 결정되는 경우도 있기 때문에 교육 시에는 정말 진지한 태도로 성실하게 임해야 합니다. 매일 아침 출석체크를 시작으로 학교와 같이 조회와 종례도 하고, 복장과 헤어, 메이크업을 점검하는 어피런스 체크를 받습니다. 교육이 끝난 직후 바로 실전에 한 명의 승무원으로 투입되기 때문에 조금은 힘들지만 철저한 교육을 통해 실전에서도 바로 프로다운 모습을 보이기 위해서 작은 것 하나도 깐깐하게 확인받게 됩니다.

:: 안전교육

안전업무는 객실승무원에게 가장 중요한 업무이기 때문에 신입 승무원은 물론 매년 받게 되는 현직 승무원들의 교육에서도 가장 많은 부분을 차지한다고 생각합니다. 여러 가지들을 배우게 되겠지만, 우선 항공사마다 도입한 기종에 대해 알고 있어야 합니다. 아무래도 단일기종을 사용하는 LCC 항공사보다 FSC항공사들이 여러 기종을 보유하고 있기 때문에 교육기간이 길 수밖에 없습니다.

비행기 기종마다 다른 항공기 구조를 기본으로 승객 탑승과 비상 상황에서의 빠른 탈출을 위한 Door 작동법, 비상장비 상태점검 방법 및 위치, 비행기가 비상 착륙했을 때 혹은 물에 떨어졌을 때와 같은 착륙, 착수 훈련도 받게 됩니다. 이외에도 응급환자를 다루거나 기내에 발생한 화재를 진압하는 훈련도 있습니다. 최근에 가장 많은 논란이 되는 기내 난동 승객을 제압하는 방법들도 보안사항으로 안전교육내용 중 일부입니다.

:: 서비스 교육

물론 승무원은 승객들의 안전을 위해 탑승하지만, 사실상 실제로 비행기 사고는 희박하므로 현실에서 가장 많은 업무를 차지하는 것은 승객의 편안함을 위한 서비스일 것입니다. 특히나 점점 더 치열해지는 항공사 간의 경쟁에서 살아남기 위해서는 승객들이 항공사를 바라볼 때 가장 기대하는 서비스에 대한 부분을 충족시키기 위해 더 많은 그리고 질 높은 교육들이 시행되고 있습니다. 기본적으로 유니폼을 입는 직업이기 때문에 전문적인 모습을 보여주기 위한 헤어, 메이크업을 기본으로 유니폼 착용 규정 및 관리, 자세와 태도, 미소 연습, 정확하고 확실한 정보를 전달하기 위한 화법, 알코올이 포함된 여러 음료를 제공하는 방법, 기종과 노선에 따라 달라지는 서비스 방식에 대한 것들을 전반적으로 교육받게 됩니다.

:: 모의비행, OJT(On the Job Training)

승무원으로서 실제 비행을 하기 위해 교육기간 동안 배운 모든 것들을 총점검받는 비행이라고 생각하면 됩니다. 실제로 비행에 투입되어 출근해서 브리핑에서부터 탑승 후 승객을 맞이하고 비행 내내 필요한 안전과 서비스 업무 등을 수행하며 함께 탄 감독관에게 평가를 받게 되는 비행입니다. 교육을 수료하는 과정에서의 최종적인 실기 시험이기 때문에 그동안 배운 것을 잊지 않고 보여줄 수 있어야 하며 이 마지막 과정까지 무사히 합격을 해야 신입 승무원 교육을 수료하고 교육생에서 정식 신입 승무원이 될 수 있습니다.

:: 수료

모든 교육이 끝나고 모든 시험을 무리 없이 무사히 통과한 사람은 신입 승무원 교육을 수료하게 되고, 승무원 라이선스를 국토부로부터 취득한 뒤 정식 승무원으로 비행기에 탑승하여 비행 생활을 시작하게 됩니다. 사실 객실승무원을 준비하는 대부분의 학생들은 쉽지 않은 준비기간을 보내고 최종합격을 하기 때문에 그때가 사실 훈련기간, 그리고 정식승무원이 되어 비행 생활을 초기에 시작하며 겪는 고충들을 생각하면 지원자의 신분이 그리울 때가 오는 순간이 있다는 것을 얘기하고 싶습니다.

그 나이와 시절에만 겪을 수 있는 시간들이기 때문에 물론 어렵겠지만, 너무 모든 내 인생의 초점을 승무원 준비에 맞추지 않았으면 좋겠습니다. 치열하게 준비하며 살아야 하는 것은 맞지만, 인생의 모든 초점을 승무원 면접 준비에 맞춰 살기보다는 다양한 경험들과 자질을 쌓을 수 있는 준비를 하면서 견문과 시야를 넓히는 시간을 보내야 한다고 항상 얘기합니다. 앞으로 승무원 준비라는 절대 쉽지 않은 길을 선택하여 승무원을 준비하고자 하는 학생들과 혹은 현재 하고 있는 학생들은 다시 한 번 이 글을 보고 본인의 마음가짐과 의지를 다잡는 계기가 되길 바랍니다.

Chapter
2

승무원 면접 준비에
대한 가능성

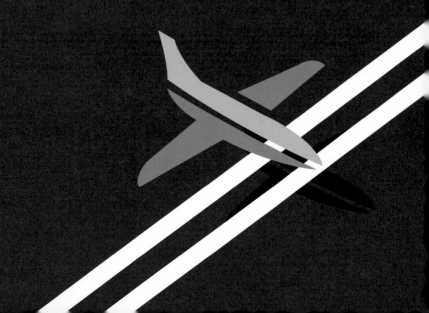

승무원 면접 준비에 대한 가능성

1
7단계로 알려주는 승무원 되는 법

단순히 "승무원이 되는 것은 어려우므로 열심히 해야 한다."가 아닌 내가 이 준비를 하겠다고 마음을 먹었다면 현실적으로 어떤 준비단계를 거쳐야 하는지에 대해서 몇 가지로 큰 순서를 나눠 얘기해 보고자 합니다. 승무원이 되겠다고 마음을 먹었거나 승무원이라는 직업에 대한 관심은 많지만, 자세히 어떠한 방법으로 준비해야 하는지가 막연할 것으로 생각합니다.

관광시장이 커지면서 항공산업도 함께 성장하며, 기존과 다르게 새로운 항공사도 많아지고, 기존 항공사들 역시 규모가 커지면서 채용인원이 많아졌기 때문에 전체 승무원 인원수가 과거보다 폭발적으로 늘어났습니다.

당신은 승무원의 자질이 있습니까?

물론 앞에서 얘기했던 것과 같이 승무원 출신이라고 면접 정보를 잘 아는 것은 아니지만, 그런데도 여전히 주변에서 승무원을 보거나 지인 중에 승무원이 있거나 하는 경우가 드물어서 승무원 준비에 대한 정보를 시작점에서 알기가 어렵습니다.

저 역시도 외국 항공사와 국내 항공사 모두에서 비행 생활을 시작하기전, 처음 준비를 고민했던 시기로 돌아가 보면 너무나 막막하고 어려웠던 시절이 떠오릅니다. 단순히 하고 싶은 마음은 있지만, 어떤 준비를 해야 하고, 어디서 준비를 해야 하는지 등에 대한 어려움이 있었습니다. 제가 현재 가르치고 있는 승무원 준비방법을 떠나 제가 당장 준비했던 학생시절로 돌아가 보더라도 답답했던 것을 너무나 잘 이해하기 때문에 그 시점으로 돌아가 이해하기 쉽게 승무원 준비에 필요한 단계를 설명하고자 합니다.

❶ 승무원 직업에 대한 이해

우선 가장 중요한 것은 내가 하고자 하는 승무원이라는 직업에 대한 정확한 이해가 필요하다고 생각합니다. 내가 지원하고자 하는 직종이 어떤 일을 하는 것인지 그리고 어떤 장단점이 있는지를 알고 시작해야 한다는 것이 제 주장입니다.

물론 이 직업에 처음 접근한 계기는 크게 중요치 않습니다. 남들과 같이 단순히 유니폼이 예쁘고 연봉이 나쁘지 않거나 혹은 "어렸을 때 비행기에서 봤던 승무원이 멋있어서"와 같은 이유로 이 직업에 처음 접근한 것은 문제가 되지 않으나, 내가 승무원을 직업으로서 도전하고자 하는 상황에서는 절대 이런 이유만으로는 면접 준비과정을 버텨낼 수 없습니다.

준비과정이 절대 쉽지 않고, 운 좋게 합격을 했더라도 쉽게 버텨낼 수 있는 강도가 아니므로 단순히 화려함으로 무장한 이 직업의 장점들만으로는 준비를 시작할 수 없다고 봅니다. 이 직업의 단점까지 내가 다 수용하고서도 여전히 하고자 하는 직업이 맞는지를 알기 위한 이 직업에 대한 정확한 이해가 우선시되어야 합니다.

❷ 가능성 테스트

내가 여러 가지를 고려했을 때 정말 해보고자 하는 직업이 맞고 도전을 해보고자 한다면 그다음 단계는 승무원 면접 준비에 대한 가능성 확인입니다. 조금 냉정하게 들릴 수 있지만, 저는 단순히 하고 싶은 마음으로 할 수 있는 직업은 아니라고 계속 주장하는 강사로서 막연히 1~2년이라는 시간을 내가 최소한의 가능성도 없는 상태에서 허비할 게 아니라면 내가 승무원 면접을 준비한다고 했을 때 얼마나 가능성이 있느냐를 확인해야 합니다.

가능성을 확인하는 방법은 물론 책에 나열된 글들로는 한계가 있지만, 어떤 것들을 생각하고 평가해 봐야 하는지에 대해서 이 책의 다른 장에서 다루고 있습니다. 전반적인 가능성에 관한 확인을 통해 최소한이라도 가능성이 없다면 깨끗이 포기하고 더 잘할 수 있는 일을 찾아야 한다는 것이 저는 조금 냉정하지만 중요한 부분이라고 생각합니다. 물론, 가능성이 보인다면 앞으로 어떤 방향으로 승무원을 준비하는지에 대한 생각을 해봐야 합니다.

❸ 승무원 면접 평가 요소 파악

내가 만약 승무원이 되고 싶다면 승무원 면접에 우선 합격해야 하고,

당신은 승무원의 자질이 있습니까?

그렇다면 내가 보고자 하는 승무원 면접이 어떠한 자질을 평가하는지를 스스로 알고 있어야 합니다. 내가 보고자 하는 면접이 과연 어떤 자질을 보는지도 스스로가 모른다면 과연 이 준비를 해나간다고 했을 때, 올바른 방향으로 준비할 수 있을까에 대한 의문을 가지게 합니다.

승무원 면접이 어떤 자질을 보는지를 알고 이해하고 있어야만 그것에 맞춰 방향을 잡고 면접 준비를 해나갈 수 있고, 면접 준비 과정을 전체적으로 봤을 때 이 면접에 필요하지 않은, 다시 말해 승무원 면접에서 평가하지 않기 때문에 전혀 준비할 필요가 없는 것을 준비하기 위해 시간과 금전을 투자하는 불필요한 행동을 하지 않을 수 있습니다.

❹ 승무원 면접 준비

가장 중요한 것은 토익도 토스도 오픽도 아닌 바로 승무원 면접 준비입니다. 승무원 면접은 일반 기업들의 면접과 매우 다릅니다. 비전공자들이 처음 저를 찾아오면 항상 해주는 말입니다. 대부분 비전공자는 승무원 면접에 대한 기본 개념이 없으므로 일반면접과 똑같다고 생각합니다.

하나의 예로 아시아나항공의 실무면접에서는 디근자 워킹을 하게 됩니다. 문을 열고 면접장에 들어가서 디근자를 그리며 워킹을 하게 되는데, 이를 통해 어떤 것들을 평가하려는 걸까요?

바쁜 와중에 굳이 워킹을 시키는 이유는 전반적인 자세를 평가하기 위함입니다. 미소 유지, 자세, 태도, 시선 처리 등 전반적인 승무원으로서의 자세를 평가하기 위함이겠죠. 하지만 일반 면접은 어떤가요?

일반 사무업무를 보는 회사들의 면접은 워킹을 하지도 미소 유지, 자세, 태도, 시선 처리 등에 대한 것들을 점수화해서 평가하지도 않습니다. 당장 승무원 면접의 1차 면접만 떼어놓고 일반면접과 비교해 봐도 사람을 뽑을 때 보고자 하는 잣대와 자질이 다르다는 것을 알아야 합니다.

단순히 학생들이 고민하는 토익을 포함한 소위 말하는 스펙만으로 입사가 가능한 직업이 아닙니다. 물론 저 역시도 승무원을 처음 준비했던 시절로 돌아가 보면 인터넷을 통해 접한 스펙이 좋아야 하고, 토익이 높아야 한다는 글들을 보며 준비했던 시간이 있었기 때문에 지금 학생들이 숫자로 표현되는 스펙에 집착하는 것들을 너무나 이해합니다.

하지만 저 역시도 승무원을 준비했던 시간부터 학생을 가르치고 있는 현재까지의 시간을 돌아봐도 특수한 기내라는 환경에서 유니폼을 입고 기내에서 승객을 응대하는 일을 가장 주되게 해야 하는 승무원이라는 직업이 절대 숫자만으로 설명될 수 없고 절대 숫자만으로 합격할 수 없다는 것이 제 결론입니다. 얼마나 손님을 잘 응대할 수 있을까를 보는 것이 핵심인 면접을 잘 봐야 하는 것이 바로 승무원 면접입니다. 승무원 면접에서만 가지는 특징을 이해하고 그것들을 6개월 이상 동안 준비하여 승무원으로서의 태도를 보여줄 수 있어야 합니다.

❺ 승무원으로서의 태를 갖추는 이미지메이킹

그렇다면 위에서 강조한 승무원으로서의 태를 면접에서 보여줘야 한다는 것은 어떤 것을 뜻할까요? 너무 추상적일 수 있으므로 설명이 필요할 것으로 생각합니다. 우선 쉽게 이해할 수 있게 표현하자면 면접에서 내가 승무원으로서의 그림이 그려지는 사람이어야 합니다. 그러기 위해서는 승무

당신은 승무원의 자질이 있습니까?

원처럼 보일 수 있는 이미지 만들기를 해나가야 합니다.

　이미지메이킹의 정확한 정의에 대해서 알아볼 필요가 있겠죠. 학생들이 가장 많이 오해하는 것 중 하나가 바로 승무원 이미지에 대한 단어의 뜻입니다. 학생들이 일반적으로 생각하는 승무원 이미지라는 것은 마치 단순히 예쁘고 잘생긴 사람을 뽑는 것이라 오해합니다. 물론 외모가 중요하지 않다고 말할 수 없겠지만 가장 주되게 평가되는 승무원으로서의 이미지라는 것은 단순히 보이는 외모만이 아닙니다. 그 사람에게서 풍기고 보이는 내적 그리고 외적인 이미지들이 통합적으로 상대에게 보이는 것이 바로 이미지입니다.

　승무원 이미지에 대한 자세한 설명은 이 책의 다른 장에서 확인하기 바랍니다. 단순히 외모만을 보고 사람을 뽑고자 한다면 2차, 3차까지의 면접을 진행할 필요 없이 모두를 한자리 부른 뒤, 외모만을 평가하여 사람을 채용하면 될 것입니다. 그렇게 하지 않는 것에는 다 이유가 있겠죠. 단순히 외모만을 보고자 하는 것이 아닌 승무원으로서의 태를 갖추고 얼마나 사람을 잘 응대할 수 있는, 타인에게 호감을 줄 수 있는 이미지를 갖추고 있는지를 보게 됩니다. 승무원으로서의 태라는 것을 가장 잘 이해할 수 있는 예시를 들어보겠습니다.

　학생이 처음 승무원이 되고자 학원에 왔을 때의 모습과 최종합격한 뒤의 모습은 매우 달라져 있습니다. 그 이후 입사하여 2~4달 정도의 입사교육을 마친 뒤의 모습을 보면 또다시 정말 많이 달라져 있습니다. 그때는 정말 손짓, 눈빛, 분위기부터가 승무원같이 보입니다. 하지만 과연 그 모습으로 비행기에 탑승했을 때 선배들이 승무원으로 인정해 줄까요? 아닙니다. 그때부터가 바로 시작입니다.

내가 승무원으로서의 태를 갖춰나가는 훈련을 지금부터 면접을 보기 위해 준비해 나가야 합니다. 승무원으로서의 태는 본인의 노력으로 갖추고 만들 수 있는 사항이기 때문에 꾸준한 교육과 훈련을 통해 태를 만들어나갈 수 있어야 합니다.

❻ 스펙 준비

물론 위에서 강조하는 것과 같이 승무원이 되기 위한 승무원 면접에서 가장 주되게 평가하는 사항은 사람을 잘 응대할 수 있는지에 대한 서비스 자질이 제일 중요하지만, 기본적으로 국내 항공사의 경우 면접을 보기 위해 갖춰야 할 기본적인 스펙은 준비해 줘야 합니다.

어학능력을 보여줄 수 있는 어학 점수와 국내 기준 2년제 이상의 학력, 그리고 학점, 자소서 등 승무원 면접을 보기 위한 기본적인 사항들에 대해서는 준비를 해야 합니다. 특히나 승무원 면접에서 더 중요한 면접 준비에 소홀하지 않은 선에서 본인이 할 수 있는 최선을 다해 스펙을 준비해야 합니다. 승무원이라는 직업의 특성상 일반면접과는 보고자 하는 자질 자체가 다르므로 단순히 고득점이라고 합격할 수 있는 직업군은 아니지만, 본인이 할 수 있는 최선을 다해줘야 하는 것은 부정할 수 없습니다.

또한, 스펙적인 부분 역시 현재 본인이 어떤 준비가 되어 있는지와 본인의 세부적인 이력상황을 고려하여 준비해야 하는 정도는 달라진다고 봅니다. 어학점수의 경우 국내 항공사 기준으로 여자와 남자가 조금 다른 평균 점수대를 형성하고 있습니다. 토익만을 놓고 본다면 물론 점수라는 것은

당신은 승무원의 자질이 있습니까?

개인차가 상당히 있지만, 여자 기준 650~800점대, 남자 기준 750~900점대가 가장 많이 분포되어 있습니다.

일반 기업들의 면접과는 달리 숫자로 보이는 스펙적인 부분들이 딱 고정된 합격선으로 존재하지 않는 것이 바로 승무원 면접입니다. 내가 다른 지원자들에 비해 보이는 스펙이 부족하더라도 더 높게 평가되는 승무원으로서의 자질과 자세, 가능성이 더 보인다면 합격하는 것이 바로 승무원 면접입니다.

❼ 사진

항공사마다 조금씩 차이가 있지만, 승무원 면접에 지원하기 위해서는 기본적으로 증명사진을 준비해야 합니다. 본인 확인용이라는 주장과 달리 사실상 암묵적으로 서류에 첨부되는 증명사진에 대한 평가가 이뤄지는 확률이 높은 만큼 승무원으로서의 일차적인 이미지를 보여줄 수 있는 사진을 조금은 신경 써서 준비해야 한다는 것은 부정할 수 없는 사실입니다.

하지만 너무 과도한 지출을 통해 만든 사진들은 항공사에서도 좋아하지 않기 때문에 피하는 것이 좋습니다. 외항사의 경우 전신과 반신 사진을 요구하는 항공사도 있으니, 참고하여 항공사별로 사진을 준비해야 합니다. 특히나 일부 외항사의 경우 최종면접 시행 후 결과 발표 전에 제출된 사진으로 평가하는 예도 있으니 사진에 대해서는 국내 항공사와 외국 항공사 구분 없이 중요하기 때문에 한번 찍을 때 제대로 찍을 수 있도록 합시다.

또한, 2019년 하반기 아시아나항공 승무원 채용에서는 증명사진이 아닌 여권사진의 제출을 요구하기도 했습니다. 아무래도 여권사진의 경우 보정의 정도에 제한이 있을 수밖에 없어 증명사진보다는 조금 더 실물에 가까운 결과물을 가지는 특성 때문에 여권사진의 제출을 요구하는 것이라 생각합니다. 물론 앞으로 포스트 코로나 시대에는 매 채용마다 요구사항이 자주 달라질 것으로 예상됩니다.

물론 승무원 준비단계를 위에 나열된 7가지만으로 다 설명할 수는 없을 것으로 생각합니다. 사람에 따라 다른 삶을 살아오며 다른 이력을 가지고 있고, 또한 사람마다 가지고 있는 자질이 다르므로 준비해야 할 것들이 모두 다를 수밖에 없습니다.

하지만 기본적으로 승무원 면접 준비를 한다고 했을 때 가장 주요하게 준비해야 할 것들을 7가지로 정리하여 나열한 만큼 참고하여 내가 어떤 점들을 앞으로 준비해 나가야 하는지에 대한 계획을 세우는 것에 조금이나마 도움이 되었길 바랍니다.

특히나 가능성에 관한 확인이나 직업에 대한 이해 그리고 승무원 이미지메이킹 등과 관련해서는 다른 장에서 더욱더 세부적으로 다루고 있으니 참고하기 바랍니다.

당신은 승무원의 자질이 있습니까?

2
준비 시작 전 가능성 확인이 필요한 이유

이 책 전반에 있어 가장 많이 나오는 얘기를 꼽자면 바로 승무원 준비에 대한 가능성 확인입니다. 물론 너무나 안타깝게도 실제 가능성을 확인하기 위해서는 전문가와 대면하여 전반적인 것들을 체크해야 하기 때문에 책으로 어떤 것들을 확인하기엔 다소 무리가 있습니다.

그럼에도 불구하고 제가 책 전반에 있어 제일 많이 강조하는 이유는 그만큼 중요하기 때문이겠죠.

높은 경쟁률을 뚫고 특수한 기내라는 환경에서 유니폼을 입고 승객을 응대해야 하는 특성을 가진 승무원이 되기 위해 교육을 수료해야 하는 직업으로 합격 난이도가 높은 면접이기 때문에 단순히 내가 하고 싶다는 마음만을 가지고 도전할 수 없다고 생각합니다.

막연히 하고 싶다는 마음만을 가지고 1~2년이라는 시간을 내가 언제 포기할 줄 알고 허비할 수 없다는 것이 제 주장입니다. 물론 승무원 면접 준비는 많은 노력과 훈련을 통해 만들어나가야 하는 것들이 대부분입니다.

그런데도 처음 준비를 하고자 하는 첫 시점에서 최소한의 가능성도 가지고 있지 않다면 깨끗이 포기하고 더 잘할 수 있는 일을 찾아야 하고, 그래야지만 내 직업에 대한 미래가 더 밝을 것이라고 생각합니다.

책을 통해서 모든 것들을 얘기하고 확인하기엔 한계가 있지만, 어떠한 점들이 승무원 면접 준비 가능성 확인을 위해 중점적으로 필요한지에 대해 다음 장에서 자세히 알아보겠습니다.

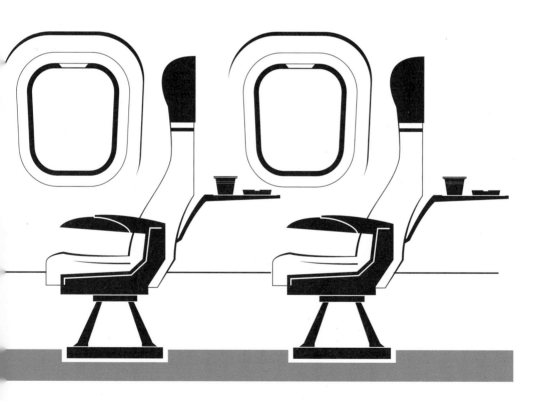

84

3
승무원 면접 준비 가능성을 확인하는 방법

앞에서 언급했던 것과 같이 승무원 면접 준비는 단순히 내가 하고 싶다는 마음만을 가지고 접근하여 시작할 수 있는 난이도가 절대 아니기 때문에 시간 허비를 막고 조금이라도 확률을 높이기 위해 내가 얼마나 승무원 면접 준비에 가능성이 있느냐를 확인하는 과정에서 어떤 것들이 중요한지를 알아보겠습니다.

물론 이미 언급한 것과 같이 단순히 책에 나온 글을 통해 가능성을 스스로 확인하는 건 불가능합니다. 승무원 면접을 가르치는 전문가를 통한 전반적인 체크도 불가피합니다.

그럼에도 불구하고 어떤 점을 중점적으로 체크하고, 더 나아가 내가 어떤 점을 가지고 있어야 가능성이 있다고 판단할 수 있는지를 얘기해 보고자 합니다.

본격적인 얘기를 하기에 앞서 한 가지 당부를 하자면, 승무원 면접을 처음 준비하고자 하는 학생에 대한 가능성을 평가하는 요소는 전문가에 따라 가지고 있는 평가 잣대가 모두 다르기 때문에 개인차가 존재한다는 것을 알아야 하고, 이곳에 나열된 내용들은 저 역시나 준비를 했던 학생시절, 그리고 승무원으로서 비행했던 시간들 그리고 현재 학생들을 가르치며 승무원을 만들어내고 있는 모든 시간들을 통해 얻은 저만의 기술과 노하우를 통해 스스로 내린 결론이자 평가항목임을 알려드립니다.

제가 학생들을 처음 만났을 때 가장 중요하게 얘기하는 것에는 두 가지가 있습니다. 그전에 먼저 얘기하고 싶은 것은 누군가가 나에게 승무원이라는 직업이 뭐냐고 물어본다면 저는 이렇게 결론내립니다. 유니폼을 입고 있는 순간만큼은 24시간 을의 입장에서 일해야 하고, 항상 손님에게는 YES라고만 말할 수 있으며 내가 잘못한 것도 아니지만, 비행 내내 "죄송합니다"라는 말을 입에 달고 살아야 하는 직업입니다. 중요하게 얘기하는 것 중 첫 번째는 내가 물론 승무원에 대한 장점도 알지만, 반대로 어떤 단점이 있는지에 대해서도 인정하고 그런데도 여전히 내가 하고자 하는 직업이 맞는지에 대해서 스스로 다시 한 번 물어볼 필요가 있으며, 두 번째는 만약 첫 번째에 대한 질문에 스스로 확신이 생겼다면 내가 이 승무원 준비를 해 나간다고 했을 때 쉽지 않은 이 과정을 포기하지 않고 해낼 수 있는 의지와 마음가짐을 가져줄 수 있느냐입니다.

막연히 도전의식만을 가지고 준비를 시작할 수 있는 면접이 아니라고 생각하기 때문에 헛된 시간이 되지 않기 위해서는 내가 이 두 가지에 대한 확고한 마음가짐이 있어야만 준비를 시작할 수 있다고 믿습니다.

그럼 더 나아가서 저는 크게 3가지를 통해 승무원 면접 준비 시작점에서의 가능성을 평가합니다. 평가에 있어서 가장 높은 비율을 차지하는 첫 번째가 바로 위에서 얘기한 두 가지에 대한 것입니다. 내가 어떤 생각을 가지고 이 직업에 접근했고, 앞으로 이 준비를 한다고 했을 때 어떤 마음가짐을 가져줄 수 있는 사람인지를 확인합니다. 조금 더 세부적으로 얘기하자면 위에 언급했던 것과 같이 내가 승무원이라는 직업이 가지는 모든 단점까지 다 알고서도 여전히 하고자 하는 직업이 맞는지와 이 준비를 해나간다고 했을 때 포기하지 않고, 해낼 수 있는 의지와 마음가짐을 가질 수 있느냐입니다.

의지와 마음가짐을 첫 번째로 꼽은 이유는 아무리 내가 완벽한 스펙과 완벽한 면접 준비가 되었어도 이 두가지에 대한 마음가짐이 확고하게 준비가 되지 않는다면 스펙과 면접 준비상태는 소용이 없다고 믿습니다.

그 이유는 내가 포기하지 않고 해낼 수 있는 의지와 마음가짐이 확고하게 준비가 안 된 상태에서 승무원 면접 준비를 무턱대고 시작하면 그 결과가 너무 뻔하기 때문입니다. 중도포기입니다. 저 역시 승무원을 준비했던 시간과 승무원으로 비행했던 시간, 그리고 학생을 가르치고 있는 이 모든 시간을 돌이켜봤을 때 너무나 많은 합격생들을 봐왔지만, 반대로 어떤가요? 합격하지 못한 학생들도 너무나 많이 보고 있습니다. 그들을 돌이켜봤을 때 왜 합격하지 못했을까?를 생각해 보면 가장 큰 원인은 중도포기이고, 왜 중도포기를 했을까 돌이켜보면 승무원 준비를 처음 하겠다는 시점에서 의지와 마음가짐을 확고하게 준비하지 않았기 때문이라고 생각합니다.

물론 너무나 이해하고 공감합니다. 저 역시도 승무원 준비를 처음 하고자 했던 시기를 생각해 보면 그 누구도 나에게 승무원이 어떤 단점을 가지고 있고, 또한 이 준비를 시작하기 전에 어떠한 마음가짐과 의지를 가지고 시작해야 한다는 질문을 받아본 적이 없기 때문에 지금 우리 학생들이 의지와 마음가짐이 없는 상태로 시작하는 것에 대해서 이해합니다.

그런데도 현재 저는 승무원이 아닌 승무원을 만들어내야 하는 강사의 입장에서 승무원 준비를 시작하는 학생에게 가장 중요한 것은 포기하지 않고 해낼 수 있는 의지와 마음가짐, 그리고 모든 것들을 감안하고서도 하고자 하는 직업이 맞다는 것에 대한 확신이 가장 중요하다고 생각하기 때문에 강조할 수밖에 없습니다.

제가 이 준비를 했던 학생시절에 그 누구도 이런 질문을 던지지 않았지만, 제가 현재의 위치에서 학생들을 보며 중요하다고 생각하는 두 가지이기 때문에 매일같이 강조하는 사항입니다.

두 번째로 승무원 면접 준비에 대한 가능성을 확인하는 요소로는 면접 준비든 스펙이든 현재 어떤 준비가 되어 있으며, 앞으로 이 준비를 시작한다고 했을 때 과연 어디까지 따라와줄 수 있는 사람인지에 대한 가능성을 확인합니다.

물론 이러한 부분들은 개개인마다 살아온 이력과 강점이 다르기 때문에 통일된 어떤 기준을 제시할 수 없습니다. 개개인의 준비상태와 실력을 확인하고 평가할 수 있는 부분이겠죠.

그 다음 세 번째로 승무원 면접 준비 가능성을 확인하는 요소로 제시하는 것은 객실승무원은 유니폼을 입는 직업으로 시각적인 면접이 중요할 수밖에 없습니다. 그렇기 때문에 외적인 요소들이 승무원 이미지에 부합하고, 승무원으로서의 태를 만들어나갈 수 있는 기본적인 자질이 있는지를 평가하게 됩니다.

단순하게 승무원 이미지라는 것은 학생들이 알고 있는 보여지는 외모만을 뜻하는 것이 아닌, 내부와 외부적으로 여러 가지의 항목들이 종합적으로 상대에게 보여지는 결과물을 이미지라고 칭하며, 이러한 점들을 체크하여 가능성을 확인하게 됩니다.

여기서 가장 중요한 점은 두 번째와 세 번째의 평가항목은 최소한의 가능성만 갖추고 있다면 충분한 교육과 연습을 통해 만들어낼 수 있다고 생각합니다.

하지만 첫 번째 이 직업에 대한 확신과 하고자 하는 마음가짐 그리고 의지는 절대 강사로서 만들어줄 수 있는 영역이 아니라고 생각합니다.

스스로 두 가지에 대한 마음가짐과 의지가 준비가 안 된다면 조금 냉정할 수 있지만 깨끗이 포기하고 더 잘할 수 있는 일을 조금이라도 더 빨리 찾아야 한다고 주장합니다.

지금 당장 스스로 내가 모든 단점까지 감안하고서도 하고자 하는 직업이 맞는지, 그리고 그게 맞다면 앞으로 준비를 해나간다고 했을 때 힘든 시간 준비과정을 포기하지 않고 해낼 수 있는 의지와 마음가짐을 가지고 해나갈 수 있을지에 대해 확실한 준비가 안 된다면 눈앞에 닥친 면접에 대한 준비를 할 것이 아니라 조금 더 진지하고 진정성 있게 스스로 고민하는 시간을 가져야 합니다.

이후 만약 내가 두 가지에 대한 확실한 마음이 정리가 된다면 올바른 방향을 잡고 준비를 해나가야 하고, 반대의 대답이 나온다면 포기하고 더 잘할 수 있는 일을 찾기 바랍니다.

4
현직 승무원의 도움이 위험할 수 있는 이유

한 사람의 직업에 대한 미래를 결정짓는 면접 준비와 관련된 정보인 만큼 최대한 미화되지 않은 현실적인 내용을 담고자 노력하다 보니 이 책의 내용들은 다소 거칠거나 적나라한 부분이 많다고 생각합니다. 이번에 얘기하고자 하는 것 역시 제목에서 보는 것과 같이 다소 자극적일 수 있긴 합니다. 특히나 이번 주제는 제 개인적인 의견들이 조금은 담겼다고 볼 수 있기 때문에 감안하고 내용을 참고하기 바랍니다.

제목에서 말하는 현직 승무원에게서의 도움이란 승무원 준비와 관련된 조언이나 도움을 얘기합니다. 실제로 저 역시도 승무원으로서 국내 항공사와 외국 항공사에서 근무할 당시, 주변 지인들 혹은 가족들을 통해 승무원 준비를 한다는 사람이 있다며 그들을 위한 조언이나 도움 등을 요청 받았습니다.

우선 그 직업을 준비하고자 하는 사람의 입장에선 현직에서 근무하는 사람들에게 가장 많은 도움을 받고자 할 것이고, 그들이 주는 도움이나 조언들을 가장 많이 신뢰할 것이라 생각합니다.

물론, 틀렸다고 볼 수 없겠죠. 하지만 너무 안타까운 것은 단순히 내가 비행을 하고 있는 승무원이라고 하여, 혹은 비행을 했던 전직 승무원이라고 하여 승무원 면접을 잘 아는 것은 아니라고 생각합니다.

과거 인기가 높았던 한 시트콤에서 나왔던 주제가 생각납니다. 전교

당신은 승무원의 자질이 있습니까?

꼴등이었던 고등학생의 수학을 가르치는 과외 선생님이 했던 대사 중에 "처음부터 끝까지 매번 1등만 했던 선생님들은 하위권 학생들을 상위권으로 만들 수 없다. 본인이 그런 경험을 가지고 있지 않기 때문에 과정에 대한 공감과 스킬을 알 수 없다"라는 대사가 지금 제 얘기에 매우 적합할 것이라 생각합니다. 내가 현재 실제 현장에서 업무를 잘하는 것과 누군가를 가르친다는 것은 매우 다르다는 것을 얘기하고 싶습니다.

현직 승무원들 혹은 전직 승무원들은 본인이 합격했던 과정과 사례밖에 모르기 때문에 승무원을 준비하고자 하는 내가 아닌 다른 학생에 대해 정확한 조언과 도움을 줄 수 없다는 것이 제 주장입니다.

물론, 최근의 내부 항공사 분위기나 채용 소식, 승무원 생활의 현실적인 내용들에 대해서는 누구보다 더 좋은 얘기를 들을 수 있을 것이라 생각합니다. 하지만 너무나 안타깝게도 누군가를 가르쳐보지 못한 입장에서는 절대 면접에 대한 확실한 정보나 조언, 도움을 줄 수 없다는 것을 알아야 합니다.

승무원 출신이라고 하여 누구나 다 승무원 면접을 가르치고 승무원으로 만들어낼 수 없습니다. 물론 승무원으로 비행했던 시간들을 헛되이 보내지 않았다는 것도 너무나 중요합니다.

승무원으로 비행하며 배울 수 있는 다양한 것들을 누구보다 더 열심히 성실하게 임해야 하지만, 단순히 이러한 것만으로는 승무원 면접을 준비하는 학생들을 가르칠 수 있는 자질이 있다고 볼 수 없습니다.

승무원 면접에 대한 실제 경험이 많아야 하고, 다양한 사례를 가진 학생들을 가르치면서 학생들마다 다른 방향을 제시하고 조언할 수 있어야 합니다.

학생들을 많이 합격시켜도 봐야 하고, 또한 반대로 많이 떨어져보기도 하며, 다양한 케이스에 대한 시행착오 속에서 누군가를 가르치고 승무원으로 만들어낼 수 있는 기술이 생기는 만큼 단순히 내가 비행을 했던 사람이었다는 이유만으로 면접 강사를 할 수 없고, 하더라도 좋은 성적을 낼 수 없습니다.

이러한 맥락으로 단순히 현직 승무원에게 얻은 정보만을 믿고 준비를 해나간다는 것은 매우 위험한 일이라는 것을 알아야 하고 특히나 현직 승무원들의 시선에서 가장 많이 거짓을 말하는 것은 누구의 도움도 없이 혼자서 준비했다는 얘기입니다.

물론, 모든 승무원들이 학원이나 어떤 기관을 통해서 면접을 준비했다고 볼 수는 없겠지만, 너무나 안타깝게도 실제로 경쟁률이 높은 이유로 인해 난이도가 높은 승무원 면접에서 합격하는 많은 이들은 학원이나 다른 기관들을 통해 준비가 잘된 학생들이라는 것입니다.

현직 승무원들이 학원을 다니지 않았다거나 혼자서 준비를 했다고 말하는 모두가 다 거짓말을 한다고 말할 수 없지만, 확실하게 말할 수 있는 건 현직 승무원들이 이렇게 말하고자 하는 이유가 바로 이 직업을 동경하고 준비하고자 하는 학생들에게 "나는 이 어려운 면접을 혼자서 합격한 사람이다"라는 좋은 인식을 심어주고 싶기 때문이라는 것입니다.

저 역시도 승무원으로 실제 비행을 하던 시절, 승무원을 준비하는 학생들이 어디서 준비를 했느냐에 대해 물어보면 혼자서 준비했다는 거짓말을 했었고, 주변에 많은 승무원들도 저와 같은 마음으로 거짓말을 하는 것을 흔히 봐왔기 때문에 단순히 현직 승무원들이 그렇게 얘기하는 것들에 대해서는 100% 신뢰성을 가지지 못한다는 것을 얘기해 주고 싶습니다.

당신은 승무원의 자질이 있습니까?

물론, 꼭 학원이나 기관을 통해서만 면접을 준비해야 한다는 것은 아닙니다. 하지만 나이와 지원횟수에 민감하게 반응하는 항공사 면접인 만큼 내 스스로가 올바른 방향도 모르는 상황에서 잘못된 것들을 스스로 접하며 시간을 허비하기보다는 이미 많은 면접과 승무원으로서의 다양한 경험을 해보고 누군가를 승무원으로 만들어본 전문가들을 통해 나에게 어떤 문제점이 있고 그것들을 고쳐나가기 위해 어떤 교육과 더 나아가 올바른 방향을 잡고 나아가야 하는지를 빠르게 습득하고 배워나갈 수 있다는 것은 부정할 수 없는 사실입니다.

특히나 이 글에서는 학원에 대한 얘기를 하기보다는 주변 현직 승무원들을 통해 면접에 대한 어떤 정보를 얻고자 한다면, 다양한 사례의 학생들을 가르쳐보고 만들어본 경험이 없는 내가 합격한 방법밖에 모르고 단순히 승무원으로 비행만을 하고 있는 그들을 통해 접하는 모든 조언과 방법, 도움들을 모두 다 순수하게 받아들인다는 것은 승무원 면접 준비에 있어서 크게 위험할 수 있다는 것을 마지막으로 다시 한 번 강조하고 싶습니다.

Chapter 3

승무원 면접 준비
시작 전 고민

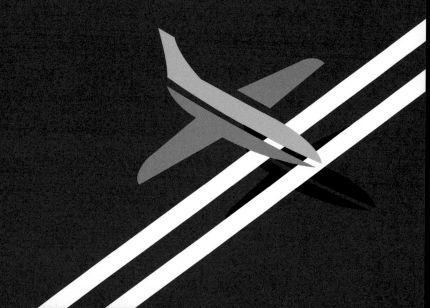

승무원 면접 준비 시작 전 고민

1
승무원 외모

　승무원을 하나의 직업으로서 준비하고자 고민하고 결정한 학생들은 저역시도 그랬지만, 너무 다양한 고민을 합니다. 가장 많은 고민 중 하나가 승무원 외모가 아닐까 생각합니다. 정말 답답한 고민 중 하나일 것이고, 지금이 책에서 해당 페이지만을 찾아서 보고 있는 학생도 승무원 외모에 대해 고민을 하고 있을 것으로 생각합니다.

　바로 결론부터 말하자면, 가장 중요한 것은 단순히 예쁘고 잘생긴 사람을 뽑는 게 아니라는 것을 알아야 합니다. 물론 와닿지 않을 수 있다는 것을 너무나 이해하지만, 소위 말하는 승무원 외모이자 함께 자주 사용되는 승무

당신은 승무원의 자질이 있습니까?

원 이미지가 무엇인지에 대해서 정확히 이해할 필요가 있습니다.

승무원 이미지라고 하는 것은 절대 단순히 보이는 외모만을 말하는 것이 아닙니다. 특히나 이런 생각을 가지게 되는 이유를 생각해 봤을 때 학생의 시점에서 SNS를 통해 승무원을 많이 접하기 때문이라고 생각합니다. 사내모델을 하거나 대내외적인 활동을 하는 혹은 SNS를 열심히 하는 승무원은 외모에 그만큼 자신이 있기 때문이 아닐까 싶습니다. 가장 쉽게 이해할 수 있는 예시로 주변 친구들을 돌이켜봤을 때 외모에 자신 있는 친구들이 보통 SNS에 셀카와 같은 것들을 많이 올립니다. 이와 같은 맥락으로 볼 수 있습니다. 몇천, 몇만 명이 모여 있는 승무원들 속에서도 분명 외모가 훌륭한 사람은 존재하므로 그들이 SNS를 주로 하다 보니 인터넷과 광고를 통해 접하는 승무원들의 외모가 출중해 보일 수밖에 없습니다. 또한, 공항에서 혹은 기내에서 접하는 승무원들도 본인들이 알고 있는 것과는 다릅니다. 몇천, 몇만 명의 승무원들과 매일같이 부딪히며 일하는 현직 승무원들은 모든 승무원이 다 예쁘다는 것이 편견이라는 것을 잘 알고 있습니다. 왜일까요? 승무원으로서의 태를 갖추고 유니폼을 입고 공항, 기내라는 특수한 환경에 놓여 있으므로 승객의 시선에서 봤을 때 평소보다 더 예뻐 보일 수밖에 없는 구조라는 것을 알기 때문입니다. 특수한 환경 덕에 실제보다 더욱더 예쁘고 멋있어 보인다는 것을 알기도 하고, 외모만을 놓고 봤을 때 너무나 다양하기 때문입니다.

그저 외모만을 놓고 승무원들을 평가한다면 예쁜 사람이 있지만 전혀 아닌 사람도 많다는 것을 승무원들은 다 알고 있습니다. 승무원이라는 직업인을 단순히 외모만으로 뽑을 수 있는 직업이 아니라는 것을 이해할 필요가 있습니다. 외모만을 놓고 뽑는다면 굳이 2차 면접, 3차 면접까지 몇 주에 걸쳐 면접을 볼 필요 없이 모두 불러서 외모만을 평가해서 뽑으면 되겠죠. 단순히 예쁜 사람을 원하는 것이 아닌 승무원의 자세와 자질인 승무원으로서의 태를 갖추고 서비스 현장에서, 그리고 그 서비스 현장 분위기 속에서 세워놓았을 때 예쁜 사람을 찾습니다.

항공사에서는 기내 최전방에서 승객을 직접 응대해야 하는 승무원이라는 직업인을 뽑는 것이기 때문에 단순히 예쁘고 잘생긴 사람이 아닌 승무원의 태를 갖추고 서비스 현장에서 예쁠 수 있는 사람을 뽑고자 합니다. 실제 국내 항공사 면접관이 직접 했던 얘기가 있습니다. "외모? 이미 본인들보다 훨씬 더 예쁜 승무원들은 넘쳐납니다. 예쁜 승무원을 뽑을 이유가 없습니다. 승무원이라는 직업에 훨씬 더 어울리는 사람을 찾는 것입니다."

단순히 외모에만 집중해서 그것들이 면접을 해결해 줄 수 있는 직업이 아니라는 것을 빨리 깨달아야 합니다. 물론, 누가 봐도 외모가 예쁜 승무원은 있습니다. 그런 승무원들이 단순히 외모만으로 합격했다고 생각한다면 우선 본인이 승무원이라는 직업이 무엇인지를 제대로 이해했는지가 궁금합니다. 단순히 외모만 보고 뽑힌 것이 아닌 외모도 출중했지만, 가장 중요한 승무원으로서의 자세와 자질이 먼저 갖춰진 사람이었고 단순히 외모만 예쁜 사람이 아니었을 겁니다. 승무원 이미지라는 것 역시 흔히 학생들이 생각하는 것과 같은 단순히 예쁜 얼굴을 말하는 것이 아닌 위의 설명과 같이 승무원이라는 직업과 직무에 맞는, 그에 걸맞은 승무원으로서의 태를 말합니다. 이 글을 읽고도 여전히 와닿지 않고 여전히 외모에만 집착하고 있다면 운 좋게 승무원이 되더라도 저는 이 직업을 절대 오래 버틸 수 없을 것이라 확신합니다. 물론, 호감 가는 외모를 만들기 위해 본인 스스로 해줘야 하는 노력은 있습니다. 다이어트, 피부와 치아 관리 등과 같은 단순한 외적인 미를 갖출 수 있어야 하는 것은 스스로 충분히 해줄 수 있는 노력이라고 생각합니다. 승객을 기내 최전방에서 상대하는 승무원이라는 직업의 특성상 호감 가는 외모가 되기 위해 노력을 해줘야 하지만, 호감을 주기 위한 목적 이외에도 기내에서 발생할 수 있는 다양한 위급상황을 지휘할 수 있는 사람으로서 보이기 위한 전문가다운 모습을 보여줄 수 있어야 하므로 승무원 이미지에 대한 관리를 해줄 필요가 있다는 것도 알아야 합니다.

추가로 승무원으로서의 태라는 것은 본인이 앞으로 만들어 나가야 합니다. 학원에 처음 왔을 때의 모습과 최종합격 후의 모습은 완전히 다릅니다. 그리고 최종합격 후 입사하여 교육을 수료하고 난 모습은 정말 달라져 있습니다. 정말 승무원 같은 분위기가 느껴집니다. 손짓, 눈빛, 분위기부터 이미 승무원 같아졌습니다. 그렇다고 해서 그 모습으로 비행기에 탑승하면 선배들이 승무원으로 인정할까요? 아닙니다. 그때부터 또 시작입니다. 1년차 승무원, 5년차 승무원, 10년차 승무원 똑같을 수 없습니다. 승무원의 태라는 것은 본인의 노력으로 앞으로 만들어 나가야 하는 숙제라는 것을 깨닫는 글이 되었기 바랍니다.

2
승무원 이미지메이킹에 대한 정확한 정의

승무원 이미지 혹은 승무원 외모에 대한 전반적인 얘기를 했다면 더 나아가 승무원으로 그림이 그려질 수 있는 승무원 태를 만들어나가야 하는 승무원 이미지메이킹에 대한 정확한 정의와 방법에 관해 얘기하겠습니다.

우선, 승무원 면접에서 말하는 이미지란 단순히 외적으로 보이는 이미지만을 말하는 것이 아닌, 한 사람의 내적, 외적으로 다양한 것들이 종합적으로 상대에게 보이는 것으로 내부적인 요소에는 생각과 취향, 그리고 사고, 감정, 고유한 느낌 등이 있으며, 외적인 요소에는 메이크업 방식, 패션, 말투, 목소리 톤, 머리, 피부 등이 있습니다.

이 모든 것들이 종합적으로 면접에서 한 사람의 이미지를 보이게끔 하는 것이기 때문에 위에 나열된 한 사람의 이미지를 결정하는 요소들을 승무원처럼 그림이 그려지게끔 하여 가는 과정을 승무원 이미지메이킹이라고 말합니다. 단순히 공수자세를 하고, 미소연습만을 한다고 해서 승무원의 이미지가 만들어지는 게 아닙니다. 작게는 말투부터 목소리 톤, 억양 그리고 헤어스타일과 피부, 그리고 기출문제를 통한 내 생각과 사고, 취향, 성격 등이 담기게 되는 답변들까지도 승무원처럼, 승무원에 적합한 사람으로 그림이 그려질 수 있는 이미지메이킹을 해나가야 합니다.

구체적인 비율을 나누는 것에는 한계가 있겠지만, 승무원 이미지메이킹을 위한 준비단계에서 중요도를 나눴을 때 시각적인 요소, 청각, 그리고

당신은 승무원의 자질이 있습니까?

답변이라고 보통 얘기합니다. 승무원으로서의 자세를 보여주기 위한 시각적인 요소들로는 전반적인 자세, 걸음걸이, 인사태도, 표정, 미소 등이 있을 것이고, 청각을 위한 것은 목소리 톤, 말의 속도, 단어 선택, 표현력, 억양, 발음 등이 있습니다. 그리고 나머지 부분은 답변의 내용이 얼마나 알차고 핵심이 있느냐가 중요하겠죠. 물론 기본적으로 타고난 부분들을 바꾸는 것에는 많은 시간과 노력이 필요합니다. 하지만 내가 정말 하고자 하는 직업이 맞고 도전을 하고자 한다면 내 최종 목표가 그저 도전만이 아닌 최종합격이기 때문에 승무원처럼 그림이 그려질 수 있는 승무원 면접을 위한 이미지메이킹을 해나가야 합니다.

3
작은 키 승무원

저는 외국 항공사와 국내 항공사 모두에서 승무원으로 비행하며, 그리고 현재 많은 학생을 승무원으로 만들어내고 있는 현재의 시점까지 정말 많은 승무원을 만나고 있습니다. 승무원이 되고 싶어 면접을 준비하는 많은 학생을 만나며 하루에도 몇 번씩 고민에 관한 얘기를 듣고 있지만, 그중에서도 가장 손으로 꼽히는 자주 물어보는 질문이 바로 승무원 키에 관련된 고민입니다.

승무원과 키는 절대 분리할 수 없는 것이긴 하지만, 가장 안타까운 것은 제가 그동안 만난 다양한 국내외 항공사 승무원들을 돌이켜봤을 때 키는 정말 다양하다는 것입니다. 합격을 위한 특정 키가 있는 것이 아닌 것은 물론, 큰 키만을 선호하고 키가 큰 사람만이 합격하는 게 아니라는 점을 알고 있어야 합니다.

승무원이 아닌 사람들의 위치에서 승무원이라는 직업을 볼 때의 시선에서는 키가 큰 승무원들만 있다고 보통은 생각합니다. SNS상에서 승무원을 접하거나 공항에서 승무원들을 접했을 때, 승무원의 태를 갖추고 유니폼에 맞는 구두를 신고, 특수한 공항과 기내라는 환경에서 승무원을 보게 되면 어쩔 수 없이 그들은 키가 더 커 보이고 더 예뻐 보일 수밖에 없는 환경에 처했다고 생각합니다. 특히나 사내모델로 전면에 나서는 승무원들은 촬영을 위해 키가 큰 승무원들이 대부분 발탁되기 때문에 더더욱 외부로 보이는

당신은 승무원의 자질이 있습니까?

이미지는 승무원은 키가 크다고 인식될 수밖에 없습니다. 하지만 전체 승무원을 놓고 봤을 때는 정말 키는 다양합니다. 큰 키의 승무원만 있는 게 아니라는 것을 말씀드리고 싶습니다. 제가 국내 항공사와 외국 항공사에서 모두 비행하며 봤던 다양한 승무원 중 여자 기준 가장 작은 키의 승무원은 156cm까지 봤었고, 남자의 경우 169cm까지 저는 직접 보고 비행을 한 적도 있습니다. 물론, 중요한 것은 면접과정에서 암리치 측정에 통과했기 때문에 합격이 가능했을 것입니다. 하지만 제가 항상 강조하는 것 중 하나는 바로 이런 사례로 본인이 위안을 삼으면 안 된다는 것입니다.

단순히 나보다 작은 키 혹은 비슷한 키가 합격했다고 해서 그것만으로 위안으로 삼을 수 없습니다. 그 이유는 나보다 작은 키가 합격했다고 하여 내가 그 사람보다 승무원으로서 자세와 자질이 더 있고 가능성을 보여줄 수 있는 준비가 되어 있다는 뜻은 아니기 때문입니다. 이 말의 뜻은 결국 키가 크든 작든 절대 키만으로 합격할 수 있는 직업이 아니라는 것을 의미하겠죠. 그렇다면 조금 더 자세하게 승무원 키에 관한 얘기를 해보고자 합니다.

가장 먼저 접근해야 할 것은 채용공고입니다. 일부 외항사를 제외하고는 대부분 국내와 외국 항공사를 통틀어서 채용공고에서 키 제한을 언급하지는 않습니다. 국내 항공사의 경우 모든 항공사가 키 제한을 폐지하였고, 외항사도 키를 언급하는 항공사가 일부 남아 있으나, 대부분 키를 채용공고에서 언급하지는 않습니다. 하지만 외항사의 경우 키를 언급하지 않는 대신, 암리치에 대해서는 제한을 두는 경우가 많습니다. 그렇다면 암리치에 대한 얘기를 우선 해봐야 합니다.

*암리치(Arm Reach) : 뒤꿈치를 최대한 들고 손을 뻗어 닿을 수 있는 최대치

승무원 면접에서 암리치가 가지는 의미는 위에 언급된 것처럼 뒤꿈치를 최대한 들고 손을 뻗어서 닿을 수 있는 최대 높이를 측정하는 것으로 회사마다 각자 다른 암리치 규정을 하고 있으며, 이에 대해서는 다른 장에서 다루고 있으니 참고하기 바랍니다. 물론 일부 국내 항공사도 면접과정에서 암리치를 측정하기는 하지만, 탈락사유가 되지는 않는 게 사실입니다. 하지만 외항사의 경우 작은 키에 대해서 대체로 관대한 편이긴 하지만, 제시되는 암리치 수치를 넘지 못할 경우 엄격하게 면접 진행을 제한하는 경우가 많으므로 외항사를 준비하고자 하는 경우 미리 암리치에 대한 확인과 연습이 필요합니다. 암리치는 요령이 조금 필요한 방식으로 꾸준히 스트레칭을 통해 뻗는 연습들을 해주면 2~5cm 정도는 늘릴 수 있는 게 보통입니다. 특히나 현장에서도 측정 전에 최대한 스트레칭을 하여 팔을 늘려주면 결과가 많이 달라질 수 있으니 참고하기 바랍니다.

외항사의 경우 위에 언급된 것과 같이 작은 키에도 관대할 수 있으나 암리치라는 것을 측정하고 있습니다. 반대로 국내 항공사의 경우 키 제한이 모두 폐지되었지만 그럼에도 불구하고 보이는 키가 중요한 항공사라고 생각합니다. 물론 단순히 큰 키만을 좋아하는 것은 아니지만, 전체적으로 면접에서 보이는 키가 중요하지 않다고는 말할 수 없습니다.

암리치를 측정하는 일부 회사가 있기는 하지만 합격에 영향을 주지는 않고 대부분 암리치를 측정하지 않기 때문에 최대 150 후반대에도 합격하

당신은 승무원의 자질이 있습니까?

는 경우가 간혹 있지만, 중요한 것은 숫자로 나열된 키보다는 면접에서 실제로 보이는 키가 더 중요하다고 봅니다. 하나의 예로 주변 친구들을 생각해 봤을 때, 160cm여도 165cm처럼 보이는 친구가 있지만, 반대로 165cm이지만, 160cm처럼 보이는 친구도 있습니다. 이처럼 면접에서 실제로 보이는 키가 더 중요한 것이 국내 항공사입니다. 그렇기 때문에 면접 복장 선택, 구두 굽 높이 선택 그리고 비율이 좋아 보일 수 있는 어피런스를 전반적으로 신경 써주는 게 좋습니다. 지금까지 조금은 현실적인 키에 관한 얘기를 했다면 지금부터는 승무원 키에 대한 고민하는 학생들이 어떤 마음가짐을 가져야 하는지에 대해 얘기하고자 합니다.

조금 냉정하게 들릴 수 있지만 저는 작은 키를 고민하는 학생들에게 항상 이런 조언을 합니다. "내가 바꿀 수 없는 것 때문에 고민하느라 시간을 허비할 것이라면 지금 깨끗이 포기하고 더 잘할 수 있는 직업을 찾아라"입니다. 그렇다면 우선 내가 지금 당장 바꿀 수 없는 것이 무엇이 있을까요? 이미 다 자란 키, 이미 졸업하고 결정된 학교와 학점, 전공, 나이 등은 당장 어떻게 바꿀 수 있는 게 아니죠. 그렇다면 위에서 얘기했던 것과 같이 내가 바꿀 수 없는 것들 때문에 고민하느라 시간만 보낼 거라면 깨끗이 포기하고 더 잘할 수 있는 일을 하는 게 좋다고 봅니다. 하지만 내가 정말 하고자 하는 직업이 맞고 제대로 도전을 해보고자 한다면 바꿀 수 없는 것 때문에 시간을 허비할 것이 아니라 노력으로 바꿀 수 있는 것에 집중해야 합니다.

그렇다면 반대로 노력해서 바꿀 수 있는 것에는 어떤 것들이 있을까요? 노력으로 바꿀 수 있는 것에는 면접 준비, 어학 점수를 비롯한 숫자로 보이는 스펙, 승무원 면접을 위한 이미지메이킹 과정 등은 노력하면 충분히 바꿀 수 있는 사항들입니다. 내가 바꿀 수 없는 것 때문에 시간을 허비할 것이라면 깨끗이 포기를 해야 하고 그게 아니라면 내가 바꿀 수 있는 것에 집중을 해야 합니다. 키 역시 마찬가지입니다. 이미 결정된 키에 대해서는 바꿀 수 없죠. 그러므로 내가 현재 150 후반대 이상의 키이고 외항사를 지원하고자 했을 때 최소한의 암리치라도 닿을 수 있는 상황이라면 더는 키에 대해 고민할 시간이 없습니다.

바꿀 수 있는 것에 집중해야 합니다. 물론, 주류로 입사하는 평균적인 키보다 작으므로 다른 키가 평균 이상인 지원자들보다 승무원으로서의 자질과 자세를 면접에서 더 보여주어 가능성을 보여줄 수 있어야 합니다. 단순히 키만으로 승무원을 뽑는 것이 아니므로 다른 강점들을 더 많이 보여줄 수 있어야 합니다. 가장 안타까운 것 중 하나는 바로 키를 고민하는 학생들 대부분이 키를 가리기 위해 다른 스펙을 쌓고자 한다는 것입니다. 단도직입적으로 물어보겠습니다. 내가 키가 작은 것이 과연 토익으로 가려질까요? 절대 안 됩니다. 키가 작은 것은 절대 숫자로 보이는 스펙만으로 가릴 수가 없습니다. 하나의 예로 두 명의 키가 작은 지원자가 있다고 했을 때, 한 명은 스펙이 매우 화려하지만, 승무원으로서의 가능성이 전체적으로 면접에서 보이지 않고 반대쪽에서는 똑같이 키가 작지만 스펙이 평범하고, 그러나 승무원으로서의 자질과 자세가 너무나 잘 보이는 지원자가 있다고 했을 때 승무원 면접에서만큼은 누가 합격할까요? 답은 이미 나와 있습니다.

내가 면접에서 승무원으로서의 가능성을 보여줄 수 있어야만 그것만이 나의 작은 키가 가려질 수 있는 정답입니다. 면접에서 승무원으로서의 자질과 자세를 비롯한 전체적인 가능성을 보여주고 나를 뽑지 않으면 안 될 상황

당신은 승무원의 자질이 있습니까?

을 만들어야 합니다. 추가적으로 키와 관련된 것에 대해 면접에서 질문을 받게 된다면 이 또한 면접관을 잘 설득시키고 이해시킬 수 있는 준비를 해줘야 합니다. 승무원으로 근무 당시 만났던 키가 유독 작은 승무원의 얘기를 저는 아직도 기억하고 있습니다. 유독 키가 작은 승무원이었기에 비행 중 최대한 정중히 면접 경험에 대해 물어본 적이 있습니다. 아니나 다를까 그 승무원은 면접에서 키와 관련된 질문을 면접관에게 받았다고 합니다.

"키가 작고 왜소한데 승무원 잘할 수 있어요?"라는 질문에 이 승무원은 당시 이렇게 말했다고 합니다. "키가 작고 왜소한 것은 사실이지만, 저보다 더 키가 큰 승무원들보다 업무를 더 잘 수행할 수 있도록 꾸준히 운동하고 체력을 관리하여 업무에 지장이 없도록 하겠습니다."라는 식으로 대답했다고 합니다. 이처럼 내가 키가 조금은 작을 수 있지만, 다른 승무원들과 크게 다르지 않게 일을 할 수 있고, 말만 그렇게 하는 것이 아닌 구체적으로 어떤 실천을 해나갈 것인지에 대해서도 자세히 언급을 해줘야 합니다.

이런 식으로 내가 면접에서 키와 관련된 질문을 받았을 때 면접관을 적절히 설득시킬 수 있는 답변들도 준비해 줘야 합니다. 내가 키만으로 포기할 것이 아니라면 더는 고민은 접어두고, 작은 키를 가릴 수 있도록 면접에서 강점을 보여줄 수 있는 노력으로 바꿀 수 있는 것에 집중을 해야 하고, 보이는 키와 암리치에 대한 준비, 그리고 관련된 면접 질문에 대해 설득을 시킬 수 있는 준비들을 전체적으로 해나가야 합니다.

4
최종합격 가능한 승무원 토익에 관한 모든 것

객실승무원을 하나의 직업으로 인식하고 승무원이 되기 위한 면접 준비를 시작해야겠다고 마음을 먹기까지는 저마다 각자 다른 계기를 가지고 있을 것으로 생각합니다.

제 얘기를 잠깐 하자면, 저는 학교에 다닐 때나 어린 시절에는 승무원이라는 직업이 사실 내가 할 수 있는 직업이라기보단 매우 멀리 있는 뭔가 명확하지 않은 직업이라는 생각이 강했습니다. 우리가 연예인을 보면서 멋있다고 생각하지만, 내가 쉽게 될 수 있는 직업이라고 생각하지 않듯이, 마치 저에게 승무원은 그런 직업이었습니다. 멋있어 보이긴 했지만, 뭔가 매우 멀어 보였던 직업이었죠. 그렇게 졸업을 하고, 직장을 구하여 일반 회사에서 일하면서 사회생활을 시작했습니다. 그 이후 생각했던 것이 바로 '승무원이라는 것도 그냥 하나의 직업이겠구나', 누구나 도전할 수 있는 하나의 직업일 것이라는 생각을 하게 되었고, 회사를 다니면서 승무원 면접 준비를 병행하기 시작했습니다.

각자 다른 계기를 가지고 승무원 면접 준비를 시작하겠지만, 준비를 결심한 학생들이 가장 먼저 어떤 노력을 시작하느냐를 물어봤을 때 토익이라고 말하는 학생이 절반이 넘는다는 것은 너무나도 안타까운 일입니다. 승무원 준비의 시작점에 있는 학생들을 매일 만나며 그들이 가장 먼저 준비하는 것이 토익이고, 승무원 면접을 준비하기 위한 수업을 들으면서도 항상

당신은 승무원의 자질이 있습니까?

같이하는 공부가 바로 토익입니다. 우선 결론부터 말하자면, 저 역시나 승무원을 준비했던 학생시절이 있었고, 국내 항공사와 외국 항공사 모두에서 비행한 시간 그리고 지금 학생들을 가르치고 있는 현재의 모든 시간을 종합했을 때 특수한 기내라는 환경에서 유니폼을 입고 승객을 응대해야 하는 승무원이라는 직업은 절대 토익으로 합격할 수 있는 직업이 아니라는 것입니다. 물론, 저 역시도 학생들이 토익에 더 많은 시간과 마음을 쏟는 것에 대해 너무나 이해하고 공감합니다. 그 이유는 저 역시도 승무원을 준비했던 기간이 있었기 때문이고, 인터넷에 떠도는 얘기들과 같이 토익 900이 넘어야 하고, 고 스펙이어야 한다 등의 얘기 등을 보면서 준비했던 시간이 있었기 때문입니다. 하지만 승무원이라는 직업을 다시 한 번 진지하게 생각해 볼 필요가 있습니다.

승무원이라는 직업은 유니폼을 입고 기내에서 승객을 응대해야 하는 서비스 업무를 주되게 해야 하므로 단순히 토익만으로 할 수 있는 일이 아닙니다. 토익점수 없이 합격할 수 있다는 것은 아니지만, 합격 가능한 점수대에 대한 너무도 터무니없는 잘못된 정보가 많다는 것이고, 토익이 마치 승무원 합격에 가장 중요한 부분인 것처럼 잘못 알려졌다는 것에 대해서는 전현직 승무원들이나 면접관들조차도 너무나 공감하는 사항입니다.

정말 학생들이 집착하는 만큼 토익만으로 평가하거나 혹은 토익이 가장 중요한 평가요소라면 전체 지원자들을 다 불러서 토익시험을 치고 결과를 발표하면 되겠죠. 하지만 실제 승무원 면접은 서류 합격 이후 길게는 3차 면접까지 3달에 거쳐 대면 면접을 봐야 합니다. 과연 실무면접, 임원면접, 최종면접에서 매번 면접관들이 몇천 명의 지원자들을 매 전형에서 볼 때마다 한 명 한 명 '이 지원자는 토익이 몇 점인가'라며 일일이 모든 점수를 다 찾아볼까요? 아니라는 것입니다. 물론 토익이 높은 지원자라면 어학공부를 열심히 했다는 인상을 심어줄 수 있습니다. 하지만 더 중요한 것은 승무원으로서의 자질과 자세가 면접에서 보이지 않는다면 아무리 내가 토익이 990점이라도, 고득점자에겐 너무나 미안합니다만, 합격할 수 없는 것이 바로 승무원 면접입니다.

쉽게 예를 들자면 토익이 990점이고 스펙이 좋은 학생이 있지만, 이전에 사람을 응대해 본 서비스 업계에서의 경험이 없고, 승무원 면접과 일반 기업의 면접이 똑같다고 생각하여 따로 승무원 면접 준비가 안 되어 있기 때문에 승무원으로서의 자세와 자질이 면접에서만큼은 보이지 않는 학생이 있는 반면에 토익이 600점대이지만, 서비스 업계에 대한 경험이 다양하고, 승무원 면접 준비를 어느 정도 했기 때문에 승무원으로서의 자질과 자세가 면접에서 잘 보이는 학생이 있다고 생각해 봅시다. 본인이 만약 면접관이고, 승무원을 뽑아야 한다면 전자와 후자 중에 누구를 뽑을까요? 답은 나왔습니다. 면접관이 아닌 학생의 신분에서 봐도 너무나 답이 나오는 싸움이 아닐까 싶습니다.

물론 일반직들의 일반적인 면접에서는 600점대가 990점을 뒤집을 수 있는 경우의 수가 있을 수 없는 것이 현실이지만, 승무원 면접은 절대적으로 단순한 숫자적인 스펙으로 줄을 세우는 것이 아닌 유니폼을 입고 실제 사람을 응대해야 하는 서비스 업무들을 해야 하는 직업이기 때문에 승무원으로서의 자세와 자질이 면접에서 보여야 합격할 수 있습니다. 일부 학생들은 본인이 부족한 점들, 예를 들어 학점이 낮거나 키가 작거나 등의 부족한 점

당신은 승무원의 자질이 있습니까?

들을 대체로 토익을 높여서 가리려고 하는 경우가 있습니다.

과연 키가 작고 혹은 학점이 낮은 것들이 토익으로 가려질까요? 절대로 그렇지 않습니다. 그 이전에 승무원으로서의 자세와 자질이 면접에서 안 보인다면 합격이 절대 불가능한 직업입니다. 토익이 물론 막연히 필요 없다고는 할 수 없지만, 기내에서 외국인 승객을 응대하고 필요한 서비스를 해줄 수 있는 정도의 영어를 보여주기 위한 성적이 요구된다는 것입니다. 저는 그 누구보다 더 승무원이라는 직업이 절대 토익만으로 들어갈 수 없으므로 선택과 집중을 해서 승무원으로서의 자질과 자세를 보여주기 위한 준비에 시간을 더 쏟아야 하는지를 강조하는 사람이지만, 그럼에도 불구하고 국내 항공사 면접을 보기 위해 기본적으로 준비해야 할 토익 점수에 관해 얘기해 보고자 합니다.

최종합격생들을 분석하여 평균 토익점수대를 구한다고 했을 때, 물론 항공사마다 다르기도 하고, 전체 인원을 상대로 하는 것이 아니므로 제가 확인할 수 있는 데이터를 통해 분석했을 때의 평균은 여자 지원자 기준 600~800점대, 남자 지원자 기준 750~900점대를 평균점수로 형성하고 있습니다. 물론, 가장 많이 분포되어 있는 점수대이기 때문에 더 낮은 점수도 더 높은 점수도 있습니다. 이 점수대를 통해 알 수 있는 것은 한 사람 한 사람마다 너무나 다양한 점수대를 가지고 있다는 것입니다.

물론 일반직의 면접에서는 어느 정도 합격 가능한 합격선이 존재한다고 볼 수 있지만, 승무원 면접은 토익만으로 합격할 수 있는 직업이 아니므로 단순히 합격선이라는 것이 존재하지 않으며, 각자의 살아온 이력, 강점 등에 따라 다른 점수를 가지고 합격을 한다는 것이 중요한 사항입니다. 물론, 내가 할 수 있는 최선을 다하여 좋은 점수를 만들어야 하는 것은 분명합니다. 하지만 단순히 높은 점수만을 요구하는 면접이 아니라는 것을 알아야 하고, 스펙과 면접에서 보이는 승무원으로서의 자질 중에 어떤 게 더 중요한지에 대해서 알고 있어야 한다는 것입니다. 특히나 내가 높은 점수에 대한 집착으로 인해 더 중요한 면접 준비를 소홀히 한다면 그야말로 배보다 배꼽이 더 큰 상황이 돼버립니다. 토익에 목숨을 걸고 있는 학생들에게 묻고 싶습니다. "정말 본인이 떨어진 이유가 토익만이라고 생각하나요?"

승무원 합격에서의 탈락 이유는 단순히 일반 면접과 달리 스펙에서 찾을 수 없습니다. 결과에 대한 결론은 오직 면접에서밖에 찾을 수 없는 것이 승무원 면접입니다. 그리고 본인의 최종적인 목표가 서류합격인지에 관해 묻고 싶습니다. 내가 원하는 토익점수를 몇 달에 걸쳐 만들었다고 가정했을 때, 이미 나는 토익을 만드느라 직전 채용을 놓쳤을 것이고, 지금 보고자 하는 면접에서도 이미 채용공고가 뜨고 면접이 진행될 예정이기 때문에 아무런 면접 준비가 안 되어 있습니다. 그럼 결과는 뻔하겠죠? 서류 합격이 끝입니다.

본인의 최종 목표가 서류 합격이 아닌 2차, 3차 면접을 거친 최종합격이라면 승무원 면접이 어떤 것을 더 중점적으로 평가하는 면접인지에 대해 정확히 이해하고 선택과 집중을 해야 합니다. 물론 중요한 것은 700점 대로 합격한 남 승무원, 560점으로 합격한 여 승무원의 사례들을 보고 위안으로 삼으면 안 됩니다. '나도 저 점수대로 합격할 수 있겠구나!'라는 식으로 위안 삼으려 하면 안 됩니다. 그 이유는 내가 토익점수가 더 높다는 이 뜻이 저들보다 내가 더 승무원으로서의 자질과 자세, 가능성을 면접에

당신은 승무원의 자질이 있습니까?

서 보여줄 수 있는 준비가 되어 있다는 뜻이 아니기 때문이죠. 가장 중요한 면접 준비를 기본으로 국내 항공사 면접을 보기 위해 내가 기본적으로 준비해야 할 것들에 대해서는 조금은 힘들더라도 하고자 하는 의지와 마음가짐을 가지고 준비할 수 있어야 합니다.

5
나이 고민으로 포기할 거면 깨끗이 포기하세요!

현직 승무원으로 근무하던 시절부터 승무원의 키와 함께 승무원을 준비 중인 학생들에게 들었던 고민 중 가장 많은 비율을 차지하는 것이 바로 승무원 준비 나이 고민입니다.

일부 외항사를 제외한 대부분의 항공사는 현재 채용공고에서 나이 제한을 폐지하여 채용공고만큼은 나이 제한을 하지 않고 있습니다. 그런데도 성별 구분 없이 승무원 준비를 고민하는 학생들에게 항상 따라다니는 고민이라 생각합니다.

나이를 고민하는 학생들을 만나보면 느끼지만 21살도 나이를 고민하고 많게는 38살도 나이를 고민하는 것이 바로 승무원 면접 준비 고민이라고 생각합니다. 물론, 어떤 직업을 준비하고자 처음 고려하는 단계에서 이것은 비단 승무원 면접뿐만이 아니라 어떠한 직업이라도 신입으로 입사해야 하는 상황이라면 나이에 대한 고민과 제약이 있을 수밖에 없겠죠.

유교문화가 바탕이 되는 한국 사회에서 나이 많은 후배가 들어왔을 때 일어날 수 있는 문제들과 조금 더 어린 지원자를 선호하는 분위기들로 인해 나이에 민감한 것이 바로 국내 항공사입니다. 표면적인 채용공고에서만 승무원 나이 제한이 폐지되었다고 생각할 수 있겠지만, 과거와 비교했을 때 확실히 승무원 나이에 대해 관대해진 것은 분명합니다.

그런데도 숫자적인 나이보다는 보이는 나이, 그리고 승무원으로서의

당신은 승무원의 자질이 있습니까?

자질과 자세를 통한 가능성을 우선시하는 외항사보다는 여전히 민감한 게 사실입니다. 특히나 입사 순서에 따른 기수에 의한 선후배 문화가 존재하고, 2년제 대학을 졸업한 경우 21~22살 나이에도 빠르게 입사를 하는 객실승무원 업계의 특성상 입사를 가장 많이 하는 주류 나이대가 아니라면 승무원 면접 준비에 대해 고민을 할 수밖에 없습니다.

저 역시도 주류 나이대에 입사한 사람이 아니었고, 과거 비행 생활을 하면서 보았던 다양한 나이대의 신입 승무원들 그리고 승무원을 만들어내기 위해 현재 학생을 가르치고 있는 강사의 직업으로 만나온 많은 합격생을 종합해 봤을 때 승무원 면접에서 나이에 대한 고민에 관해 얘기해 보려 합니다. 블로그나 카페, 그리고 이메일 등을 통해 저는 여러 고민에 대한 질문을 받지만, 가장 많은 것 중 하나가 위에서 얘기했던 것과 같이 승무원 나이입니다. 그들과 소통하며 느낀 제 결론은 이렇습니다. 승무원 면접 준비 시 나이 고민으로 깨끗하게 승무원 준비를 포기할 게 아니라면 더는 나이를 고민하지 말자입니다.

승무원이라는 직업을 한 번이라도 진지하게 생각하고 고민했거나, 도전해 봤지만 포기했던 학생이라면, 시간이 지나 나이가 들어서도 절대 이 직업에 대한 포기가 쉽지 않은 게 객실승무원입니다.

이것은 저의 경험으로도 알 수 있고, 승무원으로 비행하며 만난 다양한 동료들의 사례, 그리고 많은 학생을 통해서도 저는 정확하게 말할 수 있습니다. 승무원을 꿈꿨던 경험이 있다면 시간이 지나도 쉽게 포기할 수 없는 게 바로 객실승무원입니다. 정확한 이유를 말해야 한다면 설명하기 어렵지만, 이 직업은 마치 마약과도 같은 것으로서 각자에게 인식되어 쉽게 일상에서 포기되지 않는 직업 중 하나라고 생각합니다.

　지금 이 책을 보고 있는 나이를 고민하는 학생들 역시도 지금은 다른 일을 하며 승무원을 꿈꿨던 과거 본인의 마음을 완벽히 접지 못해 인터넷이나 책 등을 통해 정보를 찾고 채용이 뜰 때마다 괜히 설레지만, 실제로 본격적인 도전을 하지 못하는 사람이 많을 것으로 생각합니다. 과거부터 이런 사례의 학생들을 꽤 많이 봐왔으며, 저와 함께 채용 내용을 하나씩 점검하며 꼼꼼히 준비하는 학생들까지도 나이와 관련하여 고민 상담을 하고 제 조언들을 통해 큰 결심을 한 뒤, 좋은 성과를 내는 학생들을 보면서 저는 다시 한 번 나이를 고민하는 학생들에게 묻고 싶습니다. 나이에 대해 고민을 한다고 지원을 안 할 건가요? 언제까지 인터넷을 통해서 남들의 합격 후기를 보고 면접 후기를 읽거나, 카페나 블로그를 통해 채용 소식을 보며 염탐하실 건가요? 나이 고민을 하며 시간을 낭비할 거라면 조금은 단호하게 말하고 싶습니다. 깨끗하게 포기하고 현재 하는 일이나 학생이라면 공부에 더 최선을 다해 먼 미래에 현재 하는 일 혹은 하게 될 일에 대해 더 좋은 결과를 내라고 얘기하고 싶습니다. 그게 아니라면 더는 나이 고민으로 시간을 낭비할 게 아니라, 여러 장수생의 합격 사례를 참고하여 더 늦기 전에 내가 합격할 수 있도록 면접 준비를 시작해야 합니다.

　내가 만약 현재 나이가 고민이라면 더 어린 지원자들과는 다른 나만의 강점을 면접을 통해 보여주어야 합니다. 물론, 입사 주류의 나이대라는 것은 존재하기 때문에 주류 연령대에 내가 들어가지 않는다면 쉽지 않다는 것은 확실합니다. 하지만 예전과 달리 4년제를 졸업하는 인원이 많아졌고, 그만큼 전체적인 입사 주류의 연령대가 올라갔습니다.

여자 기준 25~26세, 남자 기준 28세 정도로 평균 입사 주류 연령대가 변화되었기 때문에 예전보다 20대 후반까지의 연령대도 입사하고 있습니다. 또한, LCC의 경우 30대에도 입사하는 사례가 간간이 있고, 저의 경우 현직 승무원으로 근무 시절, 후배 승무원으로 33살의 여자 신입과도 비행한 적이 있어 입사과정에 대해 여러 가지 질문들을 했던 기억이 있습니다. 특히나 국내 항공사 중에서 나이에 관대한 편으로 알려진 대한항공과 진에어 역시 타 항공사보다 나이에 관대한 편으로 20대 후반의 사례가 있으며, 제주항공의 경우 앞서 말씀드린 것과 같이 LCC항공사 중 가장 나이에 관대하여 나이를 보기보다는 그 사람만의 과거 이력과 승무원이라는 직무에 대해 가지고 있는 강점을 통해 가능성을 보는 회사로 나이에 대해 가장 유연한 회사로 볼 수 있습니다.

이 다양한 사례들은 물론 소수의 인원입니다. 하지만 최근 채용 흐름은 무조건 어린 나이를 선호하지는 않으며, 앞서 말씀드린 4년제 졸업생이 많아진 상황에 맞춰 과거보다 입사 나이가 점점 더 늦어지고 있는 게 사실입니다. 그러므로 자연스럽게 20대 후반이나 30대 초반까지도 여자 승무원 입사가 가능하다는 것을 알 수 있습니다. 과거만 해도 불가능한 나이였다면, 극소수를 넘어 현재는 소수의 인원으로까지 확대되었기 때문에 무조건 나이 때문에 승무원의 꿈을 도전도 해보지 않고 포기한다는 것은 본인이 과연 승무원이라는 직업을 희망하는 마음이 어느 정도인지 다시 한 번 스스로 생각해 봐야 한다고 생각합니다.

물론, 중요한 것은 절대 이 사례로 위안을 삼으면 안 된다는 것이 제 주장이긴 합니다. 나보다 더 나이가 많은 사례가 있다고 해서 내가 그 사람보다 승무원으로서의 자질과 자세, 그리고 가능성을 더 보여줄 수 있다는 뜻은 아니므로 단순히 사례만을 가지고 절대 스스로 도전을 위안 삼으려 하면 안 됩니다.

사례들을 통해 내가 나이로만 떨어질 일은 없겠구나를 생각할 수는 있지만, 단순히 사례로만 위안으로 삼는 건 반대합니다. 정말 내가 진지하게 하고자 하는 직업이 맞고, 도전에 대한 간절한 마음이 있다면 내가 떨어진 이유 혹은 망설이는 이유가 과연 정말 나이가 맞는지에 대해 고민해 볼 필요가 있습니다. 내 옆에 서 있는 다른 지원자가 나보다 어리다는 것은 중요하지 않습니다. 면접관은 지원자 본인이 살아온 이력과 경력, 강점, 자세 등을 통한 승무원으로서의 자질과 가능성을 보는 것이지 옆 지원자와 나의 나이를 비교하며 사람을 채용하지 않습니다.

조금 냉정하게 들릴 수 있지만, 장기적인 미래를 위해서라도 내가 더는 나이만 고민하며 치열하게 도전할 자신이 없다면 깨끗이 포기하고 현재의 일 혹은 더 잘할 수 있는 일을 찾아야 한다고 주장합니다. 승무원이라는 직업에 대해 깨끗한 포기가 되지 않고, 승무원 채용이 뜰 때마다 여전히 스스로 설레며, 치열하게 도전해 볼 마음이 있다면 더 늦기 전에 준비를 시작해야 합니다.

나이에 고민이 있는 만큼 어린 지원자와는 다른 강점을 면접에서 보여주기 위해 더 열심히 준비해야 하고 승무원으로서의 가능성을 보여주기 위해 더 잘 준비된 모습을 면접에서 보여주어야 합니다. 나이 때문에 고민하거나 승무원 준비를 오래한 장수생들에게 항상 하는 말이 있습니다. "바꿀 수 있는 것에 집중하자."

그럼 우선 바꿀 수 없는 것에는 무엇이 있을까요? 나이, 키, 이미 결정된 학점, 이미 졸업한 학교 등은 당장 바꿀 수 없는 것입니다.

내가 바꿀 수 없는 것으로 고민하느라 나이를 계속 먹어갈 거라면 지금 깨끗이 포기해야 한다고 생각합니다. 하지만 내가 정말 진지하게 하고자 하는 직업과 도전이 맞았다면 이제 더는 바꿀 수 없는 것으로 시간을 허비할 것이 아닌 바꿀 수 있는 것에 집중해야 합니다. 바꿀 수 있는 것에는 무엇이 있을까요?

내가 노력하면 바꿀 수 있는 것에는 가장 중요한 내외부적인 이미지메이킹을 포함한 승무원 면접 준비, 어학 성적 등으로 내가 노력하면 충분히 바꿀 수 있는 내용입니다. 내 미래 직업에 대한 고민은 그 누구도 대신 해결해 주지 않습니다. 내가 혼자 앉아서 인터넷을 매일 찾아본다고 하여 그 누구도 정확한 정보를 바탕으로 내 고민을 해결해 주지 않습니다.

더는 나이로 고민만 하며 아까운 시간을 보낼 것이 아닌, 냉정한 가능성에 대한 평가를 통해 깨끗이 포기하고 현재 일에 집중할 것인지 혹은 최소한의 가능성이라도 확인하여 치열하게 준비해서 좋은 결과를 낼 것인지를 확인하기 위해 스스로 움직여야 합니다.

6
승무원 준비, 전공은 중요하지 않습니다

항공서비스학과, 항공운항과, 항공과 등으로 불리는 승무원이라는 직업을 꿈꾸는 학생들을 위한 대학교의 이런 학과들은 승무원이 되기 위해 전공과목으로 2년 혹은 4년간 객실승무원과 관련된 전반적인 항공 실무에 대한 지식을 교육받게 됩니다. 저 역시나 여러 대학교의 항공서비스학과 특강을 진행하며 많은 항공과 학생들을 만나고 있고 또한, 승무원으로 근무했던 시절에도 항공과 출신의 승무원들과 비행을 했기에 항공서비스학과와 관련된 정보를 많이 접했고, 그리고 지금도 접하고 있는 게 사실입니다.

처음 승무원 준비를 시작하는 학생들이 고민하기도 하고 자주 묻는 말 중, 항공과를 나오지 않았는데 승무원이 될 수 있느냐는 질문입니다. 답을 제시하기 이전에 저는 항상 반대로 묻고 싶습니다. "항공과를 졸업하는 학생 중 얼마나 승무원이 되고 있나요?" 승무원이 되기 위해 항공서비스학과 졸업이 필수라면 모든 승무원이 항공과 출신이어야 하고 항공과 졸업생이 모두 합격해야 정상일 것이며, 당장 채용공고에 관련학과 졸업자만 뽑는다거나 하다못해 우대라는 말이라도 쓰여 있어야 할 것입니다. 하지만 실제로는 그렇지 않죠.

그 어떤 승무원 관련 채용공고를 살펴보더라도 전공은 무관입니다. 실제 현장에서 봐도 항공과 출신이 아닌 승무원이 배로 더 많은 비율을 차지하고 있습니다. 그 많은 숫자의 승무원들 대부분이 비전공자입니다. 2년 혹은

당신은 승무원의 자질이 있습니까?

4년간 진행되는 항공과의 커리큘럼은 항공 실무적인 것들을 다루고 있으므로 실제 승무원으로 입사하여 현장에서 일한다고 했을 때 잘할 수 있는 수업들이 대부분입니다. 이로 인해 승무원으로 비행을 해보면 항공과 출신들의 승무원들이 현장에서 일을 대부분 잘하는 이유이기도 합니다. 미리 실무적인 것들을 비전공자와는 달리 배웠기 때문에 잘할 수밖에 없겠죠.

그럼에도 불구하고 너무나 안타까운 것은 승무원이 되려면 우선 승무원 면접을 합격해야 한다는 것입니다. 안타깝게도 항공서비스학과의 경우 실무적인 것들을 배울 수 있는 점은 너무나 좋지만, 면접에서 합격할 수 있는 면접을 준비하고 대비하는 것에는 사실 부족한 것이 현실입니다. 물론, 승무원이라는 직업과 그들의 직무에 대해 그 누구보다 더 잘 이해하고 진심으로 이 직업에 접근하는 마음만큼은 으뜸일 것입니다. 하지만 승무원은 최종합격하여 입사 후 2~4개월의 교육기간을 통해 승무원이 무엇인지, 어떤 일을 하는지, 어떤 마음가짐과 철학을 가져야 하는지를 배우게 됩니다. 이런 교육기간을 거쳐 승무원으로서 완성되는 것이기 때문에 승무원의 실제 현장업무를 잘하는 것은 내가 최종면접에 합격하고 입사한 후의 일이고, 항공사에 의해 다시금 완성될 일이라는 것을 기억해야 합니다.

정답은 면접 준비입니다. 면접에서 합격하지 못한다면 그 누구도 승무원이 될 수 없습니다. 특히나 승무원 면접에서 카트를 끌며 서비스를 시키거나 승객 탈출 시에 필요한 행동요령과 같은 실제 승무원의 업무를 면접에서 테스트하는 것이 아니기 때문에 더더욱 입사해서 배우는 실무가 아닌 내가 승무원이 되기 위해 합격해야 하는 면접에 대한 준비가 중요합니다. 그런 의미에서 사실상 항공서비스학과 전공이 아니어도 비전공자들이 대부분 승무원이 되는 이유가 충분히 설명됐을 것으로 생각합니다.

승무원 면접의 핵심은 유니폼을 입어야 하는 직업의 특성상 시각적인 부분과 함께 기내에서 승객을 응대하는 을의 처지에서 일하게 되는 것이기 때문에 충분한 서비스마인드를 기본으로 승무원으로서의 자질과 자세 등이 얼마나 나와주느냐가 매우 중요한 면접입니다. 승무원의 자질에는 여러 가지 요소가 있습니다. 손님을 응대해야 하는 직업의 특성상 서비스마인드와 처음 보는 승객도 내가 편안함을 느낄 수 있도록 하려는 배려심, 다양한 국적의 승객들을 만나야 하기에 필요한 외국어 구사 능력 등등 좁은 기내에서 벌어질 수 있는 수많은 상황에 대처하기 위해 승무원은 다양한 자질이 요구됩니다. 이러한 자질을 면접에서 보여줄 수 있는 전공은 항공서비스학과만이 아니라는 것을 이해해야 합니다. 그 외에 언어관련 학과, 간호학과, 예체능계열 등등 다양한 자질이 필요한 승무원의 특성상 다양한 전공은 승무원 일을 실제로 함에 있어 불필요한 지식은 아닐 것으로 생각합니다.

하나의 예로 법학과를 놓고 봤을 때, 정말 승무원이라는 직무와 연관성을 찾을 수 없어 면접에서 내가 왜 승무원에 적합한 사람인지를 보여주기 어렵다고 했을 때, 실제 입사 후 승무원 교육 중 배우게 되는 항공법을 배울 때 본인이 학교를 다니며 익혔던 법 관련 지식이 도움이 될 수 있을 것이고, 이러한 점에 대해 면접관을 설득시킬 수 있게 면접에서 풀어나가야 합니다. 승무원 면접에서 내가 왜 승무원에 적합한 사람이고, 그것에 필요한 공부를 해왔는지에 대한 것을 보여주기에 어려운 전공은 절대 없다고 생각합니다. 본인이 면접을 풀어나가기 나름입니다. 승무원 면접은 고전적인 법칙을 유지하면서도 채용 시마다 빠르게 변화하는 항공시장의 흐름에 맞춰 준비해야 하는 정보와 전략 싸움입니다. 단순히 오래전부터 내려오는 승무원 면접이 가진 고유한 법칙도 중요하지만, 단순히 고전적인 법칙들만을 가지고 합격하기엔 한계가 있습니다.

발 빠르게 변화하는 항공시장의 변화를 읽어야 하고, 특히나 내가 지원한 항공사가 나아가고자 하는 최신 방향을 알고 그것에 맞춰 적합한 인재로 보이기 위한 준비를 해나가야 하기 때문입니다. 단순히 항공서비스학과를 졸업했느냐의 문제가 아닌 내가 하고자 했던 그리고 조금 더 흥미를 느꼈던 공부에 대해 학업 마무리를 잘 해야 하고, 앞으로 더 중요한 면접 준비를 통해 내가 왜 승무원에 적합한 사람이며, 내가 그동안 해왔던 공부들이 승무원이라는 직무에 어떤 식으로 도움이 되는 것들인지에 대해 보여줄 수 있는 면접에 대한 준비를 해나가기 바랍니다.

7
첫 지원의 중요성

승무원 면접에는 흔히들 얘기하는 여러 가지 공식과 같은 단어가 존재합니다. 그중 대표적인 것이 바로 삼진아웃 혹은 첫 지원의 중요성입니다. 삼진아웃이라고 한다면 같은 항공사에 3번을 연속해서 탈락하면 더는 서류 합격이 안 되거나 합격하기가 어렵다는 속설이죠. 저는 개인적으로 제가 승무원을 준비했던 기간, 그리고 외국 항공사와 국내 항공사에서 모두 비행했던 시간, 그리고 현재 학생들을 가르치고 합격시키고 있는 모든 시간을 종합했을 때, 삼진아웃이라는 것을 믿지 않습니다. 그 이유로는 여러 가지가 있겠지만, 실제 다양한 합격 사례들을 봤을 때 3번을 탈락하고도 합격하여 비행을 잘하는 승무원들이 존재하고, 저 역시도 비슷한 경험을 했던 적이 있으므로 단순히 삼진아웃에 대해서는 믿지 않습니다. 하지만 승무원 첫 지원의 중요성만큼은 그 어떤 강사보다도 더 강조하는 편입니다.

첫 지원이 중요하다는 얘기는 많이 들어봤을 수 있지만, 왜 중요한지는 자세히 모르는 학생이 많고, 특히나 사람마다 중요성의 이유가 다르므로 제가 생각하는 승무원 면접 첫 지원의 중요성에 관해 얘기해 보고자 합니다. 물론, 승무원 면접을 준비하는 학생의 심정을 너무나 잘 이해합니다. 저 역시도 승무원 면접을 준비했던 시절, 면접 준비가 완성되지 않았지만, 그 기간에 채용이 뜨면 괜히 불안하고 마치 기회를 놓치는 것이 아니냐는 생각을 했기 때문이죠. 그리고 또 누군가는 되든 안 되든 운이 중요하므로 기회가 있으면 준비가 안 되어 있어도 지원해야 한다고 주장하는 사람도 있으므로 흔들릴 수밖에 없습니다. 특히나 현재 정말 누가 봐도 항공사 승무원 준비에 대한 기준으로 마지노선에 서 있는 나이라면 진짜 마지막 기회일 수 있으므로 준비 상태와 관계없이 지원한다면 어쩔 수 없을 것입니다. 하지만 내가 이와 관련이 없는 상황이라면 첫 지원에 대해서는 매우 신중한 결정을 해야 합니다. 물론 지금 저도 학생들을 가르치고 있지만, 지원 여부에 대해서 피드백을 줄 수 있지만, 지원 여부에 관한 결정까지는 제 권한 밖이라고 생각합니다. 지원은 본인이 선택해야 하는 몫이기 때문이죠. 그렇다면 도대체 첫 지원이 왜 중요하냐에 대해 얘기를 해보자면, 실제로 첫 지원에 합격하는 사례가 정확한 평균을 낼 수 없지만, 많은 비율로 첫 지원에 합격한다고 봅니다. 제 경험만을 비춰보더라도 제주항공에 입사했을 때, 입사 첫날 교관으로부터 첫 지원 합격생 조사를 했을 때 3분의 1 정도의 인원이 손을 들었던 것으로 기억합니다. 특히나 현재 학생을 가르치고 있는 시점에서도 마찬가지로 여러 학생을 보고 있지만, 첫 지원에 합격하는 사례에 대한 비율을 무시할 수 없습니다. 그만큼 첫 지원에 합격하는 경우가 많습니다.

그렇다면 왜 첫 지원에 합격을 많이 하는지를 따져봐야겠죠. 저의 다양한 경험과 기술을 바탕으로 첫 지원이 중요하고 합격률이 높은 이유를 아래와 같이 우선 예를 들어보겠습니다.

현재 승무원 면접을 준비해 보지 않은 학생이 승무원 면접이 무엇인지 자세히 모르는 상태에서 준비가 안 된 모습으로 상반기 채용을 확인하고 큰 준비 없이 지원한 뒤, 운 좋게 서류 합격을 했으나 실무면접에서 탈락하게 됐다고 생각해 봅시다. 그 후, 만약 다음 중반기 혹은 하반기에 재지원을 한다고 하면 2번째 면접이 될 것이고 그 이후에 또 탈락하여 지원한다면 3번째일 것입니다. 2번째 면접에서 만약 첫 지원에 탈락했던 준비 상태와 똑같은 모습으로 면접에 참여한다면 결과는 어떨까요? 결과도 똑같을 수밖에 없습니다. 3번째 면접도 마찬가지입니다. 내가 2번째 모습과 똑같은 모습으로 간다면 결과는 달라질 수 없습니다. 이 말의 뜻이 무엇일까요? 떨어진 다음 2번째, 3번째 면접을 갈 때는 처음과는 그리고 두 번째와는 달라진 모습을 보여줘야 합격할 수 있다는 말입니다. 사실상, 첫 지원 면접에 면접을 잘 보지 못했음에도 불구하고 서류 합격이 또 된 것부터가 이미 회사 차원에서는 지원자의 달라진 모습을 기대한다는 뜻입니다. 결국, 2번째, 3번째 면접은 더 달라진 모습을 보여줄 수 있어야 하므로 면접의 난이도가 전체적으로 올라간다는 것을 의미합니다.

지원 횟수가 많아지면 많아질수록 내 면접의 난도가 올라갈 수밖에 없음을 뜻하고, 더 나아가 면접에 들어간 같은 조에서도 각자 다른 지원횟수를 가지고 있으므로 각자 다른 면접의 난이도를 가지고 있다고 생각해야 합니다. 결국 정리하자면 모두에게 주어지는 첫 지원이 그 어떤 면접보다 난도가 낮고 준비가 잘 되었을 때는 가장 쉽게 합격할 수 있다는 뜻입니다. 따라서 실제로도 첫 지원 합격생이 많을 수밖에 없는 이유입니다. 물론, 내가 첫 지원에 바로 합격할 수 있을 만한 승무원으로서의 자세, 자질, 가능성을 보여줄 수 있는 면접 준비가 충분히 되어 있느냐가 중요하지만, 이렇게까지 승무원 면접에서 첫 지원이 중요하므로 첫 지원카드를 면접 연습을 한다는 의미에서 허무하게 날려버린다는 것은 절대 반대입니다.

첫 지원의 중요성을 파악하지 못하고, 기회가 된다면 준비가 되든 안 되든 무조건 다 넣어야 한다는 주장을 하는 사람들이 얘기하는 것은 면접에 참여하는 것을 연습의 기회라고 생각한다는 것입니다. 면접 연습은 너무나 중요합니다. 평소에 아무리 말을 잘해도 면접에서 말을 못하면 소용이 없는 만큼 실전감각을 키우기 위한 연습이 곧 합격입니다. 그런데도 제가 반대하는 이유는 연습이라는 것도 내가 어느 정도 준비가 되어 있고, 경험이 있어야 실전에서 연습이 되고 배울 것이 있기 때문입니다.

본인이 아무런 준비도 안 되어 있어 실제 면접현장에서 보여줄 것이 없는 상황에서 운 좋게 서류 합격을 하고 면접을 본들 과연 어떠한 것을 스스로가 깨우치고 배워올 수 있겠느냐는 것이죠. 면접장에서 벌어지는 일들에 대해서는 끝나고 난 후, 현장에 없었던 선생님들을 통해 완벽한 피드백을 받을 수 없습니다. 실제 현장에 있었던 본인 스스로가 어떠한 것들을 잘했고, 못했는지를 보여줄 수 있을 만한 어떤 준비가 되어야지만 탈락한 이후에도 내가 정말 연습이라고 할 만한 배운 게 남게 됩니다.

승무원 면접에는 절대 지름길이 없습니다. 제가 제일 많이 반대하는 것이 속성, 단기와 관련된 문구들입니다. 승무원으로서의 태를 갖춰나가는 승무원 면접과정은 절대 단기간에 이루어질 수 있는 것이 아닙니다. 물론 사람마다 각자 타고난 혹은 갖춰져 있는 자질이 다르므로 같은 기간 안에 완성될 수 없지만, 그런데도 승무원으로서의 태를 갖춰나가는 승무원 면접은 절대 단기간에 불가능합니다. 성형, 다이어트 등과 같은 방법이 과연 본인이 승무원이 될 수 있는 가장 빠른 길이라고 생각하는지를 묻고 싶습니다. 절대 대답은 "NO"입니다.

승무원 면접은 첫 지원에 제대로 된 준비가 중요합니다. 절대 지름길이라는 것이 없는 면접이지만, 첫 지원카드를 잘 쓰는 것만은 내가 장수생이 되지 않고, 최대한 원하는 시점 가까이에 승무원이 될 수 있는 중요한 방법이라는 점을 강조합니다.

당신은 승무원의 자질이 있습니까?

8
승무원 준비기간에 대한 솔직한 조언

처음 준비를 고민하는 학생들도 그렇지만 승무원 면접 준비를 해나가는 과정에 있는 학생들 역시 모두 다 궁금해 하는 것은 바로 합격까지 얼마의 시간이 소요되느냐는 것입니다. 물론, 이 질문에는 선생님마다 각자 다른 생각과 의견을 가지고 있겠지만, 저는 개인적으로 "6개월만 열심히 하면 합격할 수 있어요."와 같은 특정 기간을 제시하며 합격이 보장되는 것처럼 대답하는 것을 개인적으로 너무 싫어합니다.

예를 들어 특정 점수에 도달하거나 넘으면 되는 자격증 시험이라면 저 역시도 다른 선생님들과 같이 6개월만 열심히 하면 합격할 수 있다고 말할 수 있을 것입니다. 조금 다른 생각을 하는 이유의 예를 들기 위해 제가 느낀 승무원 면접이란 무엇인지에 대해 먼저 얘기하고 싶습니다. 제가 지금 가르치고 있는 승무원 면접을 떠나서 내가 당장 학생시절, 직접 참여했던 승무원 면접을 돌이켜보면, 승무원 면접은 다른 사람의 마음을 사로잡아야 하는 면접이었습니다.

다른 사람의 마음을 사로잡는 것들을 어떻게 기간으로 수치화시킬 수 있느냐는 것이 바로 제가 위와 같은 발언들을 싫어하는 이유입니다. 물론 저 역시도 6개월이라는 수치를 제시하지만, 6개월의 의미가 너무나 다릅니다. 제가 제시하는 6개월은 제가 여러 학생에게 승무원 면접을 가르칠 때, 이 학생은 "최종면접까지 해볼 만한 자세와 실력이 나온다" "한번 해볼 만한 느낌이 완성됐다."라고 하는 데 6개월이라는 시간이 소요된다고 봅니다. 물론 성별에 따라 조금 차이가 있고 더 나아가 개인별로 완성되는 시간에는 차이가 있습니다. 각자 다른 완성시간을 가지는 이유는 각자 가지고 있는 자질이 다르기 때문입니다. 각자가 타고난 혹은 가지고 있는 자질 중에서 승무원 면접 준비를 한다고 했을 때 가장 도움이 될 수 있는 자질을 고르라면 저는 서비스 경험에 의한 서비스마인드를 꼽습니다. 서비스마인드가 중요한 이유는 제가 만들어줄 수 없는 부분이기 때문이죠.

서비스마인드를 갖추기 위해서는 실제 사람을 응대해 본 서비스경험에 의해서만 취득할 수 있다고 생각합니다. 제가 아무리 강사로서 서비스마인드에 대해 수업을 하거나 혹은 본인 스스로 서비스마인드가 무엇인지 인터넷을 찾아본다고 해서 절대 알 수 있는 것은 아니라고 봅니다. 내가 직접 사람을 응대했던 경험들이 쌓이면서 나 스스로 느낄 수 있는 기술과 마인드입니다. 그러므로 서비스마인드는 6개월이라는 평균적으로 완성되는 시간을 단축하고, 승무원 면접을 가르쳤을 때 학생들이 가장 잘 따라올 수 있는 기본 자질로 꼽습니다.

서비스경험을 통해 서비스마인드를 갖춘 학생들은 승무원 면접 준비기간이 단축되고, 확실히 교육내용을 잘 따라올 수 있다고 확신합니다. 하지만 완성되는 시간에는 남자와 여자라는 성별에 대한 차이가 조금은 있습니다. 물론 개인에 따라 자질이 다르므로 차이가 있는 것도 크겠지만, 기본적으로 남자와 여자라는 성별에 따른 차이도 무시할 수 없죠. 승무원으로서의 자질과 자세를 면접에서 보여주기 위한 승무원의 태를 만들기까지 어쩔 수 없이 여자가 남자보다 서비스적인 자질이 조금 좋으므로 기간의 차이가 있

당신은 승무원의 자질이 있습니까?

는 이유입니다. 그러므로 남학생들은 조금 더 승무원 면접에서의 자세와 자질, 가능성을 보여주기 위한 준비를 철저히 해나가야 합니다. 본인이 만약 아르바이트 경험이 있다면, 본인이 처음 아르바이트를 하며 사람을 응대했을 때 모습과 일정 기간이 지난 현재의 사람을 응대하는 모습을 비교해 보면 어떤가요? 똑같지 않으리라고 생각합니다. 그 차이가 바로 서비스마인드라고 저는 정의합니다.

승무원 면접을 준비하기 위한 학원과 같은 다양한 기관에서 승무원 출신 강사로서 학생들에게 승무원으로서의 자세나 자질과 같은 태를 만들어줘서 승무원 면접에서만큼은 승무원처럼 그림이 그려질 수 있게끔은 해줄 수 있지만, 나 자신의 경험으로부터 취득할 수 있는 서비스마인드는 절대 제가 만들어줄 수 없는 부분이라는 것을 이해하고 승무원 면접 준비와 함께 사람을 응대할 수 있는 다양한 경험들을 쌓아야 한다고 주장합니다. 그래서 저는 제 학생 중 사람을 응대해 본 경험이 없는 친구들은 경제적인 이유를 떠나서라도 아르바이트를 하라고 권유합니다.

사람을 응대해 본 사람과 아닌 사람은 차이가 날 수밖에 없습니다. 물론, 단순히 아르바이트하라는 이유가 사람을 응대하기 위한 경험을 위한 것은 아닙니다. 아르바이트하는 순간이 가장 좋은 면접 연습시간이라고 생각하기 때문입니다. 내가 지금 면접 연습을 한다고 가정했을 때, 매번 내가 내 눈앞에 새로운 사람을 데려다 놓을 수는 없습니다. 내가 아르바이트를 하면서 현장에서 손님을 응대하면서 조금 더 미소 짓고, 조금 더 친절하게 응대하면서 자세와 미소에 대해 연습을 해나갈 수 있기 때문에 가장 좋은 현장 연습이라고 생각합니다. 본인이 직접 사람을 응대하는 경험들을 통해 승무원으로서의 자세를 만드는 데 분명한 도움이 되는 것을 저는 직접 확인했습니다.

승무원의 자질과 자세를 면접에서 보여줘야 하는 승무원으로서의 태를 전반적으로 만들기 위해서는 여러 노력이 필요하고 전문적인 교육과 본인의 노력이 더해져 승무원으로서의 그림이 그려지는 태를 만들 수 있다는 것을 알아야 하고, 본인이 노력하는 만큼 변화하는 모습, 그리고 더 나아가 내가 원하는 좋은 결과를 낼 수 있다는 것을 항상 기억하고 최선을 다해 준비해 나가기 바랍니다.

당신은 승무원의 자질이 있습니까?

9
승무원 면접에서 자격증이 가지는 정확한 의미

승무원 면접에서 좋은 점수를 얻고자 자격증을 따고 싶어 고민하고 있다면 결론부터 말해 승무원 면접에서 조금이나마 좋은 평가나 가산점을 받기 위한 자격증은 사실상 없습니다. 물론, 토익, 토스, 오픽과 같은 채용공고에 제시된 어학점수는 공인영어점수이기 때문에 자격증 얘기와는 별개입니다.

승무원 면접에서 좋은 점수를 얻고 합격하기 위해 자격증을 딴다는 것은 너무나도 불필요한 노력이 아닐까 생각합니다. 다만 단순히 내가 어떠한 공부나 지식을 습득하기 위한 과정에서 자격증을 따는 것이라면 너무나 좋은 시간 투자이지만, 단순히 내가 승무원 면접에서 이점을 받고 좋은 점수를 받기 위해 어떤 자격증을 따려는 것은 불필요한 행동이라고 말하고 싶습니다.

승무원 면접에 도움이 될 만한 자격증은 없다고 보는 게 맞습니다. 승무원이라는 직업은 최종합격하여 입사 후 승무원 직무에 필요한 내용을 2달에서 4달 정도 항공사마다 각각 다른 시간 동안 교육을 받게 됩니다. 직업교육을 받고 투입되기 때문에 승무원 직무에 필요한 업무와 관련된 자격증을 미리 소지하더라도 면접에서 아무런 의미를 주지 못합니다. 보통 많이 취득하는 것으로 CRS, DCS, CPR, CS리더스 등이 있습니다만, 안타깝게도 CRS나 DCS는 승무원 직무와 아무런 관련도 없거니와 직무와 관련이 있는 지상직

조차도 입사 후 자체 프로그램이나 혹은 같은 프로그램이라도 실전에서의 방식은 너무나 다르기 때문에 아무런 소용이 없을뿐더러 면접에서조차 최근에는 우대사항에서 빠졌습니다. CPR도 마찬가지입니다. CPR의 경우 소위 말하는 심폐소생술로서 실생활에서도 너무나 필요한 행동지식에 해당하지만, 단순히 이 자격증을 통해 승무원 면접에서 어떠한 이점을 받고자 한다면 잘못된 생각입니다. 입사 후 기내에서 발생할 수 있는 다양한 응급환자를 돌보기 위한 교육 중 하나로 새롭게 배우게 되고, 실제 항공사에서는 승무원에게 CPR교육 후 어떠한 수료증이나 자격증도 주지 않는 승무원 초기 훈련에서 이루어지는 하나의 교육과정입니다.

자격증이 중요한 게 아니라는 것을 얘기하고 싶습니다. 특히나 CPR의 경우 항공사에서 정해놓은 진행방식에 따라 시행해야 하기 때문에 미리 내가 다른 기관의 방법으로 알고 있다면 새롭게 배우는 것에 오히려 더 어려움이 따를 수 있겠죠. 전체적인 흐름은 똑같지만, 항공사마다 자체 매뉴얼에 따라 방법이 조금씩은 차이가 있으므로 내가 CPR을 이미 할 줄 안다고 하여도 아무 의미가 없습니다. CS 리더스는 고객의 불만 등에 대한 정확한 데이터 분석과 처리가 필요한 CS부서 혹은 마케팅 부서 등에서 필요하다고 생각할 수 있을지 모르겠으나, 실제 현장에서 승객을 응대해야 하는 승무원 직무에는 크게 연관 짓기가 어렵습니다.

특히나 승무원은 최전방에서 직접 승객을 항공사 매뉴얼에 따라 응대할 수 있어야 하기 때문에 서비스 교육의 A부터 Z까지를 항공사로부터 교육받게 됩니다. 자격증 유무가 아무런 의미를 주지 못한다는 것을 다시 한번 강조하고 싶고, 실제로도 항공사 면접관들은 자격증 보유 여부에 큰 관심을 두지 않습니다. 이것을 가장 잘 이해할 수 있는 예시를 들어보자면 인터넷이나 카페에 올라와 있는 실전 면접에서 나왔던 문제를 담은 기출문제들을 아무리 찾아봐도 CPR, CS리더스 혹은 CRS와 같은 자격증에 대한 궁금증에서 오는 질문은 없습니다. 궁금해 하지 않는다는 것입니다. 물론, 다시 한 번 강조하지만, 다양한 지식을 습득하고자 하는 목적에서 자기계발을 위해 취득하는 자격증을 따는 것은 너무나 올바른 행동이지만, 단순히 승무원 면접에서 어떤 이점을 받기 위해 여러 자격증을 따는 것은 아무런 의미가 없는 시간 낭비임을 강조합니다.

승무원이라는 직업은 유니폼을 입고 기내에서 승객을 응대하는 일을 주되게 하므로 과연 얼마나 승객을 서비스마인드를 가지고 잘 응대할 수 있을까에 대한 그림을 그려보는 면접이기 때문에 자격증만으로 설명할 수 없다는 것을 알아야 합니다. 가장 중요한 것이 바로 면접입니다. 내가 아무리 서비스마인드가 출중하고 승무원으로서의 자세나 자질이 준비되었다고 하여도 그걸 면접에서 보여줄 수 없다면 아무런 소용이 없습니다.

승무원 면접에 합격해야 내가 승무원이 될 수 있는 만큼 나의 모든 강점을 준비하고 그걸 승무원 면접에서 보여줄 수 있어야 합니다. 승무원 면접에서 필요할 것이라고 착각했던 자격증에 더는 시간을 낭비할 것이 아닌 나를 보여줘야 하고 확신을 줘야 하는 면접에 대한 준비에 시간을 더 투자할 수 있기 바랍니다.

10
현실적으로 말하는 외항사 승무원 준비 가능나이

　　외국 항공사와 국내 항공사를 나눌 것 없이 승무원 면접을 준비하고자 하는 학생들은 공통으로 나이에 대해 가장 많은 고민을 하는 것 같습니다. 물론 전문가의 관점에서 승무원 준비의 최적기는 학교에 다니면서 준비하고 4학년 때 혹은 전문학사라면 2학년 때 면접을 보고 졸업 전에 취업하는 것입니다. 물론 말처럼 쉬운 것은 아니죠. 저 역시도 그러지 못했었습니다. 저 역시도 그렇고 많은 학생이 그러겠지만, 저의 경우 우선 내가 공부한 전공을 살려야 한다는 생각을 하고 있었고, 우선은 전공에 맞춰 취업한 뒤, 사회생활을 하면서 조금은 막연했던 승무원이라는 직업도 하나의 직업이고, '누구나 준비해서 도전할 수 있는 하나의 직업이구나'라는 생각을 하게 되었습니다. 이를 계기로 사회 초년생 시절부터 승무원 면접 준비를 시작했었습니다. 저와 비슷한 생각을 가지고 우선 전공을 살린 뒤 사회생활을 하면서 준비하는 학생들도 많은 게 사실입니다. 승무원 면접 준비를 고민하며 각자 가지고 있는 여러 사정에 의해 도전 시작점이 늦어지면서 나이에 대한 고민을 많은 학생이 하고 있다고 봅니다.

　　물론 승무원 면접 준비에서 나이라는 것은 22살도 고민하고 32살도 고민하는 것으로 생각합니다. 그만큼 승무원이라는 직업이 나이에 민감한 직업으로 알려졌기 때문이겠죠. 물론 아니라고 부정할 수 없는 사실입니다. 특히나 국내 항공사의 경우 나이에 민감하고 지원횟수에 민감하게 반응하는 면접이기 때문에 단순히 나이가 중요한 직업이 아니라고 말할 수는 없습니다. 하지만 외국 항공사의 경우 국내 항공사들보다는 면접에서 서류상 숫자적인 나이에 조금은 관대한 편입니다.

물론 모든 외국 항공사를 하나로 묶어서 일반화시킬 수는 없겠지만, 대체로 일부 항공사를 제외한 외국 항공사는 나이에 관대한 편입니다. 관대하다는 의미를 조금 더 생각해 보자면 막연히 40대, 50대에도 신입 승무원으로 입사할 수 있다는 얘기가 아닌 국내 항공사에서 일반적으로 입사하는 주류 나이대보다는 조금 더 유연한 편이라는 뜻입니다. 학생들이 가장 많이 오해하는 것이 특정 나이대를 선호한다고 생각하는 것입니다. 하지만 만약 그런 게 있다면 실제로 34살 합격, 36살 합격이라는 얘기를 주변에서 들을 수 없을 겁니다.

특히나 특정 나이대를 선호하는 게 맞는다면 굳이 여러 나이대를 불러서 2차, 3차 면접까지 진행할 필요 없이 서류단계 혹은 1차 면접에서 이미 나이에 맞게 탈락을 시키면 될 것입니다. 물론 제가 항상 반대하는 것이 합격 사례를 가지고 집착하거나 위안으로 삼는 것입니다. 냉정하게 들릴 수 있겠지만, 단순히 34살 합격, 36살 합격과 같은 사례들을 통해 그것만 가지고 내가 위안으로 삼고 이 준비를 한다는 것에 저는 반대합니다. 나와 동갑이거나 혹은 나보다 나이가 많은 사람이 합격했다고 하여 내가 그 사람보다 승무원으로서의 자질과 자세, 가능성을 면접에서 보여줄 수 있는 준비가 더 잘됐다는 것은 아니기 때문이죠. 물론 사례를 통해 '내가 나이만으로는 떨어지지 않겠구나!'라는 생각을 하긴 해야 합니다. 하지만 단순히 그 사례로 내가 가능성도 없고, 그들만큼 열심히 준비해 나갈 의지와 마음가짐도 없는 상태에서 위안만을 삼고 준비를 시작한다는 것은 무모하다고 생각합니다. 그렇다면 조금 더 현실적인 외국 항공사 승무원 준비 나이에 관해 얘기해 보겠습니다.

우선 국내 항공사의 경우 30대 초반까지도 극소수로 일부 항공사는 합격하고, 남학생들의 경우 중반까지도 간혹 입사할 수가 있습니다. 남학생의 경우 군대 문제에 의해 조금 더 합격 가능한 나이대가 높지만, 외국 항공사의 경우 성별에 따른 합격 가능성에 차이는 없는 편입니다. 모든 나라가 대한민국과 같이 의무 병역에 대한 개념이 있는 것은 아니므로 성별에 따른 차이 없이 관대한 편입니다. 물론 위에서 언급했던 것과 같이 모든 나라의 항공사가 다 그렇다고 볼 수는 없습니다. 여전히 국내 항공사와 비슷하게 어린 나이대를 선호하는 분위기를 가진 국가의 항공사들도 있습니다. 대체로 일부 아시아 국가들의 항공사가 국내 항공사와 비슷하게 주류 나이대가 낮은 편이며, 그 외에는 대부분 서류상의 나이숫자보다는 보이는 나이를 더 중시합니다. 그나마 긍정적인 것은 한국 국적의 지원자들은 다른 국가들에 비해 외적으로 보이는 관리가 잘된 편이기 때문에 보이는 나이에서 조금은 이점이 있는 편입니다. 그러므로 36살이라는 만나이에도 외항사에 입사하는 사례들이 가끔 들리는 것입니다. 그런데도 여전히 앞에서 얘기했던 것과 같이 단순히 사례만으로는 위안으로 삼을 수 없습니다.

내가 정말 하고자 하는 직업이 맞고 도전에 대한 의지가 있다면 30대 중후반에도 일부 외국 항공사의 경우 준비해 볼 수 있지만, 절대 쉽지 않다는 것을 강조합니다. 내가 더 어린 지원자들과는 다른 강점을 보여줄 수 있어야 하고, 이 말의 뜻은 결국 면접의 난도가 올라간다는 것을 뜻하기 때문입니다. 같은 면접에 여러 지원자가 함께 서 있지만, 면접의 난이도는 모두 다를 수밖에 없습니다. 각자 다른 조건과 이력, 자질이 있기 때문이죠. 저는 이 준비과정을 절대 쉽지 않다고 항상 학생들에게 얘기합니다. 그 이유는 제가 이미 승무원 준비 과정을 겪어봤기 때문입니다. 물론 저 역시도 처음 학생 가르치는 일을 시작했을 때, "할 수 있다" "잘한다" "누구나 다 할 수 있는 준비다" "예쁘다, 멋있다"라는 말들만을 하며 학생을 대했던 기간이 있습니다.

하지만 너무나 안타깝게도 이렇게만 학생들을 대해서는 절대 합격할 수 있는 면접의 난이도가 아니라는 것이 제 결론입니다. 그러므로 저는 합격하기 전까지는 절대 이 승무원 면접 준비단계가 쉽다는 말을 하지 않습니다. 특히나 주류 나이대에서 벗어난 나이에 대한 고민을 하는 학생들은 더더욱 이 준비가 쉽지 않을 것입니다. 난이도를 떠나서라도 20대 후반 혹은 30대에 승무원 면접 준비를 하는 학생들은 대부분 졸업 후 생계유지를 위해 직장을 다니며 준비해 나가기 때문에 쉽지 않은 준비시간을 거쳐야 합니다. 승무원 면접 준비만으로도 절대 쉽지 않은 난이도인 상황에서 직장생활과 함께 준비한다는 것은 절대 쉽지 않을 것입니다.

내가 이 모든 것들을 고려하고 승무원이라는 직업에 단점까지도 다 생각했을 때 정말 하고자 하는 직업이 맞는지, 그리고 더 나아가 직장을 병행하며 휴무와 쉬는 시간을 모두 반납하며 쉽지 않은 승무원 면접 준비를 해나간다고 했을 때 절대 포기하지 않고 해낼 수 있는 의지와 마음가짐을 가져줄 수 있는지 진지하게 스스로 물어볼 수 있는 시간을 가져보기 바랍니다. 그런데도 여전히 두 가지에 대한 의지가 확고하다면 내가 얼마나 준비에 대한 가능성이 있느냐를 점검하고 가능성이 최소한이라도 있다면 다른 어린 지원자와는 다른 강점을 보여줄 수 있는 면접 준비를 철저히 해나가야 합니다.

마지막으로 강조할 것이 있다면 제가 장수생 혹은 늦은 나이에 준비를 시작하려는 학생에게 항상 하고자 하는 말입니다. "바꿀 수 있는 것에 집중하자"입니다. 그렇다면 우선 바꿀 수 없는 것에는 무엇이 있을까요? 노력해도 바꾸기 힘든 게 있다면 이미 결정된 나이, 학점, 전공, 키 등입니다. 조금 냉정하게 들릴 수 있겠지만, 내가 바꿀 수 없는 것들로 고민하느라 30살이 31살이 되고 32살이 될 거라면 지금 깨끗이 포기하고 더 잘할 수 있는 일을 이제는 찾아야 한다고 생각합니다.

내가 만약 정말 하고자 하는 직업이 맞고 준비에 대한 의지가 있는 게 맞는다면 더는 바꿀 수 없는 것에 시간을 허비할 것이 아니라 내가 노력해서 바꿀 수 있는 것에 집중해야 합니다. 그렇다면 노력으로 바꿀 수 있는 것에는 무엇이 있을까요? 승무원으로서의 자세와 태를 만들어나가는 면접 준비, 어학실력, 내외부적인 승무원으로서의 이미지메이킹 등은 내가 노력하면 바꿀 수 있는 부분입니다. 내가 바꿀 수 없는 것으로 고민한다면 이제 더는 시간을 허비하지 말고 깨끗이 포기할 수 있어야 하고, 그게 아니라면 바꿀 수 있는 것에 집중해 나가기 바랍니다.

당신은 승무원의 자질이 있습니까?

11
학점 2점대로 최종합격

　외국 항공사의 시선에서 한국인은 한 명의 외국인 승무원으로 채용하는 것이기 때문에 과거 한국인으로서 공부해 왔던 공부의 결과 중 하나인 학점에 대해 신경쓰지 않습니다. 하지만 국내 항공사의 경우 서류 지원에서 학점을 기재하고 서류 평가항목 중 하나로 작용하는 게 사실입니다. 물론 2차, 3차 면접까지 이어지는 긴 여정을 모두 다 종합해 본다면 학점이 가지는 영향력은 매우 미미하다고 봅니다. 유니폼을 입고 기내에서 승객을 응대하는 일을 주되게 하는 승무원이라는 직업은 학점만을 가지고 평가하여 채용할 수 있는 직무가 아니기 때문이죠.

　서류를 지원할 때 쓰게 되는 내 모든 과거 이력이 점수화되는 스펙에서 하나의 평가요소가 되는 것이 학점이기 때문에 무조건 1점, 2점대여도 합격한다고 말할 수 없지만 중요한 것은 학점보다 더 중요한 것이 면접에서 보이는 승무원으로서의 자질, 자세 그리고 가능성이라는 점을 알고 있어야 합니다.

　가장 안타까운 점을 꼽자면 학점이 낮은 학생들의 특징이 낮은 학점을 토익과 같은 스펙으로 가리고자 한다는 것입니다. 그렇다면 이렇게 묻고 싶습니다. "낮은 학점이 과연 토익으로 가려질 수 있을까요?" 불가능하다고 봅니다. 물론 24시간 사무업무를 보는 사무직을 뽑는 일반면접이라면 합격 커트라인이라는 것이 사실상 존재하고, 스펙이라는 것이 중요하지 않다고 할 수 없으므로 가능할지도 모릅니다. 하지만 24시간 유니폼을 입고 현장에서 승객을 응대해야 하는 승무원 면접에서는 절대 단순히 학점이 낮으니까 토익을 높여서 합격할 수 있다와 같이 퍼즐처럼 맞춰지는 그림이 아니라고 생각합니다. 승무원 면접에서 내가 부족한 부분들을 메울 수 있는 방법은 오직 면접밖에 답이 없습니다.

이해를 돕기 위한 예시를 들어보겠습니다. 두 명의 학점이 똑같이 2점대인 학생이 있다고 가정했을 때, 한 명은 학점이 2점대지만 토익을 비롯한 스펙이 매우 화려하지만, 승무원으로서 사람을 응대하기 위한 자질과 자세, 가능성이 면접에서 보이지 않았고, 반대편에는 똑같이 학점이 2점대로 낮지만 평범한 스펙을 가지고 있으나, 면접에서만큼은 승무원으로서의 자세, 자질 그리고 가능성이 확연히 보인다고 했을 때 승무원 면접에서 누굴 뽑을까요? 답은 정해져 있다고 봅니다. 승무원이라는 직무의 채용은 면접에서 이 직무에 대한 가능성이 보이지 않는다면 그 어떠한 화려한 스펙으로도 뽑힐 수 없습니다. 특히나 내가 부족한 부분을 채울 수 있는 것은 다른 스펙이 아닌 면접에서의 가능성과 확신입니다.

다시 말해 내가 승무원이라는 직무를 뽑는 면접에서 안 뽑을 수 없을 만한 자질과 자세를 보여줄 수 있어야 낮은 학점을 가릴 수 있다는 것입니다. 단순히 토익으로 낮은 학점을 가릴 수 없음을 빨리 깨달아야 합니다. 물론 아직 학점을 올리기 위한 학기가 남아 있다면 마지막까지 최선을 다해야 합니다. 학점의 문제를 떠나서 내가 공부하고 있는 전공을 살리지 않을지라도 내가 시작한 학문에 대해서는 마무리를 잘해줘야 합니다. 학점을 놓고 보더라도 남은 시간이 있다면 온 힘을 다해야 합니다. 하지만 이미 결정된 학점

당신은 승무원의 자질이 있습니까?

은 당장 돌릴 방법이 없으므로 더는 바꿀 수 없는 것으로 고민할 것이 아니라 내가 면접에서 승무원으로서의 확신을 줄 수 있는 강점들을 준비하여 면접에서 더 잘 보여줄 수 있도록 준비를 철저히 해야 합니다. 더 나아가 실제 면접에서 눈에 띄는 낮은 학점들은 관련 질문을 받을 수 있습니다. 물론 학점이 낮은 학생들은 면접에서 관련 질문을 받는 것에 대해 큰 부담을 가집니다. 하지만 저는 오히려 긍정적인 신호라고 봅니다. 그만큼 면접관의 시선에서 그 학생에 대한 어느 정도의 가능성을 봤기 때문에 학점이 왜 낮은지에 대해 이해할 수 있는 이유를 알고 싶기 때문이죠. 낮은 학점을 가지고 면접장에 들어가서 학점 관련 질문을 받는다면 기회가 왔다고 볼 수 있습니다.

하지만 중요한 것은 내가 면접관을 이해시키고 설득시켜 확신을 줄 수 있는 답변을 준비하지 않았다면 좋은 결과를 받기는 어려울 것입니다. 면접관들의 시선에서 학점이라는 것은 학교생활을 얼마나 성실히 했느냐를 평가하는 잣대가 될 수 있기 때문입니다. 내가 단순히 학점이 낮다고 하여 100% 떨어진다고 볼 수 없지만, 관련된 의문에 확신을 줄 수 없다면 탈락할 수 있는 민감한 사안이므로 철저한 답변 준비가 필요합니다. 물론 정답은 존재하지 않습니다. 실제로 각자 학점이 낮은 이유가 다르기 때문이고, 각자 살아온 과거 이력과 강점이 다르므로 그 이유에 대해서도 면접관을 설득시킬 방법은 가지각색일 것입니다. 그런데도 가장 중요한 것은 내가 단순히 전공이 맞지 않아서 혹은 토익과 같은 어학 공부에 더 관심이 있어서와 같은 새롭지 못한 답변으로는 면접관을 설득시킬 수 없다고 봅니다.

조금은 사실적이지만 승무원 면접이라는 것을 잊지 말고, 다소 구체적인 사유를 함께 들어 설득시킬 수 있는 답변을 준비해야 합니다. 그리고 중요한 것은 답변의 방향은 내가 최대한 다른 방면에서 성실했었다는 것을 보여줄 수 있는 게 좋습니다. 학점이 낮다면 보통 성실성을 의심하기 때문에 그 점을 채워줄 수 있는 다른 방향에서 성실하게 살았음을 보여주는 게 조금은 알찬 답변 구성에 도움이 될 수 있을 것이라 조언합니다. 다른 방면에서의 성실함을 보여줄 수 있는 내용은 학교생활 안에서 답을 찾아야 합니다. 물론 학교생활 이외에 다른 외부활동도 좋지만, 이왕이면 학교 내에서 했던 것들을 바탕으로 답변을 구성하는 것이 학생의 신분에서 성실했었다는 점을 보여줄 수 있다고 봅니다.

내가 학점 관리를 잘하지 못했지만, 다른 방면에서 성실했었다는 점을 보여줄 수 있고 면접관을 설득시킬 수 있다면 학점은 더이상 합격과 불합격에 큰 영향을 줄 수 없음을 기억하고 내가 승무원 면접에서 승무원이라는 직무에 적합한 인재라는 것을 보여줄 수 있는 면접에 집중하기 바랍니다.

당신은 승무원의 자질이 있습니까?

12
시력, 문신, 척추를 포함한 신체검사 대비

　모든 직업이 그렇다고 할 수는 없겠지만 여전히 승무원과 같이 면접단계에서 신체검사를 하는 직업이 많습니다. 특히나 승무원 면접에서는 그 결과가 탈락사유가 되기도 하는 만큼 준비를 고려하는 단계에 있는 학생은 물론 준비를 하면서도 그리고 더 나아가 면접을 보고 있는 상황에서도 항상 생각하고 걱정할 수밖에 없습니다. 실제로 면접에 합격하고 검사를 한 뒤 결과를 기다리는 순간이 오히려 면접보다 더 떨린다 해도 과언이 아니죠. 특히나 국내 항공사의 경우 매우 흔하다고 볼 수 없지만 외국 항공사 승무원 채용과정에서 신체검사는 탈락사유로도 자주 이어지는 만큼 항공사가 제시하는 수치에 닿지 않는 경우 아쉽게도 합격이 취소되게 됩니다. 물론 병원에서 진행되는 검진에 의해서만 파악할 수 있는 내용들은 회사마다 기준점이 다르고 항목 역시 다르기 때문에 책을 통해 모든 것을 나열할 수 없겠죠.

　여기서 제시하고자 하는 것은 실제 검사단계에서도 중요하지만 스스로 미리 확인할 수 있다면 내가 어느 정도는 검사 전에 미리 대비해 볼 수 있는 몇 가지에 대한 내용입니다. 타고난 혹은 후천적으로 만들어졌으나 절대 되돌릴 수 없는 부분들이라면 사실 어쩔 수 없겠지만, 내가 미리 알고만 있다면 대비가 가능한 부분은 최대한 일찍 좋은 결과를 위한 준비를 시작하는 게 좋겠죠. 그렇다면 어떤 것들이 있는지 몇 가지만 우선 알아보겠습니다.

:: 승무원 시력

대한항공과 같이 채용공고에 이미 교정시력 1.0 이상이라는 얘기를 언급한 곳도 있으나 공고에 제시했든 하지 않았든 사실 과거와 달리 최근에는 안경이나 렌즈 착용 후 0.8 이상 정도까지는 감안하는 분위기입니다. 물론 이 부분은 외항사와 국내 항공사가 또 다른 분위기며 더 나아가 항공사마다 차이가 있기 때문에 지원하는 항공사별로 확인이 조금 필요합니다. 1.0이 안 된다고 해서 당장 이것만으로 탈락의 사유가 되지는 않는다는 점을 참고하되 여전히 내가 최종합격할 때까지의 모든 방해요소를 제거해야 한다는 것은 부정할 수 없는 사실인 만큼 최대한 교정시력을 1.0 이상으로 맞출 수 있는 준비를 고려하기 바랍니다.

추가적으로 일부 외항사의 경우 특히나 중국 국적의 항공사는 채용 시 심한 난시의 경우 탈락사유가 됩니다. 동방항공 채용에서는 난시에 대해 채용공고에 직접 언급하기도 합니다. 항공사에서 자체적으로 규정한다기보다 중국에서 승무원으로 근무하기 위해 꼭 거쳐야 하는 항공 당국에서 진행하는 신체검사 규정이 그러한 만큼 난시에 대한 제약이 있을 수 있다는 점 참고 바랍니다.

이외에도 색약으로 고민하는 경우도 있습니다. 색약의 정도에 따라 이 역시도 항공사 규정이 다르겠지만, 의사 소견이 가장 중요한 만큼 내가 만약 승무원 업무에 큰 지장이 없을 정도로 심한 게 아니라면 의사 소견에 따라 합격에 큰 영향을 주지 않을 수 있지만 심한 경우 색약 렌즈 등과 같은 방법을 고려해야 하며 이 역시도 색약 렌즈 착용을 신체검사 단계에서 금하는 곳도 있으니 항공사별로 색약을 바라보는 잣대가 어떠한지에 따라 달라지는 점 참고 바랍니다.

:: 문신, 흉터

목, 팔, 다리와 같이 옷을 입고도 보이는 부위에 큰 상처나 문신 등이 있다면 승무원에게는 큰 결격사유가 됩니다. 사실 그게 무슨 큰 문제가 되느냐고 생각할 수 있지만 아주 오래전부터 내려오는 법칙으로 작용하는 만큼 내가 합격하고 싶다면 따라야 합니다. 유니폼을 입고 승객을 응대하는 직업인 만큼 보이는 피부에 상처 혹은 타투가 있다면 승객에게 위협적으로 보이거나 좋지 않은 인상을 줄 수 있는 만큼 항공사에서는 승무원 면접에서 이 점을 체크하게 됩니다.

물론 이 부분에 대해서 매우 예민하게 생각하는 중동 국가 항공사를 제외한다면 사실상 보이는 부위가 아니라면 크게 문제가 되지는 않습니다만, 여전히 합격까지 긴 과정에서 탈락사유가 될 수 있는 만큼 커버하는 것도 좋지만, 커버만으로도 안 되는 경우 혹은 커버가 되더라도 이왕이면 없는 게 더 좋은 직업인 만큼 시술 등과 같은 지우기 위한 노력을 지금이라도 시작할 수 있어야 합니다.

:: 척추

척추나 무릎이 안 좋거나 해당 부위를 다쳐 큰 수술을 받았고 현재까지 이로 인한 영향을 받고 있는 경우라면 이 직업에 대해서 저는 다시금 진지하게 생각해야 한다고 봅니다. 물론 수술로 인해 철심을 박았거나 흔적이 크게 남는 경우라면 검사단계에서도 문제가 제기될 수 있지만 신체검사 결과 여부를 떠나서라도 이 직업은 장시간 서서 기압차를 견디며 근무하는 직업인 만큼 나 자신의 건강을 위해서라도 진지한 고민이 필요합니다. 특히나 척추의 경우 척추측만증이 있다면 그 정도에 따라 탈락사유가 될 수 있습니다. 이 부분은 항공사마다 척추측만증을 바라보는 잣대가 다릅니다만 국내 항공사의 경우 눈에 보일 정도로 심한 게 아니라면 큰 문제가 되지는 않는 분위기며, 일부 외국 항공사의 경우 척추측만증이 몇 도인지에 대해서까지 따지는 경우도 있습니다.

시작 부분에서 얘기했던 것과 같이 승무원 면접단계에서 진행하는 검사는 승무원이라는 직무에 적합한 신체를 가지고 있는지를 확인하기 위한 과정입니다.

다수의 안전을 담당하는 업무를 감당해야 하는 만큼 여러 업무들을 잘 수행할 수 있는지에 대한 신체조건과 상태를 파악하기 위한 과정이므로 수많은 내용들을 병원에서 확인받게 됩니다. 항공사마다 각각 다른 항목과 수치기준을 제시하는 만큼 모두 나열할 수는 없지만, 내가 미리 확인할 수 있으면서도 중요한, 그러나 어느 정도 미리 알고 있으면 보완할 수 있는 3가지를 정리했습니다.

승무원 면접 준비를 열심히 하고 어려운 면접과정에서 합격한 상황에서 검사에 탈락하는 경우 의미가 없어지는 만큼 평상시 내가 미리 확인하고 관리할 수 있는 부분들은 관리해야 합니다.

Chapter

4

승무원 면접
준비단계에서의 정보

승무원 면접 준비단계에서의 정보

1
영상 면접 전형, 기타는 치지 마세요!

　제주항공 승무원 채용 발표가 임박해 오는 시기에 학생들에게 가장 많이 받는 질문은 재주캐스팅을 포함한 여러 채용 전형의 유무입니다. 제주항공의 경우 타 항공사보다 전형이 다양한 편입니다. 물론 현재 사라진 전형도 있지만, 일반 전형을 비롯하여 재주캐스팅 전형, 영어특기자 전형, 러시아 특기자 전형, 그리고 가장 오랫동안 진행했던 일본어 특기자 그리고 중국어 특기자 전형입니다.

　제2 외국어에 대한 언어 특기자를 시작부터 채용인원을 따로 정해 일반 전형과 달리 언어 특기자 전형으로 채용하고 있습니다. 물론 중요한 것은 이 많은 전형은 채용마다 항공사의 필요 여부에 따라 개설 여부가 달라진다는 것입니다. 항공사가 채용 당시 나아가고자 하는 방향에 더욱더 적합한 혹은 필요로 하는 언어 특기자들을 대상으로 채용인원과 전형 여부가 결정되는 편입니다. 언어 특기자 이외에도 최근 더 확대되고 있는 제주캐스팅과 비슷한 영상 면접 전형이 있습니다.

재주캐스팅 전형은 초창기 인스타그램 전형으로도 불렸지만, 현재는 인스타그램을 통해서가 아닌 채용 사이트를 통해 영상을 올려 지원하게 됩니다. 초기엔 주제가 없었지만, 현재는 항공사에서 제시한 주제에 맞는 영상을 촬영하여 업로드하는 전형으로 서류단계를 대체하게 됩니다. 합격자에 한하여 바로 마지막 단계인 임원면접을 보게 되는 특별한 전형입니다. 그러므로 많은 학생이 재주캐스팅 전형을 통한 제주항공 지원을 준비하는 경우가 많습니다. 실제로도 경쟁률이 높은 전형입니다. 서류 단계가 블라인드로 진행된다는 것이 아마도 가장 큰 매력이 아닐까 싶습니다.

특히나 제주항공이 승무원을 채용하며 선호하는 성향인 밝고 끼가 많은 지원자를 가려내기 위한 전형이기 때문에 존폐에 대해 매번 논란이 있지만 저는 개인적으로 항공사 내부에서 원하는 인재상을 찾는 가장 좋은 채용방식이라 생각하여 당분간은 지속하지 않을까 싶습니다.

특히나 LCC항공사의 경우 단일기종으로 운영되고 있으므로 좌석 앞 스크린을 통한 엔터테이먼트 기능이 없으므로 승무원이 기내에서 진행할 수 있는 다양한 기내 이벤트에 집중하는 편입니다. 다양한 기내 이벤트와 관련 아이디어를 진행하고 제시할 수 있는 소위 말해 끼가 많은 승무원에게 좋은 점수를 주는 것도 부정할 수 없는 사실이라고 생각합니다. 이러한 점들을 종합해 볼 때 만약 재주캐스팅과 같은 영상 면접을 준비하게 된다면 과거나 현재 내가 하는 조금은 특별한 이력 혹은 장기를 이용해 주제에 맞게 영상을 찍는 것을 추천합니다. 이렇게 얘기하면 일부 학생들은 예를 들어 피아노 연주, 기타 연주 등과 같은 영상을 제작하곤 합니다. 물론 그런 장기들이 문제가 되는 것은 아닙니다.

하지만 피아노를 잘 치는 것과 기타 연주를 잘하는 것만을 영상 내내 보여주고 끝난다면 항공사 승무원을 뽑는 면접 전형에는 적합하지 않다는 점을 알아야 합니다. 내가 피아노 연주를 잘한다면 그 장면을 담는 것과 동시에 내가 연주를 잘하는 것이 객실승무원이라는 직무에 어떻게 적합한지, 그리고 실제 근무를 하며 피아노 연주와 관련하여 어떤 능력으로써 이바지할 수 있는지를 영상화시켜서 표현해야 한다는 것입니다. 그저 피아노를 잘 치는 모습을 1분간 보여준다면 승무원을 채용하는 면접관들을 사로잡을 수 있을까요? 그렇지 않습니다.

하다못해 피아노를 연주하는 모습에서 승객을 응대하며 보여줄 수 있는 자연스럽고 화사한 미소라도 영상에 담아 보여줘야 한다는 것이고, 이를 영상에서 의미 전달을 할 수 있게끔 제작해야 합니다. 영상 전문가를 통한 전문적인 영상 제작은 절대 반대입니다.

과연 어떤 면접관이 직접 찍지 않았거나 편집하지 않은 영상에 좋은 점수를 줄까요? 누가 봐도 이건 직접 찍은 영상과 편집 수준에서 의미를 잘 전달하는 방법으로 진행해야 합니다. 그리고 더 나아가 재주캐스팅과 같은 영상 면접 전형을 준비할 때 중요한 점을 얘기하겠습니다. 항공사마다 차이는 있으나 대체로 영상을 통한 면접 전형은 서류전형을 대체하거나 합격 후 즉

당신은 승무원의 자질이 있습니까?

시 최종 면접을 보는 등 단계가 짧기 때문에 난도가 낮다고 생각할 수 있습니다. 하지만 저는 완전히 다른 생각을 하고 있습니다. 재주캐스팅 등의 영상 전형은 기존 단계보다 대면 면접의 시간이 적어진 만큼 면접관을 설득할 수 있는 시간이 짧다는 뜻이기도 하죠. 영상 촬영을 위한 소재와 아이디어 등의 구상을 시작으로 제대로 된 의미를 담은 영상 제작도 중요하지만, 그 이후 진행될 짧은 대면 면접만으로 결판을 내야 한다는 것이므로 일반 전형보다 더 완벽한 면접 준비가 되어야 함을 기억해야 합니다. 이해를 돕는 예시를 들어보겠습니다. 일반 전형은 내가 만약 실무면접에서 뭔가 애매하지만 어느 정도의 가능성이 보이거나 다시 한 번 더 보고 싶다는 인상을 심어줬다면 운 좋게 합격하는 예도 있습니다. 한 번의 기회를 임원면접에서 더 준다는 뜻입니다.

하지만 영상 면접 전형은 대부분 대면 면접 전형이 짧아져 딱 한 번의 최종면접만으로 결판이 나기 때문에 내가 한 번의 면접에서 승무원으로서의 자질, 자세 그리고 가능성을 보여주고 면접관에게 확신을 줄 수 없다면 바로 탈락입니다. 그러므로 난이도를 따졌을 때 오히려 영상 면접이 더 어렵다고 생각하는 것입니다.

내가 왜 승무원이라는 직업에 적합한 인재인지를 보여줄 수 있는 의미를 담은 잘 찍은 영상과 그 이후 진행되는 한 번의 면접에서 내가 확신을 주고 면접관을 설득할 수 있는 면접 준비에 집중하기 바랍니다.

2
서류 합격에 필요한 자소서 작성법

승무원이 되기 위해서는 승무원 면접에 합격을 해야 하고 승무원 면접에서의 첫 과정은 바로 온라인 지원입니다. 오픈데이로 진행하는 일부 외국항공사의 채용을 제외하고는 국내 항공사와 외국 항공사 구별 없이 우선은 온라인 지원이 먼저입니다.

온라인으로 서류 지원을 하고 서류 합격자에 한하여 다음 전형의 면접에 참여할 수 있습니다. 물론 더 중요한 것은 서류합격 이후 진행되는 2차, 3차 면접에서 승무원으로서의 자질, 자세를 통한 가능성을 보여줄 수 있어야 하는 실제 대면 면접이 더 중요하지만, 서류 단계에서 합격하지 못한다면 면접에 참여할 수조차 없으므로 서류 전형 단계 역시도 중요하지 않다고 말할 수는 없습니다.

하지만 너무나 안타까운 것이 있다고 한다면 승무원 면접을 준비하는 학생들은 승무원 면접에서의 서류 합격을 마치 일반 기업의 면접과 같이 생각한다는 것입니다. 물론 항공사마다 각자 객실승무원을 뽑을 때, 서류 단계에서 평가하는 요소에 대한 정확한 정보는 아무도 알 수 없지만, 단순히 일반 기업들과 같이 합격을 위한 스펙 점수 합격선이 존재하는 게 아니라는 것입니다.

암묵적으로 정해져 있는 특정 점수의 스펙들을 준비해야만 합격할 수 있는 것이 아니라는 것을 알아야 합니다. 승무원 면접을 보기 위한 서류 전형에서 기재하게 되는 모든 내 과거 이력과 자기소개서가 점수화되어 평가되지만, 가장 중요하게 꼽을 수 있는 것 중 하나가 바로 자기소개서라고 생각합니다. 물론 일부 학생들의 생각대로 몇천 명의 자소서를 모두 다 보지 않을 것이라고 생각할 수 있지만, 인사과 직원을 비롯하여 팀장급 이상의 객실부서원들까지 동원되어 각자 분배된 자소서를 읽고 평가하게 됩니다.

그러므로 단순히 양이 많아서 보지 않을 것이라는 생각은 다소 위험할 수 있는 발상입니다. 물론 내가 몇 날 며칠을 밤새워 꼼꼼히 작성한 것인 만큼 신중한 마음으로 모든 자소서를 한 글자 한 글자 꼼꼼히 본다고 볼 수 없겠지만, 분명한 것은 자소서도 서류 전형에서 평가하는 항목 중 하나이기 때문에 절대 안 읽지는 않는다는 것을 알고 내가 항공업계에 대한 전반적인 흐름을 알고 항공사에 대한 지식을 어느 정도는 알고 있는 사람이라는 것을 보여줄 수 있는 글을 작성해야 합니다.

그리고 학생들이 가장 많이 실수하는 것 중 하나는 바로 글로써 보이는 자기소개서와 실제 면접에서 육성으로 답변하는 면접 답변의 어투를 구분하지 못한다는 것입니다. 얼굴을 마주하고 면접을 보는 실제 대면 면접에서는 자연스럽게 내 얘기를 말하듯 표현하는 어투가 필요합니다. 하지만 글로써 읽히는 자소서는 조금 더 격식을 차린 어투가 필요합니다. 많은 학생이 자소서를 쓸 때 마치 평상시 친구나 가족에게 말하는 듯한 어투로 작성하는 때도 있지만, 자소서는 절대적으로 격식을 갖춘 어투가 필요합니다.

그 외에도 가장 많이 실수하는 것이 부정적인 얘기나 표현들을 사용한다는 것입니다. 예를 들어 타인을 낮추고 나를 높이는 표현들은 내 얘기만 하기에도 부족한 글자 수이기 때문에 타인과 굳이 나를 비교할 필요는 없다고 생각합니다. 또한, 지원한 회사가 아닌 경쟁업체에 대해서도 굳이 언급하거나 비교하는 것은 피하는 것이 좋다고 생각합니다. 추가로 국내 항공사의 경우 겸손함을 보여주는 것이 중요한 사항 중 하나이기 때문에 어투에 있어서 가르치는 듯한 말투보다는 조금 더 겸손함을 보여줄 수 있는 어투가 좋습니다.

하나의 예로 "승무원은 안전을 가장 중요시해야 하는 직업입니다"라고 가르치는 듯한 말투보다는 "승무원은 안전을 가장 중요시해야 하는 직업이라고 생각합니다"가 더욱더 읽는 사람에게 겸손함을 느낄 수 있게 하는 작지만 큰 변화를 가져올 수 있는 차이라고 생각합니다. 그렇다면 세부적으로 들어가 승무원 면접의 서류 전형에서 자주 제시되는 몇 가지 자소서 항목에 대해 분석해 보고자 합니다. 물론 매년 똑같은 질문을 제시하는 항공사도 있지만, 매번 채용 때마다 달라지는 항공사도 있으므로 모든 질문을 모두 다룰 수는 없습니다. 채용마다 자주 제시되는 항목 중 성장과정, 지원동기, 장단점, 입사 후 포 등 4가지에 대해 자세히 알아보겠습니다.

:: 성장과정

자기소개서 작성에는 절대 정답이 존재하지 않습니다. 읽는 사람이 누구냐에 따라 판단기준이 달라질 수 있고 받아들이는 것이 다르기 때문입니다. 정답은 존재할 수 없지만 그런데도 그간의 합격 자소서들을 참고했을 때 어느 정도의 기준은 존재한다고 생각합니다. 성장과정을 묻는 말은 대부분의 항공사에서 제시하는 항목이지만, 학생들이 가장 많이 오해하는 것 중 하나가 바로 내가 살아온 평생 일대기를 작성해야 한다는 것입니다. 하

당신은 승무원의 자질이 있습니까?

지만 면접관들은 절대 내가 살아온 일대기를 궁금해 하는 것이 아닐 것이라 생각합니다.

내가 살아온 과거를 돌이켜봤을 때 내가 항공사의 승무원으로서 적합함을 보여줄 수 있는 이력과 강점이 있다는 것들을 핵심으로 작성하는 것을 추천합니다. 물론 억지스럽게 승무원이라는 직무와 연결시키며 자소서를 작성할 필요는 없습니다. 과거에는 억지스러워도 승무원과 연결되는 얘기들을 제시하는 것이 좋았던 시절도 있었으나 최근 승무원 면접의 흐름은 승무원과 연결되지 않더라도 자연스럽고 솔직한 내 얘기를 잘 풀어나가는 것을 더 선호하는 분위기입니다.

그런데도 만약 내가 살아온 과거 이력에 자연스럽게 녹여낼 수 있는 승무원의 직무와 연결될 만한 경험이나 경력이 있다면 그것들을 위주로 얘기를 풀어내는 것이 좋습니다. 만약 승무원과 직접적인 연결성을 줄 수 있는 성장과정에서의 특별한 이력이 없다고 한다면 내가 살아온 과거를 돌이켜봤을 때 가장 핵심적으로 보여주고자 하는 핵심을 잡고 얘기를 풀어나가면 되지만 절대 평생을 살아온 일생일대기를 요구하는 것이 아니라는 점을 기억하여 핵심만을 담백하게 전달할 수 있는 글을 작성하기 바랍니다.

:: 지원동기

지원동기를 작성할 때는 항공사에서 제시한 질문을 다시 한 번 제대로 확인할 필요가 있습니다. 당사를 지원한 이유를 묻는 것인지 혹은 승무원이라는 직무에 지원한 동기를 묻는 것인지를 확인할 필요가 있습니다. 지원동기에 대한 답변은 항공사를 묻는 것인지 승무원을 묻는 것인지에 따라 답변의 방향이 조금은 달라지기 때문에 유의할 필요가 있습니다.

　만약 왜 꼭 우리 항공사에 지원했느냐를 묻는 말이라면 여러 항공사 중 왜 이 항공사인지에 대한 설득력 있는 주장이 필요합니다. 하나의 예로 왜 우리 항공사를 지원했느냐는 질문에 대한 답변으로 최고의 서비스를 승객에게 제공하는 항공사이기 때문에 혹은 다양한 노선을 운영하기 때문에라는 등의 답변은 피하는 것이 좋습니다. 그 이유는 전 세계 모든 항공사가 다 같이 최고의 서비스를 제공하고 다양한 노선을 운영한다고 볼 수 있기 때문입니다. 어느 항공사에서나 볼 수 있는 강점을 내세우며 지원했다는 것은 승무원이 되고 싶은 사람보다는 대한항공 승무원, 제주항공 승무원과 같이 우리 회사의 승무원만을 꿈꾸고 지원하는 지원자를 뽑고 싶어하는 면접관들을 설득시키는 힘이 부족하다고 생각합니다.

　면접관을 설득시킬 수 있는 글을 작성하기 위해서는 내가 지원하고자 하는 항공사에 대한 철저한 기업 분석이 우선시되어야 하며, 정확한 기업 분석을 통해 내가 지원한 이 항공사가 나아가고자 하는 방향과 색깔을 읽고 그들만이 가지고 있는 강점을 제시하며 지원동기를 풀어나가야 조금이나마 설득력이 있을 수 있습니다. 하다못해 '다양한 노선을 운영하기 때문'이라는 누구나 할 수 있는 얘기를 하기보다는 '현재 A항공사는 국내 항공사 최초로 하와이 노선을 취항하고 그 이후 관련 노선을 확장하는 등의 공격적인 마케팅을 통해 누구보다 발 빠른 성장을 하고자 하는 항공사이기 때문에'라는 식으로 조금 더 구체적이면서도 해당 항공사가 나아가고자 하는 방향을 읽어야만 나올 수 있는 얘기들을 제시하는 것이 좋습니다.

　반대로 승무원이라는 직무에 지원한 동기를 묻는 말이 나올 수 있습니

　　　　　　　　당신은 승무원의 자질이 있습니까?

다. 자소서 항목 중 승무원 지원동기를 묻는 말은 매우 쉬워 보일 수 있지만, 막상 작성을 시작하면 가장 어려워하는 항목 중 하나라고 생각합니다. 아무래도 솔직한 내 얘기를 쓰기에는 너무 단순해 보이거나 허황한 꿈을 꾸고 있는 듯한 모습을 보여줄 수 있기 때문이겠죠. 그런데도 최근 항공사 면접의 분위기에 맞춰 가기 위해서는 100% 날것을 보여줄 수는 없지만 조금은 내 진짜 이유를 바탕으로 글을 풀어나가는 것이 좋다고 생각합니다. 내 얘기를 했을 때와 면접을 위해 만들어낸 얘기를 할 때는 전달되는 진심이 텍스트이더라도 다를 수밖에 없다고 생각합니다. 내가 정말 왜 승무원이라는 직무에 도전하고자 하는지를 스스로 충분히 고민할 수 있는 시간을 가져야 하고 그 질문에 대한 자신의 답변을 바탕으로 글을 풀어나가기 바랍니다.

주의할 점이 있다면 너무나 단순해 보이는 얘기는 피하는 것이 좋습니다. 예를 들어 유니폼을 입은 모습이 멋있을 것 같거나 연봉이나 복지가 좋고 해외여행을 자주 갈 수 있기 때문이라는 등의 얘기는 절대적으로 피하는 것이 좋습니다. 물론 솔직한 내 얘기를 해주는 것이 가장 좋으나 본인이 보고자 하는 면접이 승무원 면접이라는 것을 잊지 않는 선에서 솔직함을 풀어내야 합니다. 물론 승무원이 가지는 장점들을 솔직하게 제시하는 것도 매우 좋지만, 승무원 면접은 결국 이 사람이 승무원의 직무를 제대로 이해하고 지원한 것인지 그리고 환상만을 보고 지원한 것은 아닌지를 가려내는 싸움이기 때문에 자소서에서부터 과도한 솔직함은 피하는 것이 좋습니다.

이외에도 지원동기를 비롯한 대부분의 답변에 안전과 서비스를 동시에 제시하여 풀어나가는 것은 별로 추천하지 않습니다. 승무원의 대표적인 업무가 서비스와 안전이기 때문에 두 가지 자질을 동시에 제시하여 보여주고 싶어 하지만, 면접관들은 면접에서만큼은 안전 자질에 대해서는 입사 후 교육을 통해 만들어지는 것이기 때문에 면접 전형과정에서는 크게 궁금해 하지 않습니다. 내가 정말 관련된 업무에 대한 경험이 확실하게 있는 것이 아니라면 가장 주되게 평가하는 서비스 자질을 풀어나가는 것이 좋습니다.

서비스와 관련된 경험과 강점을 제시하며 그런 부분에서 흥미를 느끼거나 적성에 맞는다고 판단하여 지원하겠다는 내용으로 풀어나가는 것이, 2년간 혹은 4년간 대학교에서 공부만 하고 지원하는 대부분 학생의 신분에서 안전의식이 있는 사람처럼 얘기를 풀어나가는 것은, 그다지 설득력이 없다는 것을 알아야 합니다.

물론 간호사, 경찰, 소방관, 해양구조대 등과 같이 사람을 구조하고 안전의식이 필요한 현장에서 근무한 경험이 있는 지원자들은 내 과거 경력을 바탕으로 안전의식을 자소서와 면접 답변에 적극적으로 활용해야 합니다. 하지만 관련 경험이 없고 단순히 안전이 승무원에게 중요하기 때문에 그래서 내가 안전의식이 있다는 것을 보여주고자 하는 것은 다소 설득력이 떨어지는 게 사실입니다. 지원동기는 왜 우리 항공사를 선택했고 왜 승무원을 하고자 하는지를 명확하게 보여줘야 하는 답변인 만큼 충분한 자신의 고민을 통해 해답을 찾고 그 소스를 바탕으로 설득력 있는 글을 작성하기 바랍니다.

:: 장단점

억지스럽게 모든 내용을 다 승무원과 연결하는 것은 반대합니다. 물론 과거에는 어떠한 질문을 해보더라도 이왕이면 승무원과 연관 짓는 것이 통

당신은 승무원의 자질이 있습니까?

하던 시절도 있었습니다. 하지만 최근 승무원 면접은 억지스럽게 연결이 안 되더라도 솔직한 내 얘기를 잘 풀어나가는 내용을 바랍니다. 그런데도 이 면접이 승무원을 뽑기 위한 면접이라는 것을 잊지 않는 선에서 솔직히 얘기하는 것이 주요하겠죠. 솔직함이 중요하다고 해서 이렇게 얘기하는 학생이 있었습니다. 단점이 무엇인지를 물었을 때 "저는 기분이 안 좋으면 표정관리가 안 됩니다"라고 말하는 것들은 사실상 승무원으로 뽑기가 어렵지 않을까 싶습니다.

솔직한 내 얘기를 하는 것도 중요하지만, 승무원 면접이라는 것을 잊지 않는 선에서 준비하는 게 필요합니다. 그렇다고 해서 무조건 솔직히 얘기하고자 모든 내용을 다 승무원과 관련 없이 풀어나가는 것은 위험합니다. 내가 가지고 있는 솔직한 내 얘기들이 승무원과 자연스럽게 연결된다면 연결을 시켜야 합니다. 내가 왜 승무원에 적합한 사람인지를 보여줘야 하는 면접이기 때문이죠. 다른 질문은 몰라도 적어도 장점이나 특별한 나만의 경력, 기술을 보여줘야 하는 질문을 이왕이면 승무원의 자질과 연결해 주는 게 좋습니다.

하지만 단점의 경우 승무원 직무에 크게 치명적이지 않은 선에서 솔직한 내 단점을 얘기하는 것이 좋고, 단점을 얘기할 때는 꼭 단점을 어떠한 방식으로 내 삶에서 고쳐나가고자 노력하고 있는지 혹은 극복했는지에 대한 보충 설명이 항상 따라와야 합니다. 단점을 묻는 말에 특히나 많은 학생이 내 단점을 최대한 축소해야 한다는 생각에 면접을 위해 지어낸 얘기를 하는 경우가 많습니다. 하지만 정말 중요한 것은 내 얘기를 하는 것과 면접을 위해 만들어낸 얘기를 할 때 듣는 사람으로 하여금 진심이 전달되는 정도가 다르다는 것을 말씀드립니다. 항상 내가 내 얘기를 바탕으로 승무원 면접에 맞게 잘 풀어나가야만 면접관을 설득시키고 확신을 줄 수 있습니다.

:: 입사 후 포부

입사 후 포부는 항상 구체적인 제시가 필요합니다. 허황한 큰 꿈을 그리는 듯한 얘기들을 풀어나가는 것은 자소서를 읽는 사람에게 흥미와 신뢰를 떨어지게 한다고 생각합니다.

많은 학생이 너무 먼 미래를 잡고 얘기를 풀어나가는 것이 문제가 아닐까 싶습니다. 물론 정답은 존재하지 않으나 내게 5년 뒤, 10년 뒤의 미래를 묻는 게 아니라면 입사 후 포부는 당장 내가 신입 승무원으로서 이 항공사에 이바지할 수 있는 점들을 잡고 조금은 구체적인 제시를 해주는 것이 좋습니다. 구체적인 제시가 필요한 이유는 뭉뚱그려 얘기하게 되면 진짜 내 얘기를 한다는 생각이 들지 않기 때문에 조금은 상세한 계획인 것처럼 얘기를 풀어나간다면 솔직한 내 얘기를 하고 있고, 충분히 고민 후 답변을 한다는 생각을 주게 됩니다.

과장되거나 허황한 포부들은 항공사와 승무원이라는 직무에 대한 이해도가 떨어지고 환상만을 가지고 지원했다는 인상을 심어줄 수 있으니 주의해야 합니다. 포부를 작성하기 위해서는 우선 내가 지원하는 항공사가 현재 그리고 미래에 나아가고자 하는 방향을 충분히 알고 있어야 하므로 어느 정도의 기업분석이 필요합니다.

구체적으로 이 항공사가 현재 나아가고자 하는 방향에 맞춰 나 역시도 함께 발전하는 방안들을 제시하여 포부를 완성하기 바랍니다. 서류 전형은 승무원 면접을 보기 위한 첫 관문인 관계로 항공사를 잘 이해하고 승무원이라는 직무에 대한 진심과 진정성이 담겨 있는 글을 완성할 수 있어야 합격할 수 있습니다.

3
스튜어드 출신이 밝히는 남자 승무원 준비방법

스튜어드라고도 불리는 남자 승무원이라는 직업에 관한 관심은 과거에도 그리고 지금도 항상 높습니다. 아무래도 스튜어드라는 직업이 주는 매력이 그만큼 많기 때문이겠죠. 저 역시 수년간 비행하며 남자 승무원이라는 직업에 여러 매력을 느꼈고, 남자로서는 평생직장이 아니겠느냐는 생각도 해봤습니다. 물론 저의 경우 승무원이 되고자 하는 학생들에게 저의 경험과 지식을 바탕으로 가르치는 일들을 하고 있지만, 돌이켜 생각해 보면 승무원이라는 직업은 어쩌면 남자 직업일 수도 있겠다는 생각을 해봅니다. 저 역시도 그랬고 보통의 사람들은 승무원이라는 직업을 생각했을 때 여자들을 떠올리기 마련입니다. 아무래도 비율 자체가 남자보다는 여자가 월등히 많기 때문이므로 여자 직업에 더 가깝다고 느낄 수 있지만, 막상 내부를 들여다보면 그렇지가 않습니다.

승무원도 항공사 내에 소속되는 부서가 있습니다. 국내 항공사의 경우 객실승무원팀 그리고 그 위에는 객실 본부라는 이름으로 부서가 운영되며 외항사의 경우 약간의 차이가 있지만, Cabin Crew Department와 같은 형태로 결국엔 객실승무원팀, 객실승무원과 같은 느낌으로 운영되고 있습니다. 여자 직업이라고 생각할 수 있지만, 막상 내부 승무원 부서의 고위 직급자들은 대부분 남자입니다.

남자 승무원 출신들이 대부분 오랫동안 회사에 남아 승진하여 고위직을 담당하고 있는 게 사실입니다. 물론 최근에는 사회적인 분위기가 달라져 여자 승무원도 오래 일하는 분위기지만, 20년 이상 비행을 하고 난 뒤 맡는 자리들을 놓고 봤을 때 전체 승무원 비율을 볼 때와 달리 남자 승무원 출신들이 대부분을 차지하고 있습니다. 출산, 육아 등과 같은 사유로 인해 퇴사를 결정하는 경우가 많기 때문에 근속연수에서 남자와 여자에 따라 조금은 차이가 있다는 것이 가장 큰 이유입니다.

남자들이 오랫동안 일할 수 있는 직업이라는 점 이외에도 최근 남자 승무원에 도전하는 데 가장 적기가 아니겠느냐는 생각도 하고 있습니다. 제가 입사해서 남자 승무원으로 근무했던 시절과 그 이전 시절에도 항상 남자 승무원의 경쟁률은 높았고, 지금도 마찬가지로 똑같이 높습니다. 하지만 현재는 최근 기내 난동사건들의 논란으로 인해 사회적인 분위기가 남자 승무원의 필요성이 가중되고 있으므로 지원인원은 과거와 현재에도 항상 많았지만, 채용인원이 이전보다 훨씬 늘었다는 점을 통해 요즘이 훨씬 더 준비하기 수월하다고 생각합니다.

물론 승무원 채용이라는 것이 정말 발 빠르게 변화하기 때문에 또다시 언제 남자 승무원에 대한 채용이 소리 소문 없이 축소될지는 아무도 알 수 없습니다. 남자 승무원에 대한 인원이 과거보다 훨씬 더 많이 배정되는 지금 시기에 잘 준비해서 합격하는 게 좋겠죠. 저 역시도 남자 승무원을 준비했던 시간이 있었고, 그 이후 합격하여 남자 승무원으로서 외국 항공사와 국내 항공사 모두에서 비행했던 시간, 그리고 현재 남학생들을 가르치면서 너무나 많은 남자 승무원과 남자 승무원을 준비하는 학생들을 봤었고, 지금도 매일 만나고 있습니다.

이런 시간을 모두 종합했을 때 확실하게 얘기해 줄 수 있는 건 남자 승무원에 대한 준비는 여자와는 너무나 다르다는 것입니다. 똑같은 직업에 대한 면접이기 때문에 물론 공통점이 훨씬 많지만, 보고자 하는 잣대에 조금은 차이가 있으므로 그 차이를 잘 알고 접근하는 것이 제일 중요합니다. 특히나, 남학생의 경우 여학생과 비교하면 전반적으로 승무원 면접에서 부족한 점들이 많은 편이기 때문에 고쳐나가고 승무원으로서의 태를 만들어나가는 과정들이 쉽지만은 않습니다. 하나의 예로 과거 실제 면접에 참여하는 관계자분께서 했던 얘기 중, "남학생을 더 많이 뽑고 싶어도 면접에서 준비가 잘된 여학생들이 너무 많아서 남학생을 뽑을 수가 없다."라고 얘기하기도 했습니다.

남자 승무원을 준비하는 남학생들을 가르치며 느끼는 것 중 가장 안타까운 부분 중 하나는 면접 준비입니다. 모두가 그런 것은 아니지만, 많은 수의 남학생들이 승무원 면접을 일반 면접과 같이 쉽게 생각하여 승무원 면접에 맞는 방향으로 가지 않습니다. 승무원 면접은 일반 면접과 다릅니다. 온종일 책상에 앉아 사무업무를 주되게 보는 일반 기업의 면접들과 온종일 현장에서 대면하여 사람을 응대해야 하는 승무원이라는 직업은 절대 똑같은 잣대로 면접에서 평가를 받을 수 없습니다. 특히나 실제 면접을 비교해 보더라도 문 열고 들어와서 면접관 앞에 바로 앉아서 면접을 보는 일반 면접들과 달리 일부 승무원 면접은 워킹을 하고 들어와서 서서 면접을 진행합니다.

몇천 명의 지원자를 봐야 하는 바쁜 면접과정에서 워킹을 시키는 이유가 뭘까요? 전반적인 자세를 평가하기 위함입니다. 손의 위치, 미소 유지, 시선 처리, 자세, 태도 등 전반적인 자세를 평가하기 위해 워킹을 시키는 것입니다. 하지만 일반 면접은 어떤가요? 워킹을 하나요? 손의 위치, 미소 유지와 같은 것들을 점수화해서 평가하지는 않습니다. 워킹을 비교하고자 하는 것이 아닙니다. 당장 면접방식만을 떼어놓고 비교해 봐도 사람을 뽑을 때 보고자 하는 자질과 평가하는 잣대가 다르다는 것을 알아야만 제대로 된 승무원 면접 준비를 할 수 있습니다. 저는 개인적으로 학원에 다니고 안 다니고의 문제를 떠나 승무원 면접이 일반 면접과는 어떠한 차이점이 있고, 승무원 면접이 어떤 것들을 주되게 평가하는 면접인지에 대한 정확한 이해가 바로 남학생들의 승무원 면접 준비 합격 혹은 실패 요인의 가장 큰 부분이라고 생각합니다. 승무원 면접에서의 면접관들은 여자 승무원의 경우 출산과 육아 등의 사정에 의해 장기 근무가 어려울 수도 있다는 것을 고려하지만, 남자 승무원을 채용할 때에는 여자 승무원보다 장기근무가 가능하고, 그 이후 평생직장을 바탕으로 여러 관리자 역할까지 고려하는 경우가 많으므로 면접에서 더 많은 것들을 요구하고 기대하는 편입니다. 평가하는 잣대가 조금은 차이가 있다는 것을 뜻합니다.

여기서 중요한 점이 있다고 한다면 여자 지원자와 남자 지원자를 뽑을 때 어쩔 수 없이 잣대의 차이가 있을 수밖에 없으므로 가장 큰 점이 있다고 한다면 바로 서비스 자질입니다. 물론 성별과 관계없이 이 직업에는 서비스 자질이 가장 중요한 평가요소이지만, 남학생을 볼 때는 더 신중하게 평가하는 편입니다. 그 이유는 물론, 이건 성별과 관계없이 개인차가 크겠지만, 대체로 여자가 남자보다 사람을 대면해서 응대하는 서비스 자질이 조금은 뛰어나다는 생각들이 깔렸기 때문에 남자를 뽑을 때의 잣대가 여자 이상 친절할 수 없지만 적어도 여자만큼은 친절한 남자를 뽑아야 한다는 생각들을 하고 있습니다. 그러한 맥락에서 남자로만 구성되어 면접에 들어가는 남자조에는 유독서비스와 관련된 질문이 많은 편입니다. 서비스 자질에 대한 의문을 가지고 여러 질문을 하거나 이러한 생각을 가지고 지원자를 평가한다고 했을 때, 내가 계속 남자라는 이유만으로 안전이라는 주제에 초점을 맞춰 면접을 풀어나간다면 면접관이 가장 궁금해 하는 서비스 자질에 대한 의문이 해소될 수 있을까요? 안 됩니다.

남학생일수록 더더욱 이 면접에서는 승무원으로서 현장에서 사람을 적절하게 응대할 수 있느냐에 대한 서비스 자질을 확실하게 보여줘야 합격할 수 있습니다. 물론, 승무원이라는 직업에는 안전이 제일 중요합니다. 그것들을 부정할 수 없습니다. 하지만 승무원을 뽑는 승무원 면접에서만큼은 '누구나 다 입사해서 교육받으면 할 수 있는 업무'를 안전이라고 생각하기 때문에 면접에서만큼은 안전에 대해 확인을 하지 않습니다. 이건 비단 저만의 주장이 아닙니다. 이 주장을 가장 잘 이해할 수 있는 예시를 들어보겠습니다.

인터넷 카페나 블로그 등을 통해 올라와 있는 실제 면접에서 나왔던 기출문제들을 살펴보면 그 어디에도 안전에 대한 질문은 찾아보기가 어렵습니다. 실제로 면접에서 나오지 않는 질문이라는 것은 면접관들이 궁금해 하는 게 아니라는 것이겠죠. 특히나 남자 지원자의 경우 10명 중 8명이 안전에 관한 얘기를 해나가는 승무원 면접에서는 더더욱이나 면접관들은 남자 지원자에게서 안전이라는 단어가 나오면 별로 좋아하지 않는 편입니다. 물론 내가 현재 혹은 과거에 소방관, 경찰, 간호사, 해양구조대와 같은 일을 해왔거나 하다못해 긴박한 상황에서 사람을 구조해 본 경험이라도 있다면 면접에서 안전으로 충분히 풀어나갈 수 있고, 면접관을 어느 정도는 설득시킬

당신은 승무원의 자질이 있습니까?

수 있다고 생각합니다. 하지만 조금 냉정하게 들릴 수 있으나, 내가 2년 혹은 4년간 전혀 관련 없는 책상 앞에서 공부해야 했던 전공을 해온 상황에서 다른 실무 경험 없이 "내가 안전의식이 있는 사람이다"라고 주장하는 것은 사실상 면접관을 이해시키고 설득시킬 수 없다고 주장합니다. 학생들이 면접을 준비하며 가장 흔하게 하는 얘기 중 하나가 '승무원은 유니폼을 입고 항공사 최전방에서 가장 중요한 여행의 시작과 끝을 승객과 함께하는 사람'이라는 것과 같이 승무원들이 현장에서 하는 가장 주된 업무는 서비스입니다. 물론, 승무원은 절대적으로 안전을 위해 탑승하는 존재입니다. 탑승 이유 자체가 우선 안전이기 때문에 제일 중요한 업무는 안전입니다. 매뉴얼에도 정확히 명시되어 있습니다.

승무원이라는 직업에 안전이 제일 중요하다는 것을 부정하는 것은 아니지만, 승무원을 뽑는 면접에서만큼은 면접관들이 가장 궁금해 하는 것이 서비스 자질이라는 것을 기억하기 바랍니다. 누구나 다 입사해서 교육과정을 통해 새롭게 배워나가는 것이 안전업무라는 것을 잊지 말고, 내가 이 면접에서 가장 주되게 보여줘야 하는 서비스 자질에 대한 준비를 해나가기 바랍니다. 물론, 지금 이 책을 보고 있는 남자 지원자들은 어떤 게 더 중요한지에 대해 머리로는 이해할 것으로 생각합니다. 하지만 막상 승무원 면접 준비에 돌입하면 또다시 안전이라는 단어로 면접을 풀어나가려 하고, 토익 10점, 20점에 목숨을 걸고 있을 겁니다. 물론 너무나 이해합니다. 저 역시도 처음 승무원을 준비했던 시절로 돌아가보면 인터넷을 통해 봤던 "스펙 중요합니다" "남자는 토익이 900 이상 필수입니다"라는 글들을 보면서 준비했던 시절이 있으므로 지금 남학생들이 토익에 더 많은 시간을 공들이는 것에 대해서는 이해하고 공감합니다.

하지만 절대 특수한 기내라는 공간에서 유니폼을 입고 승객을 응대하는 일을 가장 주되게 해야 하는 승무원이라는 직업은 절대 스펙이라는 숫자만으로 설명될 수 없는 직업이며, 절대 숫자만으로 합격할 수 있는 직업이 아니라는 것이 제 결론입니다. 토익 10점에 목숨을 걸기 이전에 승무원 면접이 어떤 것들을 가장 주되게 평가하는 면접인지에 대한 정확한 이해가 필요하며, 이러한 이해가 정확해야만 내가 이 준비를 한다고 했을 때 가장 올바른 방향으로 준비해 나갈 수 있습니다.

승무원 면접에 대한 정확한 이해가 없다면 면접에서 가장 궁금해 하는 서비스 자질과 승무원으로서의 자세가 아닌, 토익 공부와 안전에 대한 답변만을 준비하게 되겠죠. 물론 토익과 같은 소위 말하는 스펙이라는 것이 중요하지 않다는 얘기는 절대 아닙니다. 남자이기 때문에 여자 지원자보다 평균적인 합격 스펙이 높은 만큼 기본적으로 국내 항공사 면접을 보기 위해 숫자로 보이는 스펙에 대해 준비해야 할 부분들이 분명히 존재합니다. 그런데도 내가 보고자 하는 승무원 면접이 어떤 것들을 가장 주되게 평가하는 면접인지는 알고서 쉽지 않을 승무원 면접 준비를 시작해야 한다는 얘기입니다. 저도 그랬고, 분명 여러 남자 승무원들 모두 여러분과 같이 입사 전에는 어학 점수나 기타 스펙에 목숨을 걸었으나, 막상 합격하고 승무원으로서 유니폼을 입고 근무하면서 그들을 보았을 때, 분명 그들에게서는 남자임에도 여자와 비교되지 않을 만큼 친절하고 자연스럽게 사람을 응대할 수 있는 자질이 있다고 생각합니다. 이러한 자질은 혼자만의 생각으로 '나는 친절해' '서비스마인드 투철해' '승무원 잘할 수 있어'라는 것만으로 면접에서 보이는 게 아닙니다.

개인에게 주어진 짧으면 5분, 길면 15분 정도의 면접시간 안에 내가 왜 승무원으로서 자질이 있는지, 왜 내가 여자만큼의 친절한 서비스를 승무원으로서 해나갈 수 있는지를 보여주는 것은 내가 나에 대해 잘 알고 있어야 하고 그것을 면접에서 어떻게 준비해서 표현해야 하는지에 대한 훈련이 되어야 합니다. 물론 그 안에는 미소, 자세, 답변 등에 대한 세세한 준비가 있겠죠. 다시 한 번 강조하는 사항으로 "남자 승무원은 여자 승무원과는 준비 방법이 다릅니다." 여자보다 더 느리고 오래 걸릴 수 있는 훈련이기 때문에 절대 쉽지 않다고 저는 항상 얘기합니다. 유니폼을 입고 항공사의 최전방에서 승객을 만나게 되는 승무원이라는 직업은 특정 점수만 넘으면 되는 자격증 시험이 아닌 면접관의 마음을 사로잡아야 하는 면접이기 때문에 개인이 하고 싶다는 마음만으로 할 수 있는 직업은 아니므로 정말 노력해서 내가 부족한 부분들과 승무원으로서의 태를 만들어 나가기 위해 개선해야 할 사항들을 노력으로 만들어낸다고 했을 때 이러한 것들을 다 해낼 수 있는 의지가 없고 승무원 준비에 대한 최소한의 가능성이라도 없다고 한다면 깨끗이 포기하고 본인이 더 잘할 수 있는 일을 해야 한다는 것을 남자 승무원 출신으로서 남학생들에게 항상 강조합니다.

내가 정말 하고자 하는 직업이 맞고, 쉽지 않은 스튜어드 준비를 한다고 했을 때 내가 포기하지 않고 해낼 수 있는 의지와 마음가짐이 확고한지에 대해 다시 한 번 스스로 고민할 수 있는 시간을 가져보기 바랍니다.

4
면접관을 설득시킬 수 있는 지원동기 답변 준비

승무원 지원동기는 승무원을 꿈꾸며 취업을 준비하는 모든 학생이 자기소개와 함께 가장 먼저 준비하게 되는 답변이자, 면접 답변을 떠나서도 자기소개서 첨삭을 가장 많이 받는 단골 질문입니다.

우선, 자기소개와 지원동기 같은 기본적인 답변은 나 자신을 나 스스로 가장 잘 알고 있어야 거짓 없이 완성도 높은 답변을 구성할 수 있다는 점을 잊으면 안 됩니다. 면접은 결국 사람 대 사람으로서 진행되는 것이기 때문에 본인이 당당할 수 없는 면접만을 위해 만들어진 얘기라면 진심이 전달되는 힘이 실리지 않기 때문에 거짓이 들통나지는 않을지언정 진심이 전달되는 것에는 한계가 있다고 주장합니다.

그렇다면 면접 질문에 좋은 대답을 하려는 승무원 지원동기 답변 구성에 어떠한 팁이 있는지를 얘기하고자 합니다. 이미 많이 들어봤을 얘기 중 하나겠지만, 승무원 지원동기를 물어봤을 때, "어렸을 때 승무원을 보고 멋있다고 느꼈다"와 같은 싫증 난 답변을 하지 말라고 하지만, 실제로 면접장에 가거나, 승무원 준비를 처음 시작하는 학생들과 수업을 진행해보면 여전히 많은 학생이 어릴 적 아름다운 경험들을 얘기합니다. 물론, 실제로 어릴 적 공항에서 보았든 혹은 기내에서 만난 예쁘고 멋진 객실승무원들을 보고 처음 이 직업에 접근했든 간에 구체적으로 꿈을 키웠거나, 혹은 승무원에게 어떠한 도움을 받아 감동하고서 실제 꿈을 키우게 되었다는 얘기들은 실제 많은 전현직 승무원이 가지고 있는, 실제로 이 직업에 대한 꿈을 가지게 한 계기인 것은 사실입니다. 저 역시도 어릴 적 비행기에서 본 승무원을 통해 처음 이 직업에 접근하여 준비를 시작하였고, 결과적으로 승무원이 되어 비행했습니다. 물론 저런 얘기들과 같이 조금은 뻔하고 새롭지 못하지만, 진짜 내가 이 직업을 처음 접하고 꿈꾸게 된 사실들을 말하는 것이 나쁘다는 것은 아닙니다.

하지만 면접관이 면접에서 지원동기를 물었을 때, 위와 같은 소재의 얘기들을 한다고 했을 때, 과연 1분 내외의 답변시간 안에 면접관에게 나라는 사람이 승무원이라는 직업에 대해 얼마나 현실적인 부분들을 잘 이해하고 있고, 진지하고 진정성 있는 마음으로 접근한 것인지를 보여주기엔 부족하다고 생각합니다.

승무원 지원동기 질문에 대한 의도는 객실승무원에 지원한 지원자가 승무원이라는 직업을 얼마나 이해하고 있으며, 구체적으로 승무원이 되고자 하는 시점에서 얼마나 그리고 어떤 자질을 가졌는지를 궁금해 하는 것이기 때문에 간단할 수 있지만, 매우 중요한 질문이며, 그러므로 거의 모든 면접에서 실제 면접 질문과 자기소개서 항목으로도 빠지지 않는 질문입니다. 승무원 지원동기를 묻는 말에 대한 답변에는 어릴 적 승무원에 대한 미담을 얘기하는 것보다는 면접관이 알고자 하는 나 자신이 승무원이라는 직업을 얼마나 잘 이해하고 있고, 실제 승무원 업무에 연관되는 내 자질과 연결해 답변을 준비할 필요가 있습니다.

간단한 예를 들어보자면, "대학교에 재학 중, 독립심을 기르기 위해 화장품 매장에서 아르바이트하였고, 매일 새로운 손님을 응대하는 직업에 흥미를 느껴 최선을 다한 결과 아르바이트를 하는 직원 중에서 가장 높은 매출을 달성하기도 했습니다. 이 과정에서 매일 새로운 승객을 만나고 응대해야 하는 승무원이라는 직업에 관해 관심을 두게 되었습니다." 물론 본인의 실제 경험을 바탕으로 답변을 완성해야 진심을 가장 올바르게 전달할 수 있는 가장 좋은 방법이니 위의 답변은 참고용으로 제시하였습니다.

저 답변을 통해 알 수 있는 것은 실제 승무원의 업무가 어떠한 업무인지 내가 승무원에 대해 환상만을 가지고 접근한 것이 아니라는 점을 보여줄 수 있고, 판매율이 높았다는 점을 구체적으로 보여주어 손님을 한 분 한 분 친절히 잘 응대하는 능력을 통한 구체적인 성과까지 한 번에 보여줄 수 있는 간단하지만, 면접관이 원하는 답변이 이루어지는 소스입니다.

이처럼 하루에 몇백 몇천 명의 비슷비슷한 지원자들 속에서 비슷비슷하게 나오는 답변 중, 나만의 강점을 보여주기 위해서는 면접관이 질문하는 것에 대한 의도를 잘 파악하고 그에 맞는 적절한 답변을 하는 것이 중요합니다. 지원동기는 자기소개와 함께 지원자를 가장 빠르고 정확하게 파악할 수 있는 답변인 만큼 쉽고도 어려운 필수 질문이 아닐까 싶습니다. 그외에도 지원동기를 만드는 방법에 대해서는 개개인이 살아온 환경과 성향, 강점 등이 다르므로 각기 다른 색깔과 방법으로 면접관을 설득시키고 이해시킬 수 있는 답변을 구성해야 합니다. 제가 생각하는 승무원 면접은 오래전부터 그대로 내려오는 고전의 법칙과 매번 새롭게 변화되는 빠른 동향이 접목되는 것으로 생각합니다.

오래전부터 유지하고 있는 승무원 면접만의 방식도 지켜야 하지만, 항공사가 현재 나아가고자 하는 방향을 제대로 이해하고 이에 맞춰 변화하는 최신 추세를 적절히 접목해야 하는 전략이 필요하며, 이러한 전략을 적절히 사용했을 때 준비기간이 길어지지 않고 장수생이 되지 않는 지름길이 되게 됩니다. 가장 기본이자 내가 이 직업에 어떤 생각과 마음가짐을 가지고 하고자 하는지를 정확히 보여줘야 하는 답변이 승무원 지원동기인 만큼 승무원이라는 직업에 대한 진지한 생각들을 토대로 스스로가 물어보고 정리할 수 있는 시간을 가지기 바랍니다.

5
승무원 미소, 연습하면 바꿀 수 있습니다

　실제 승무원 면접에서 평가되는 항목은 너무나 다양합니다. 승무원으로서의 자질과 명확한 지원동기, 그리고 자세, 피부, 치아, 어투, 발음, 서비스마인드 등이 있지만 가장 큰 부분을 차지하는 것이 바로 자연스러운 미소가 아닐까 싶습니다.

　단순히 예뻐 보이기 위해 미소가 중요한 것이 아닌 승객을 처음 대면하여 비행시간 내내 응대해야 하는 직업이기 때문에 손님의 관점에서 편안하게 승무원을 대할 수 있고 항공사에 대한 좋은 평가를 기대하기 위해서는 미소가 필수입니다. 손님들은 어쩔 수 없이 내가 탄 비행기에 있는 승무원들만을 보고 그 항공사 전체를 평가하기 때문입니다. 그러므로 손님에게 좋은 인상을 심어주기 위해서는 자연스럽고 밝은 미소가 시작점이 됩니다.

　자연스러운 미소는 쉽게 나오는 것이 아닙니다. 왜냐하면, 우리는 평소 일상생활 속에서 잘 웃지 않기 때문입니다. 특히나 요즘 사회에서는 더더욱 웃지 않는 삶을 살고 있기 때문이겠죠. 승무원 준비를 해보지 않은 학생들은 면접 때 웃는 것이 얼마나 어려운 것인지 잘 모르는 경우가 많습니다. "그냥 면접 때만 활짝 웃고 있으면 되는 거 아닌가요?"라고 쉽게 생각하고 말하는 학생들이 많지만, 막상 모의면접을 해보거나 미소를 연습하는 수업 시간에만 봐도 가장 어려워합니다. 평상시에 웃지 않기 때문에 면접이라는 긴장이 추가되는 상황에서는 더 자연스럽게 웃는 게 어려울 수밖에 없습니

　　　　　　　　　　　당신은 승무원의 자질이 있습니까?

다. 물론, 거울 앞에서 열심히 위스키를 외치거나 카드 혹은 펜을 입에 물고 웃는 연습을 하는 것 역시 장기적으로 봤을 때, 개선에 큰 도움이 되는 게 사실입니다. 하지만 제가 실제 지망생 시절, 그리고 승무원으로 입사 후 교육을 받던 기간의 경험을 돌이켜봤을 때, 가장 좋은 방법은 평상시 내 생활에서 웃는 것입니다. 지금 제가 제시하는 이 방법은 입 모양이 예쁜지, 혹은 내가 어색한 미소는 아닌지 생각할 필요가 없습니다. 내가 웃을 수 있는 최대치로 입을 찢은 후 그 모습을 내가 유지할 수 있는 최대시간까지 유지하는 훈련입니다. 연습시간을 정해놓고 혹은 수업시간에 면접이라는 생각과 함께 미소를 연습하는 것 역시 좋지만, 내가 살아가는 평소의 24시간 동안 항상 웃고 있을 때 비로소 빠른 변화를 가져온다는 것을 강조합니다.

예를 들어 컴퓨터를 할 때, 혹은 책을 읽을 때와 같이 혼자 있는 시간에 의식적으로 웃는 모습을 유지하려고 한 번 노력해 보기 바랍니다. 이 방법은 제가 직접 효과를 보기도 했고 학생들에게 전수했을 때도 가장 빠르게 큰 변화를 주는 방법이기도 합니다. 물론 중요한 건 아무런 생각 없이 하루에 한두 번 정도 하는 걸로는 절대 바뀌지 않습니다.

미소 근육을 빠르게 형성시키기 위한 작업이기 때문에 잠자는 시간을 제외하고 항상 내가 의식적으로 생각하며 평상시에 웃는 모습을 유지하고 있어야 합니다. 유지하는 시간이 정해져 있는 것은 아닙니다. 내가 할 수 있는 최대 시간을 유지하고 조금 쉬고 다시 또 같은 행동을 반복하면 됩니다. 한 달 이상 꾸준히 내가 온종일 의식하고 연습했을 때, 확실히 미소 근육이 빨리 형성되기 때문에 카드를 물거나 위스키를 외치며 예쁜 미소 모양을 만드는 과정에서도 훨씬 더 빨리 그리고 쉽게 만들 수 있는 것에 도움을 주므로 꾸준히 연습해 보기 바랍니다.

　그 외에 잘 웃지 못하거나 차가운 인상의 학생들이 항상 가지는 고민 중 하나가, 한쪽 입꼬리만 올라가는 것입니다. 한쪽 입꼬리만 올라가는 습관을 지닌 학생들을 보면 평상시 말할 때나 웃을 때도 한쪽으로만 웃는 경우가 많습니다. 저 역시도 입사 후 그런 고민을 고치지 못해 교육 중 많은 노력으로 고쳤던 기억이 있습니다. 한쪽 입꼬리만 올라가는 습관이 있을 때, 가장 좋은 연습방법은 거울에서 양쪽 균형을 맞추는 일반적인 연습 이외에 거울을 보고 미소를 유지함과 동시에 말을 하면서 올라가는 반대쪽 입꼬리에 의식적으로 힘을 주며 균형을 맞춰야 한다는 것입니다. 꾸준한 연습을 통해 내 몸이 균형을 기억할 수 있도록 해야 합니다.

　미소를 유지하며 말을 하면서 본인 입꼬리가 올라간다는 것을 확인하고 그것을 의식적으로 반대쪽 입꼬리에 힘을 주며 균형을 맞추어보세요. 처음에는 절대 쉬운 작업이 아닙니다. 하지만 꾸준히 연습했을 때 가장 빠르게 효과를 보였던 방법의 하나입니다. 한 달 정도 꾸준히 말하면서 균형 잡는 연습을 하시면 좋은 결과를 얻을 수 있습니다. 면접은 짧게는 15분, 길게는 40분까지도 진행됩니다. 1~3분 내외의 짧은 시간이라면 평소의 내 모습을 숨기고 꾸며진 모습으로 보여줄 수 있으나, 30분 내외의 시간 동안 자세를 유지하며 면접을 진행하는 승무원 면접에서는 내 평상시의 모습을 숨기고 평소와 다른 좋은 모습을 인위적으로 보여주는 것은 매우 어렵습니다.

　그러므로 평소에도 의식적으로 웃는 습관을 들이면 면접에서도 자연스러운 미소를 보여줄 수 있으며 더 나아가 면접 이외에도 평상시 내 생활에서 조금 더 밝은 기운을 주변 사람들에게 전할 수 있는 호감 있는 사람처럼 보이는 분위기가 만들어질 수 있다는 장점도 함께 얻을 수 있습니다.

　마지막으로 미소와 관련된 연습을 할 때는 너무 거울에 의존하는 것은 조심해야 합니다. 우리가 실제 면접에서는 거울이 없는 현장에서, 내 모습을 확인할 수 없는 상태에서 진행되기 때문에 거울로 연습하는 것도 중요하지만, 너무 의존하는 경우 실전에서 실패하는 때도 있으니 거울 사용은 어느 정도 연습시간이 흐르고 실력이 쌓여가면서 횟수를 조절할 수 있어야 한다는 점을 기억하고 연습하기 바랍니다.

6
승무원 면접에서 합격하는 답변방법

조금 냉정하게 들릴 수 있으나 저는 개인적으로 승무원 면접의 난도가 높다고 생각합니다. 난도가 높은 이유는 물론 이 직업이 절대 대단해서가 아닙니다. 저는 개인적으로 가장 경계하고 싫어하는 것이 승무원이라는 직업을 여러 직업 중 그저 하나의 직업이라고 생각하지 않고 조금 더 우위에 있는 어떤 대단한 직업처럼 미화시키는 것입니다. 이 직업이 절대 대단해서가 아니라 높은 경쟁률을 뚫어야 하고, 특수한 기내라는 공간에서 유니폼을 입고 승객을 응대해야 하는 특성이 있으므로 단순히 내가 하고 싶다는 마음만으로 합격할 수 없으며, 면접에서 좋은 결과를 얻기 위해 준비해야 할 것들이 많으므로 저는 승무원 면접의 난도가 높은 편에 속한다고 주장합니다.

승무원이라는 직업에 대한 정확한 이해는 물론 승무원이 속하게 되는 항공업계에 대한 정확한 이해도 필요하며, 시각적인 면접이 중요한 만큼 승무원으로서의 내적 그리고 외적 이미지까지도 준비해 줘야 합니다. 그 외에도 승무원으로서의 자질과 자세도 보여야 하고 외국어 능력도 무시할 수 없습니다. 또한, 아무리 위에 나열된 내용을 준비했다고 하여도 승무원 면접에서 받게 되는 질문에 대한 답변으로 면접관을 이해시키고 설득시켜 확신을 줄 수 없다고 한다면 합격할 수 없습니다. 이런 어려운 과정을 뚫고 합격해야 하므로 단순히 하고 싶다는 마음만으로는 합격할 수 없다고 생각합니다. 그러므로 준비기간이 길어지는 장수생이 많고, 몇 번 도전해 본 뒤 포기

당신은 승무원의 자질이 있습니까?

했지만, 마음 한쪽에는 깨끗이 포기가 잘 안 되는 학생이 많은 것일 겁니다.

여기에서 하고자 하는 얘기는 여러 과정 중 면접에서 면접관에게 확신을 줄 수 있는 면접 질문에 대한 답변을 구성함에 있어 몇 가지의 기술에 관해 얘기해 보고자 합니다. 물론 답변마다 너무나 다른 요령이 필요하겠지만, 전반적으로 승무원 면접을 놓고 봤을 때 공통으로 적용되는 방법을 몇 가지 알아보겠습니다.

:: 최대한 진짜 내 얘기를 활용

면접관에게 뭔가 보여주기 위한 답변을 만들거나 완성도를 높이기 위해 새로운 얘기를 만들어내는 선의의 거짓말을 하는 경우도 있지만, 가장 좋은 것은 본인의 경험을 말하는 것입니다. 면접에서 가장 자연스럽게 말할 수 있는 방법의 하나가 바로 본인 경험을 말하는 것입니다. 우리가 친구나 가족과 대화할 때, 내가 경험한 일을 말할 때는 외우지 않아도 자연스럽게 막힘없이 말할 수 있는 것과 같은 이치입니다.

본인의 경험에서 우러나온 답변을 준비한다면 자연스럽게 말할 수 있는 것과 함께 진심을 쉽게 전달할 수 있습니다. 아무리 연습을 잘하여도 꾸며진 얘기는 자연스러울 수는 있으나, 면접관에게 내 진심이 전달되어 통하기는 매우 어렵습니다. 저 역시도 여러 면접에서 탈락하는 과정을 거치며 느낀 결론이지만, 진짜 내 얘기를 했을 때와 면접을 위해 만들어낸 얘기를 할 때 진심이 전달되는 정도가 다르다는 것을 확실히 느꼈습니다. 5분에서 10분 내외의 면접이라면 내 얘기가 아니어도 면접관을 속일 수 있지만, 30분 혹은 50분씩 진행되는 임원, 최종면접단계에서는 진짜 내 모습을 속이거나 만들어낸 얘기를 했을 때 진심이 전달되지 않거나 거짓이 들통날 수밖에 없다는 것을 기억해야 합니다.

:: 항공용어 첨가

물론 여기서 주의할 점은 과도하게 승무원 업무 혹은 항공업 종사자가 사용하는 단어를 사용하면 아직 교육을 받지 않은 지원자에게 자칫 거부감을 느낄 수 있으므로 적절히 조절할 필요가 있습니다. 하지만 답변을 함에 있어 알맞게 사용된 항공용어들은 내가 단순한 호기심 혹은 이 직업에 대한 환상에 의해 승무원 면접에 참여한 것이 아닌, 승무원이 포함되게 되는 항공산업과 승무원이라는 직무에 전반적인 관심을 가지고 꾸준히 공부하거나 지켜보고 있다는 인상을 심어줄 수 있습니다. 하지만 이 방법은 항상 적절히 한두 개 정도의 첨가로 끝내야 하며, 정상적으로 통용되는 것이 아닌, 실제 현장에서 일하는 현직 승무원끼리 사용하거나 알고 있는 표현이나 단어들은 피하는 것이 좋습니다.

:: 돌발질문과 압박면접에 대한 임기응변

압박면접 혹은 너무나 예상치 못한 돌발질문을 받았을 때, 당황하지 않고 침착하게 답변한다는 것이 절대 쉬운 건 아닙니다. 갑자기 받을 수 있는 수위 높은 돌발질문들에는 면접관들조차도 정답을 원하는 것이 아니라는 것을 알아야 합니다. 물론 이런 질문에 도가 지나친 수준에서 답변한다면 감점요소가 되긴 합니다. 하지만 이러한 질문들을 하는 취지가 정확한 답변을 원하는 것은 아니라는 것입니다. 기본적으로 면접에서 어떠한 질문을 받을

당신은 승무원의 자질이 있습니까?

지 모르는 상황에서 모든 질문이 돌발일 수 있으나, 돌발이라고 느낄 만큼 난도가 높은 질문이라면 면접관들 역시 그 질문을 한 의도가 정답을 듣기 위해서가 아닌 기내에서 일어나는 여러 가지 난해한 상황에서 당황하지 않고 침착하게 대처할 수 있는지를 보는 것이기 때문에 답변 내용도 중요하지만, 내용에 크게 신경쓰기보다는 침착하고 차분한 자세를 유지하는 것에 더 집중하여 답변을 해나가야 합니다. 압박면접 역시 마찬가지입니다.

여러 지원자 중 굳이 나에게만 그런 압박을 한다는 것은 관심이라고 생각할 수 있으나 큰 관심보다는 약간의 관심은 있으나 합격에 대한 확신을 주지는 못하고 있기 때문입니다. 몇 가지의 답변만으로도 확신을 준 지원자들은 압박을 받을 이유가 없습니다. 뭔가 관심은 가지만 크게 확신을 주지 못하는 상황이기 때문에 압박면접을 통해 이 지원자가 기내에서도 승객을 응대하며 임기응변을 얼마나 잘해 나갈 수 있는지를 보고자 함입니다. 돌발 질문에 답하는 요령과 같이 잘 구성된 답변을 해야 한다는 생각으로 당황한 모습을 보여주기보다는 내가 전혀 흔들림 없이 침착하게 면접관들의 질문들을 하나하나 잘 풀어나가고 있다는 모습을 보여주고 확신을 줄 수 있어야 합니다.

승무원 면접에서 합격하기 위해 준비해야 할 것들은 너무나 다양하지만, 그중 면접관에게 확신을 줄 수 있는 면접 질문에 대답하기 위해 모든 질문에 공통으로 적용되는 답변을 하는 기술에 대해 3가지로 나눠 정리했습니다.

화려한 경험을 바탕으로 한 답변을 원하는 것이 절대 아니므로 소소하더라도 꼭 내 경험과 생각, 얘기를 바탕으로 답변을 풀어야 진심을 전달할 수 있으며, 적절한 항공용어의 첨가는 항공산업과 승무원이라는 직업에 전반적인 관심이 있음을 보여줄 수 있습니다.

또한, 마지막으로 돌발질문 혹은 압박면접에 적절한 임기응변을 하고 있다는 침착함을 보여줄 수 있어야 면접관을 이해시키고 합격할 수 있다는 것을 기억하고 면접에 임하기 바랍니다.

당신은 승무원의 자질이 있습니까?

7
객실승무원 유니폼에 대한 정확한 의미

승무원에게 유니폼이 가지는 의미는 매우 다양합니다. 저 역시도 현직 승무원으로 비행했던 시절, 유니폼이 일하기에 매우 편한 옷이었다고 말할 수 없지만, 그런데도 현실적으로 좋았던 점을 꼽자면 사복에 대한 걱정이 없었다는 것입니다. 매일 다른 사복을 입고 일해야 하는 다른 직업과 달리 회사로부터 제공되는 유니폼을 입으면 되기 때문에 단순한 접근이지만, 옷 걱정이 없다는 것이 좋았던 게 사실입니다. 물론 이외에도 업무적으로 생각해 본다면 승무원에게 유니폼이 주는 의미는 너무나 다양합니다. 우선 가장 첫 번째는 승무원뿐만이 아니라 제복을 입는 모든 직업이 그러하듯 소속감과 통일감, 그리고 승무원 유니폼에서만 가질 수 있는 특징인 승객을 탑승 단계에서부터 압도할 수 있는 프로페셔널함을 보여주기 위한 요소입니다.

안전과 관련된 비상상황에서 승객에게 지휘자로 보이기 위한 역할을 하는 것이 바로 승무원 유니폼입니다. 다른 승객들과 구별되지 않는 사복을 입고 있었다면 기내의 모든 일을 담당하는 승무원으로 보이지 않기 때문에 긴박한 상황에서 승객들을 통제하려 해도 그들은 승무원의 말을 따르지 않을 것입니다. 그런 의미에서 상황을 통제하는 지휘자로 보일 수 있는 요소 중 하나가 바로 유니폼입니다.

업무적인 부분에서 승무원 유니폼이 주는 의미는 항공사마다 차이 없이 똑같지만, 최근에는 항공사별로 각자 기업의 색깔을 보여주기 위한 수단으로 승무원 유니폼 디자인이 사용되는 것도 사실입니다. 항공사마다 디자인이 다르다는 점은 승무원을 준비하는 학생들에게 큰 관심사인 것은 사실입니다. 물론, 진정성과 무게감 없이 이 직업에 접근했을 때 절대로 좋은 결과를 낼 수 없는 것을 알기 때문에 유니폼만으로 승무원 준비를 시작하면 안된다는 것에 대한 저의 주장에는 변함이 없지만, 그런데도 내가 지원하는 항공사의 유니폼 디자인 그리고 더 나아가 위에서 언급한 유니폼이 근본적으로 주는 의미를 정확하게 이해하고 있을 필요가 있습니다.

면접만을 놓고 보더라도 실제 면접에서 유니폼과 관련된 질문이 많은 만큼 충분히 공부하고, 유니폼에 대한 고민을 해보는 시간을 가질 필요가 있습니다. "우리 항공사의 유니폼 디자인을 어떻게 생각하는가?" 혹은 "우리 항공사 유니폼 디자인 개선방안 제시" 등과 같은 질문이 충분히 기출문제로 나오는 만큼 유니폼에 대한 분석 역시도 필요하다는 것을 기억하고 이에 대한 부분 역시 한 번쯤 생각해 보기 바랍니다.

8
유니폼 착용 후 면접 보는 대한항공

과당 경쟁에 의해 더욱더 치열해지는 여러 항공사들 속에서 나만의 색깔과 콘셉트를 보여주기 위한 하나의 수단으로도 유니폼은 활용됩니다. 제복이 본래 가지는 의미를 어지럽힐 수 있다고 생각할 수 있습니다만 저는 조금은 생각이 다릅니다.

본질도 매우 중요하지만 그동안의 사회적 흐름상 승무원이라는 직업이 갖는 위치와 색깔들이 항공사를 대표하는 하나의 이미지로 자리매김한 상황에서 승무원을 대변할 수 있는 것은 물론 더 나아가 항공사 유니폼은 그 회사의 콘셉트와 색깔을 보여줄 수 있는 요소가 되어버린 만큼 항공사마다 각자의 개성과 색깔을 드러내는 것에 제복이 활용될 수밖에 없음을 이해해야 합니다.

또한 유니폼이 주는 미적인 부분과 상징성에 있어 중심에 있는 것이 바로 대한항공 승무원 유니폼이 아닐까 싶습니다. 단순히 옷이 예쁘다는 이유만으로 승무원을 준비하고자 하는 사람도 있다는 것을 잘 알고 있고, 진정성과 무게감 없이 하고자 했을 때 얻는 결과 역시 너무나 잘 알기 때문에 유니폼만을 보고 준비를 시작하면 안 된다고 생각합니다만 여전히 내가 하고자 하는 직업 그리고 더 나아가 이 직업을 준비하는 입장에서 대한항공의 경우 2차, 3차 면접, 다시 말해 임원 면접과 최종면접에서 유니폼을 착용하고 면접을 보기 때문에 내가 면접에서 합격하기 위해 착용해야 하는 옷에 대한 공부를 미리 해둘 필요는 있다고 봅니다.

그런 의미에서 대한항공 승무원의 직급별 유니폼, 유니폼 서열 등에 대해 알아보고자 합니다.

:: 대한항공 유니폼 상의

대한항공 재킷

사실 재킷이 가장 중요한 부분이고 많이들 궁금해 하는 것이 아닐까 싶습니다.

승무원들도 연차와 평가 등에 따라 승진을 하게 되고 그에 맞는 직급과 직급에 따라 업무도 달라지게 됩니다. 이러한 직급이 다름을 항공사에서는 여러 방식으로 보이게 만듭니다. 명찰의 색깔을 달리하거나 대한항공과 같이 재킷의 색깔을 달리하는 경우도 있습니다. 청재킷으로 불리는 청자색과 베이지색으로 직급을 나타내기 위해 나눠지며, 베이직의 경우 일반 승무원, 청자색은 일반 승무원에서 진급 후 부사무장(AP) 진급 후 착용하게 됩니다.

실제 임원 면접과 최종면접에서 대한항공 유니폼을 착용하고 면접에 참여하는 만큼 나와 가장 잘 어울리는 색깔에 대한 선택을 미리 해줄 필요가 있습니다. 치수도 물론 중요합니다만 가장 중요한 것이 내가 이 회사에 가장 적합한 사람이라는 것을 보여주기 위해서는 색깔 선택이 중요한 만큼 여러 기회들을 통해 미리 착용하는 체험을 해보는 것도 나쁘지 않을 듯합니다.

물론, 실제 현장에서도 선택을 위한 충분한 시간이 주어지며, 대한항공 스튜어디스 유니폼을 환복하는 과정에서 회사 측에서 도와주는 직원분도 있는 만큼 크게 걱정하지 않아도 됩니다.

당신은 승무원의 자질이 있습니까?

:: 대한항공 유니폼 하의

대한항공 치마 / 대한항공 바지

바지는 웬만하면 소화하기 어렵다고 평가되고, 깐깐해 보일 수 있는 이미지를 심어줄 수 있는 만큼 대부분 면접에서는 치마를 착용하려고 합니다만, 실제 현직들은 비행마다 10~15% 정도의 인원은 바지 유니폼을 입는 편이며 편하다는 점으로 인해 바지 착용 인원은 더 늘어나는 추세입니다. 하의 종류 선택의 경우 규정은 따로 없으며, 자율적으로 선택해서 입을 수 있습니다.

:: 대한항공 유니폼 구두

대한항공 구두는 3cm, 5cm, 7cm 총 3가지로 나눠져 있습니다. 기내화라고 불리는 기내용 신은 3cm, 5cm이며, 기내에서 나와 공항 이동 및 출퇴근 다시 말해 야외에서 사용하는 것은 7cm입니다. 기내와 기내 밖이라는 장소를 기준으로 신의 기준이 달라집니다.

:: 대한항공 승무원 가방

대한항공 캐리어 / 대한항공 핸드백

대한항공 승무원 가방은 보통 승객들의 입장에서는 여행가방, 캐리어 등으로 불립니다만 실제 항공사 내에서는 트롤리라는 단어를 더 많이 사용합니다. 트롤리든 캐리어든 크게 상관은 없습니다만 승무원들은 보통 트롤리라는 단어를 더 사용하고 있습니다. 카트, 트롤리, 캐리어 등 크게 관계없이 사용할 수 있는 혼용되는 단어입니다.

　승무원 가방은 큰 트롤리와 함께 보조가방 혹은 핸드백으로 불릴 수 있는 작은 가방을 함께 받게 됩니다. 항공사에 따라 다릅니다만 보통 스튜어디스용만 있는 편입니다. 여권이나 메이크업 수정 등을 위한 간단한 물품을 담고 다닐 수 있습니다.

　크기별로 여러 개의 가방을 받게 되는 만큼 노선과 도착지에서의 체류 기간에 따라 다르게 사용할 수 있습니다.

　위에서 여러 의미에 대한 얘기를 했던 것과 같이 다른 항공사 유니폼은 물론이며, 대한항공 스튜어디스 유니폼 역시 단순히 보이는 화려함만을 뜻하지 않습니다.

　이외에도 유니폼이라는 옷이 가지는 다양한 의미에 대해 다시 한 번 정리해 볼 수 있는 시간을 가지기 바라며, 특히나 대한항공만을 초점에 맞춰 종류별로 조금 더 자세한 내용을 담은 이유는 위에서 언급했던 것과 같이 임원, 최종면접에서 실제 환복 후 면접에 참여하는 만큼 내가 면접에서 입어야 하는 옷이 어떠한 옷인지에 대해 조금이나마 더 자세히 알 수 있는 정보를 주기 위함임을 참고 바랍니다.

　　　　　　　　　　　　　　당신은 승무원의 자질이 있습니까?

9
대한항공 면접절차 완벽 분석

대한항공만을 가지고 면접절차를 얘기하고자 하는 것은 대한항공을 제외한 나머지 국내 항공사는 특별히 면접 전형을 따로 살펴볼 필요 없이 서류 전형, 실무면접 그리고 임원면접이라는 일반적인 단계를 가지고 있기 때문입니다. 국내 항공사 중 티웨이항공의 경우 대한항공과 같이 3차 단계까지 면접을 보게 되지만, 임원면접 이후 최종면접이라는 단계가 추가될 뿐, 큰 차이는 없습니다.

대한항공의 경우 마찬가지로 서류 전형, 실무면접 그리고 영어 면접을 포함한 임원면접, 그리고 최종면접까지 거치게 됩니다. 중간에 물론 체력테스트와 수영테스트가 있습니다. 서류 지원 후 최종합격이라는 결과를 받기까지 짧게는 2달에서 길게는 3달까지도 기간이 소요되는 만큼 전형단계마다 가지는 특징을 이해할 필요가 있습니다.

:: 서류 전형

모든 항공사가 그러하듯 공식 채용사이트를 통해 온라인 지원을 하게 됩니다. 과거의 내 이력과 사진, 요구되는 점수 이상의 어학성적, 그리고 자기소개까지 작성하여 지원하게 되며, 이 모든 내용이 점수화되지만 인사과 직원이 아니라면 사실상 어떤 점들을 정확하게 평가하는지는 아무도 모릅니다. 그런데도 부정할 수 없는 것은 바로 자소서가 아닐까 싶습니다. 몇천 명의 자소서를 보지 않을 것이라고 부정하는 사람도 있으나, 사실상 자소서를 모두 읽지는 못할지언정 참고는 한다는 것을 기억하고 내가 지원하는 승무원이 속하게 되는 항공업계를 정확히 이해하고 있다는 것을 보여줘야 합니다. 더 나아가 승무원이라는 직무에 맞는 인재라는 점을 보여줄 수 있는 글을 작성해야 한다는 것이 일반면접의 자소서와의 차이점이 아닐까 싶습니다.

서류 전형은 정해진 날짜 안에 온라인 지원을 해야 합니다. 마지막 날 가장 많은 지원자가 몰리고, 사실상 지원 날짜가 중요한 것은 아니지만, 그런데도 이왕이면 마감일을 피해 일찍 지원하기 바랍니다. 지원자가 몰려 서버에 문제가 생기는 것 때문이기도 하지만, 이외에도 본인이 면접관이라고 생각했을 때, 일주일 이상 주어지는 지원기간 중 미루고 미루다 마지막 날에 지원한 사람보다는 일찍 지원을 마친 사람을 매사에 일을 성실히 하는 사람이라고 생각할 수 있기 때문입니다.

:: 실무면접

서류 합격자에 한하여 실무면접의 기회가 주어집니다. 서류 합격률은 항공사마다 차이가 있으나 대한항공은 가장 높은 편에 속하며, 70~80% 정도라고 보통 알려졌습니다. 대면 면접의 기회를 웬만하면 주겠다는 생각을 하는 것으로 보입니다. 그만큼 경쟁률이 시작부터 높으므로 실무면접은 한 조당 10분 내외로 끝나게 됩니다. 질문 1~2개 정도 할 수 있는 1인당 1분 정도의 시간이 주어진다고 볼 수 있겠죠. 짧은 시간 안에 결정이 난다는 것은 그만큼 실무 단계에서는 자세와 내외부적인 승무원으로서의 이미지만으로

당신은 승무원의 자질이 있습니까?

결정이 난다는 것을 뜻합니다. 입장해서 자세를 잡고 미소를 보여주며, 간단한 질문에 대답하는 모습만을 보더라도 충분히 승무원으로서의 자세와 이미지가 그려질 수 있으므로 실무면접에서 좋은 평가를 받기 위해서는 평상시 내가 준비해 왔던 모습이 짧은 시간 안에 좋은 평가를 받을 수 있을 만큼 연습해 줘야 합니다.

:: 임원면접 [유니폼 착용]

실무면접 합격자는 임원면접에 참여하게 되며, 임원면접은 여학생의 경우 실제 유니폼을 입고 진행하게 됩니다. 유니폼은 치수와 색깔 선택이 중요합니다. 최종면접에서도 유니폼을 입고 면접을 보는 만큼 나를 가장 잘 보여줄 수 있는 치수와 색깔 선택이 중요하기 때문에 기회가 있다면 여러 방법을 통해 색깔만큼은 나에게 가장 잘 어울리는 것이 무엇인지 알아두는 것이 좋습니다. 물론 현장에서도 충분한 시간이 주어지기 때문에 치수와 색깔 선택을 할 수 있습니다. 도와주시는 직원분도 있는 만큼 최대한 잘 활용하여 선택하기 바랍니다.

:: 임원면접 [영어 면접]

대한항공의 경우 임원면접을 보는 날에 영어 면접을 진행합니다. 임원면접에 들어가기 전, 유니폼을 입은 뒤 일대일로 영어 면접을 먼저 봅니다. 영어 면접은 사실상 난도가 매우 높은 편은 아니지만, 면접관이 물어보는 영어 질문을 정확하게 이해하고 질문에 맞는 대답을 하는 것이 중요한 만큼 평상시 기출문제를 통한 연습이 필요합니다.

가장 주되게 보고자 하는 것이 있다면 외국인 승객을 응대해야 하므로 질문을 잘 이해하고 그에 맞는 대답을 하는지, 그리고 영어를 하면서도 여전히 승무원으로서의 미소와 자세를 유지하는지 등을 볼 것으로 생각합니다. 보통 한국어로 답변할 때는 자세와 미소가 너무나 좋았더라도 영어로 답변하는 순간 이 모든 것이 무너지는 경우가 많습니다. 그러므로 영어를 하면서도 똑같이 승무원으로서의 자세와 미소를 유지할 수 있는 연습을 해나가야 합니다. 질문의 개수는 사람마다 차이가 있으나 5개 내외의 질문을 받게 되며 간단한 문답형식의 질문들이 주를 이루게 됩니다. 학교생활, 그리고 직장, 영어 공부, 승무원 지원 동기 등과 같이 매년 자주 나오는 기출문제 위주로 물어보는 만큼 충분히 준비하면 어렵지 않게 면접을 볼 수 있는 것이 국내 항공사 영어 면접이기 때문에 큰 부담을 가질 필요는 없습니다.

:: 임원면접

유니폼을 착용하고 일대일로 영어 면접을 마친 뒤, 조별로 모여 임원면접을 보게 됩니다. 임원면접부터는 말 그대로 임원진들이 면접에 참여하기 때문에 실무면접보다는 조금 더 인성적인 면을 알아보기 위한 심층적인 질문들이 오고 갈 수 있습니다. 특히나 이 단계에서는 피부나 치아와 같은 부분들을 가까이에서 확인하기 위해 면접관들 가까이 나오라고 요구하는 경우도 있으니 외적인 부분들까지도 완벽한 준비가 필요합니다.

:: 체력/수영 테스트

임원면접 합격 후에는 체력과 수영 테스트를 보게 되며 회사 내 지정된

당신은 승무원의 자질이 있습니까?

곳에서 체력테스트를 하게 되며, 그 후 이동하여 수영장에서 수영테스트를 하게 됩니다. 오전부터 시작해 오후까지 모든 것들이 진행되는 만큼 체력적으로 지치지 않아야 하며, 온종일 이동하며 진행하는 과정에서도 항상 평가가 이루어지고 있다는 것을 잊지 말고 내 모든 행동에 신경을 써야 합니다. 다른 지원자에게 피해를 주지 않아야 하고, 튀는 행동을 삼가야 합니다. 항상 모든 시선이 나를 보며 평가하고 있다는 생각을 잊으면 안 됩니다. 수영테스트는 25m를 완주해야 하며, 수영복을 착용하는 만큼 보이지 않았던 부위에 문신이나 큰 흉터가 있다면 미리 이 점에 대한 대비를 해야 합니다.

:: 최종면접

임원면접 합격자는 모두 체력, 수영 테스트를 거치고 최종면접에 참여하게 됩니다. 긴 여정의 마지막인 만큼 모두가 잘 준비된 모습을 갖추고 있을 것입니다. 그러므로 마지막까지 지원자들은 더 많은 점을 보여줘야 한다는 욕심을 가질 수 있지만, 제 경험과 여러 합격자의 경험을 종합했을 때 오히려 최종면접에서는 내가 그동안 해왔던 것보다 힘을 빼는 것이 더 중요하다고 생각합니다. 내가 너무 많은 것들을 짧은 시간 안에 보여주고자 욕심을 낸다면 면접관의 자리에서 봤을 때는 내 간절함을 오히려 욕심이라고 평가할 수 있습니다. 그런 만큼 내가 차분하게 내 색깔과 자질들을 그동안 해왔던 만큼 보여주면 됩니다. 과한 간절함이 오히려 독이 될 수 있다는 것을 기억하고 최종면접에 임하기 바랍니다.

대한항공 이외에도 다른 항공사도 역시나 마찬가지로 위와 비슷한 전형과정을 거치는 만큼 위에 나열된 전형별 주요 사항들은 타 항공사도 크게 다를 것 없이 마찬가지로 똑같이 적용된다고 봅니다. 위의 내용을 참고하여 단계마다 어떠한 주의점과 생각을 하고 임해야 하는지 참고하기 바랍니다.

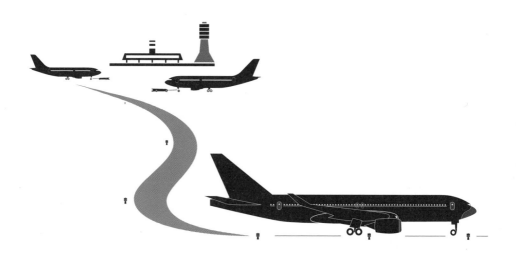

당신은 승무원의 자질이 있습니까?

10
승무원 면접 자기소개 준비 팁

승무원 면접이 아닌 일반 다른 기업들의 면접도 마찬가지겠지만, 승무원 면접에서 자기소개는 지원서에 쓰는 자기소개서에서의 답변과 면접장에 들어가서 가장 먼저 받게 되는 질문입니다. 모든 항공사의 면접에서 가장 먼저 받게 되는 질문이기 때문에 승무원 준비에 있어 가장 먼저 준비하는 답변이라 생각합니다.

승무원 자기소개는 승무원 면접에서 가장 기본이 되는 답변이기 때문에 제일 먼저 준비하지만, 가장 만들기 어려워하는 질문 중 하나이기도 합니다. 자기소개를 준비하는 수업을 진행해 봐도 어떤 식으로 구성하고, 몇 초의 길이가 적당하며, 항공사별로 어떠한 전략을 세워야 하는지 등을 많이 어려워합니다. 새 학기가 시작되고 새롭게 만난 같은 반 학생들에게 내 소개를 하는 자리가 아닌, 취업을 위한 자기소개를 하는 것이기 때문이죠. 단순히 이름과 나이, 사는 곳만 말할 수 있는 자기소개가 아니므로 쉽다고 볼 수는 없는 중요한 답변입니다. 제 개인적인 경험을 바탕으로 면접장에 입장한 뒤 워킹 단계를 지나 자기소개를 시작하며 입을 떼는 순간 이미 실무면접만큼은 대부분 결과가 나왔다고 봅니다. 사람마다 살아온 과거 이력이 다르고 강점이 다르며, 보여주고자 하는 것들이 모두 다르므로 자기소개 답변 구성에 정답은 없으나, 반대로 오답은 있는 것이 승무원 자기소개입니다.

남들과 다른 모습을 보여줘야 한다는 과도한 욕심에 진짜 본인을 보여주지 못하는 불필요한 꾸밈으로 답변을 치장하거나, 진정한 본인의 강점을 잘 모르고 불필요한 얘기들을 한다면 좋은 점수를 받을 수 없습니다. 또한, 억지스럽게 승무원의 자질과 본인을 연결하려 한다면 최근의 승무원 면접 분위기와는 맞지 않습니다. 그 외에도 각각의 항공사마다 가지는 특성과 현재 나아가고자 하는 방향을 읽지 못하고, 상반된 얘기를 한다면 탈락의 지름길이며, 제가 가장 강조하는 것 중 하나인 면접관에게 들리지 않는 얘기를 한다면 오답입니다. 개인마다 살아온 삶이 다르고 그 삶을 통해 얻게 된 강점이 다르므로 사람마다 모두 다 다른 답변이 준비되어야 합니다.

여러 가지 내용 중 제가 항상 가장 중요하게 강조하는 것은 면접관의 관점에서 들릴 수 있는 말을 해야 한다는 것입니다. 면접이 있을 때마다 몇천 명 이상의 지원자를 만나야 하는 면접관에게 그저 매우 새롭지 못하거나 나와는 어울리지 않는 준비된 얘기를 한다는 느낌을 준다면 많은 지원자 속에서 살아남아야 하는 승무원 면접에서 좋은 결과를 얻기는 어렵습니다. 특히 실무면접 단계에서부터 여러 명이 한 조로 들어가는 국내 항공사들의 면접에서 내가 살아남기 위해서는 더더욱 면접관에게 들리는, 면접관이 듣고 싶어하는 얘기를 해야 합니다.

이해를 돕기 위한 짧은 예로, "영문학과를 졸업하여 현재 전공을 살려 통번역 일을 하면서 승무원을 준비 중인 지원자입니다."라고 얘기하며 시간을 사용하는 것보단, "영문학과 졸업 후 통번역 회사에서 일하며 다양한 외국인 손님을 상대하는 경험을 통해 승무원을 꿈꾸게 된 지원자입니다." 짧은 예시이지만, 내 실제 경험담을 바탕으로 승무원의 실제 직무와 연결짓고, 자질을 보여주면서 승무원이라는 직업을 꿈꾸게 되었다는 내용까지 같

당신은 승무원의 자질이 있습니까?

이 전달할 수 있는 효과적인 자기소개가 됩니다. 또한, 자기소개 내용 구성에서 참고할 점은 제가 항상 강조하는 나에게 유리한 질문을 받게끔 면접관을 유도하는 기술이 필요하다는 것입니다.

면접관이 궁금해 할 수 있는 내용을 적절히 자기소개에 넣어주면 이후 받게 될 꼬리질문들을 내가 어느 정도는 유도할 수 있습니다. 추가로 억지스럽게 모든 내용을 승무원과 연결할 필요는 없습니다. 억지스럽게 승무원과 연결짓지 않더라도 충분히 본인의 실제 직업이나 전공, 그리고 과거 살아온 이력이나 경험 등을 통해 면접관에게 들릴 수 있는 얘기를 할 수 있습니다.

하지만 승무원 면접은 내가 왜 이 직업에 적합한 사람인지를 보여줘야 하는 면접인 만큼 본인이 가진 소스가 승무원의 자질과 연결된다면 자연스럽게 연결해 줄 수 있는 말을 할 줄도 알아야 합니다. 자기소개를 구성할 수 있는 내용에 정답은 없지만, 위에서 얘기한 본인 경험담만으로 얘기할 수 있는 건 아닙니다. 그 외에도 직업, 전공, 나만의 강점 등을 활용하여 답변을 구성해 볼 수도 있습니다. 그리고 가장 중요한 것은 이력서상에 쓰는 자소서와 육성으로 면접관에게 말해야 하는 면접용 답변은 똑같을 수 없습니다.

가장 큰 차이점은 우리가 책에서 쓰는 말투와 실제 대화할 때 쓰는 말투가 다르다는 것입니다. 그 외에도 다양한 차이점이 있으며, 자기소개는 면접장에 입장하여 처음 입을 떼며 내가 왜 승무원이 되어야 하는지에 대해 보여주는 시작인 만큼 단기간에 완성할 수 없고, 꾸준히 수정하며 최상의 답변을 완성할 수 있어야 합니다.

11
스튜어드 연봉에 대한 진실

물론 저는 남자 승무원 출신으로 남자 승무원이 되고자 하는 남학생들을 가르치고 있으나, 저 역시도 승무원이 되고자 하는 여학생들 역시 같이 가르치고 있고, 실제로는 여학생을 더 많이 가르치는 상황에서 이 책에는 성별과 관계없이 승무원이라는 직업에 관한 얘기를 나열했습니다. 그러나 몇 가지 내용에 대해서만큼은 남자 승무원과 관련된 글을 담고자 했습니다. 남자 승무원에 대해 얘기하기 위해 매번 학생들의 관심사를 알아보던 중, 남학생들이 가장 궁금해 하는 내용 중 하나인 남자 승무원의 연봉에 관한 얘기를 해보고자 합니다.

많은 학생이 오해하는 것 중 하나가 바로 남자 승무원, 즉 스튜어드의 연봉은 다른 여자 승무원과 다를 것으로 생각합니다. 하지만 실제로는 그렇지 않습니다. 남자와 여자가 성별로 인해 다르게 연봉을 측정받지 않기 때문에 남자 승무원이라고 해서 연봉을 더 많이 받는 것이 아닙니다. 연차나 승진과 관련하여 연봉에 차이가 있을 수 있지만 절대로 이것이 성별에 따라 달라지지 않는다는 것입니다.

승진에 대해서는 남자 승무원이 더 유리할 수 있는 면이 있지만, 최근 분위기로는 남자라는 이유만으로 무조건 승진이 쉽다고는 볼 수 없습니다. 남자여도 본인이 인사평가를 제대로 유지하지 못했다면 승진할 수 없고, 승진이 안 됐을 때는 그것에 맞게 똑같은 연봉 대우를 받게 됩니다. 기본적으

당신은 승무원의 자질이 있습니까?

로 승무원 연봉의 시작은 성별이 아닌 입사 당시 학력에 따라 전문 학사 혹은 학사인지를 바탕으로 달라집니다.

물론 항공사마다 규정이 다릅니다. 그 외에도 연차에 따라 달라질 수 있습니다. 하지만 가장 중요한 것은 승무원의 연봉은 단순한 구성이 아니기 때문에 정확하게 얼마라는 얘기를 하기는 어렵습니다. 기본급을 바탕으로 비행수당, 랜딩비, 체류비, 상여금, 야간비행수당 등으로 구성되기 때문에 단순히 고정된 연봉을 얘기할 수 없습니다. 내가 어떤 비행을 했고, 비행시간은 얼마인지에 따라 천차만별입니다. 보통 장거리 비행을 해야 한다고 생각하지만, 이착륙 횟수에 따른 랜딩비라는 것이 존재하기 때문에 간혹 짧게 이착륙을 여러 번 하게 되는 국내선을 많이 한 경우에 더 많은 월급을 받을 때도 있습니다.

승무원 월급은 구성이 단순하지 않고, 또한 남자 승무원, 스튜어드라고 하여 여자보다 더 많이 받는 것이 아닌 2년제/4년제 여부, 그리고 직급, 연차 등에 따라 달라질 뿐 성별에 따라 달라지는 게 아니라는 점을 기억하기 바랍니다.

12
에어부산 기출문제로 보는 지방 베이스 면접만의 준비 방향

단순히 겉으로 보이는 외적인 이미지만을 가지고 항공사마다 선호하는 이미지가 다르다는 얘기를 한다는 것은 사실 이미지가 외모만을 뜻하는 것이 아니며 더 나아가 외모만으로 항공사마다 각자 다른 선호도를 가진다는 것 역시 잘못된 생각임을 이해할 수 있었을 것이라 생각합니다.

물론 외모나 이미지뿐만 아니라 항공사마다 승무원을 채용함에 있어 각자 매우 다른 잣대를 가지고 있을 거라는 생각에도 사실 크게 동의하지는 않습니다만, 여전히 항공사마다 다른 운영방식과 조금씩은 다른 인재상 등을 가지고 있는 만큼 승무원을 채용하면서도 승무원이라는 직업에 기대할 수 있는 가장 기본적인 내용들은 똑같이 평가하더라도 항공사마다 운영방향에서 오는 차이에 따라 면접에서 보고자 하는 색깔에 차이가 있을 수 있습니다. 특히나 이 부분은 고정된 내용이 매 채용마다 똑같이 이어진다고 볼 수는 없죠. 그 이유는 항공사마다 채용이 진행되는 시점에서 나아가고자 하는 운영방향에 조금씩 차이가 있는 만큼 꾸준한 기업분석을 통해 그 부분을 잘 이해하고 있어야만 당장 채용이 뜨더라도 그 부분에 적합한 인재로 보여지게끔 준비할 수 있습니다.

회사가 나아가는 방향에 따라 조금씩 달라질 수 있는 면접 준비 내용 외에도 매 채용마다 항상 고정적으로 그 항공사만이 가지는 특징과 방향을 이해하고 준비해야 하는 점 역시 존재하는 게 사실입니다. 특히나 에어부산

당신은 승무원의 자질이 있습니까?

의 경우 지리학적인 특성상 부산이라는 지방에 베이스를 두고 근무해야 하는 점에 대해 면접에서도 지원자가 정확히 이 부분을 이해하고 있는지 그리고 정말 준비가 되어 있는지 등을 알고자 합니다. 자주 묻는 질문만 보더라도 에어부산에 대해 아는 것을 시작으로 부산 거주 가능 여부, 부산에 가족이나 친척 등이 있는지 혹은 승객에게 부산을 어떻게 소개할 것인지와 에어부산 이용경험 등을 묻는 것만을 보더라도 다른 항공사와 달리 지방에서 근무해야 한다는 점을 바탕으로 지원자를 평가하고자 하는 부분이 가장 중요한 면접 준비 방향 중 하나입니다.

물론 에어부산이 아니어도 여러 국내 항공사에서 지방을 베이스로 승무원이 근무하고 있습니다만, 대부분 본사가 위치한 수도권을 기본으로 지방 공항의 수요를 확대하기 위한 방안으로 제2, 제3의 도시에서 근무하는 지방 베이스 승무원을 원하고 있죠.

반면 에어부산의 본사가 이미 지방인 다시 말해 지방 베이스가 가장 중심이 되는 항공사인 만큼 서울은 물론 여러 타지에서 지원하여 부산에 집을 구하고 연고가 없는 곳에서 살아가야 하는 승무원들이 승무원 업무만으로도 쉽지 않은 적응을 해나가야 하는 초기 정착단계에서 타지에서 살아야 한다는 것까지 적응하지 못해 퇴사하는 비율이 적지 않은 만큼 이 부분을 중점적으로 면접에서 보고자 한다는 것 역시 부정할 수 없는 사실입니다.

항공사에서는 한 명의 지원자를 합격시키고 실무에 투입시키기까지 몇백에서 몇 천이라는 자금이 투자되는 만큼 단기간에 퇴사하는 경우 손실이 클 수밖에 없기 때문에 에어부산의 경우 타지에서 오는 지원자들을 바라볼 때 더더욱 부산 거주에 대한 부분에 집중하게 됩니다. 그렇기 때문에 만약 내가 에어부산 승무원 면접에 참여하고자 하는 생각을 가지고 있다면 단순히 '합격할 수 있다면 어디든 지원한다'는 마음도 좋지만, 정말 내가 합격하여 연고도 없는 부산이라는 타지에서 집을 구하고 일하며 살아가야 한다는 조건을 잘 이겨낼 수 있는 의지와 마음을 확고하게 가지고 있는지 잘 정리해야 하고, 이 부분이 확고하다면 실제 면접에서도 내가 에어부산 승무원으로 근무하며 마주하게 될 조건에 대해 확실한 의지는 물론 적합한 사람이라는 것을 보여줄 수 있는 방향으로 면접을 준비해야 함을 기억하기 바랍니다.

13
최근 몇 년간 가장 자주 나온 면접 질문 '워라밸'

승무원은 물론 지상직 면접을 가르치는 강사로 일하는 시점에서 매 채용에 참여하는 학생들을 통해 빠르게 변화하는 채용의 흐름과 방향을 읽기 위한 과정에 가장 중요한 것이 있다면 실제 면접에서 나오는 질문들입니다.

항상 강조하는 것과 같이 승무원과 지상직 면접은 각자의 항공사가 나아가고자 하는 운영방향에 따라 면접 역시 최신의 정보를 통한 준비는 물론 오랫동안 고수되는 고전의 법칙이 함께 적용되어야 하는 만큼 최근 몇 년간 실제 승무원과 지상직 면접에서 나왔던 질문 중 과거와 달리 유독 자주 눈에 띄는 질문 중 하나인 '워라밸'에 대해 얘기해 보고자 합니다. 실제 면접에서 자주 등장하는 만큼 여러 기출문제에서도 쉽게 접할 수 있을 듯합니다.

사실 워라밸에 대한 생각을 묻는 질문은 매우 간단해 보이지만 여전히 의아함을 느낄 수 있는 만큼 워라밸보다 더 자주 나오는 질문은 수도 없이 많지만 최근 사회적인 분위기와 변화를 담은 질문인 만큼 기출문제 중에서도 따로 뽑아 얘기하는 점 참고 바랍니다. 지원 동기, 승무원의 자질, 장단점 등은 여전히 매 채용마다 항상 받게 되는 다시 말해 고전의 법칙이 그대로 적용되는 승무원 면접의 법칙 중 일부를 보여주는 질문이 아닐까 싶습니다.

워라밸을 포함하여 이러한 질문들에 대한 내 생각을 정리한 답변을 만드는 과정에서 가장 우선시해야 하는 것은 각각의 질문이 가지는 요점과 질문자의 의도를 이해하는 것입니다. 물론 하나의 질문을 가지고 질문자의 의도를 100% 파악할 수 있다는 것은 불가능합니다. 일개 승무원 면접 강사라도 그것은 가능하지 않습니다. 상대의 마음을 100% 읽을 수 없기 때문이죠. 그게 가능하다면 면접과 관련한 신의 경지에 오른 것이나 마찬가지일 듯합니다. 특히나 똑같은 질문을 가지고도 사람마다 의도가 다를 수 있다는 점 역시 무시할 수 없습니다. 그렇기 때문에 그 누구도 하나의 질문을 가지고 모든 면접과 모든 면접관에게 적용될 수 있는 정답을 제시할 수 없지만 여전히 승무원 면접의 어떤 상황에서도 맞지 않는 오답은 존재하기 마련이죠.

승무원 면접이라는 전제하에 자주 나오는 질문들에 대해 할 수 있는 말들과 할 수 없는 말은 어느 정도 존재하는 만큼 워라밸 역시 그럴 것이라 봅니다. 물론 강사마다 조금 다를 수 있지만, 저는 이 질문에 이 답변은 "된다" 혹은 "안 된다"로 정답이 존재하는 것마냥 칼같이 자르는 것은 반대합니다. 위에서도 이미 얘기했지만, 면접관도 사람인 만큼 사람마다 모두 생각이 다르고, 질문 의도가 다르며, 답변을 받아들이는 생각도 다르기 때문이죠. 특히나 승무원이라는 직업 자체가 여러 승객들을 공평하게 응대해야 하는 직업인 만큼 칼같이 어느 한쪽으로 치우치는 답변은 좋지 않다고 생각합니다. 그러나 워라밸을 물어보는 질문의 의도는 어느 정도 명확한 것으로 보입니다.

우선 신조어인 워라밸의 뜻은 이미 다 알고 있겠지만, 일과 생활에 대한 적당한 밸런스가 중요함을 강조하는 것이죠. 일반적으로 승무원이라는 직업은 사실상 워라밸에 매우 적합한 직업은 아니라고 생각합니다. 워라밸에 가깝기보다는 오히려 워라밸에 적합하지 않다는 이미지가 강합니다. 그렇기 때문에 회사의 입장에서는 너무 워라밸을 중시하거나 워라밸에 맞는

당신은 승무원의 자질이 있습니까?

삶을 살고자 한다면 힘든 승무원의 스케줄을 오래 버티지 못할 것이라 판단할 수 있습니다. 물론 그렇다고 인위적으로 워라밸도 중요하지만 승무원으로서의 삶도 중요하다거나 '저는 일을 너무 좋아하고 사랑한다.' '워커홀릭이다'라는 식의 흐름은 저는 개인적으로 반대합니다.

물론 꾸며낸 인위적인 얘기로 들릴 수 있기 때문이기도 하겠지만, 승무원이라는 직업 자체가 여러 조건의 승객들을 공평하게 응대해야 하는 중립이 중요한 직업인 만큼 모든 질문에 너무 한쪽으로 치우친 색깔을 보여주는 답변은 피하는 것이 좋습니다. 그렇기 때문에 오랫동안 건강하게 직업을 유지하며 근무하기 위해서 워라밸은 절대 무시할 수 없는 부분일 것이며, 생각하기에 따라 승무원도 워라밸에 적합한 직업이라고 생각할 수 있다는 방향으로 답변을 구성할 것을 추천합니다.

단순한 접근에서 승무원 스케줄을 생각할 때는 밤낮없이 일해야 하고, 새벽에도 일하는 직업이기 때문에 워라밸에 매우 적합하지 않을 수 있지만, 실제 승무원 스케줄을 겪어보면 너무 그렇기만 한 것은 아니라고 주장합니다. 승무원은 보통 한 달에 8~10일 정도의 휴무가 주어지기 때문에 실제 일하는 날짜로는 주 5일 근무하는 것과 비슷합니다.

하지만 여기서 조금 좋은 점이 있다면 다른 나라로 비행을 갔다가 그 나라에서 체류하고 돌아오는 인바운드 비행을 통해 각자가 근무하는 홈 베이스로 도착했다면 그날도 이미 비행한 것으로 치기 때문에 사실 그날은 하루 종일 쉬는 것과 다름이 없습니다. 예를 들어 내가 오늘 인천에서 다낭 비행을 갔다가 하루 호텔에서 쉬고 돌아오는 다낭에서 인천까지의 비행을 했다고 가정했을 때, 인천에 만약 새벽 6시에 도착했다면, 아직 하루의 아침이 제대로 시작되지도 않은 시점이지만, 그날은 이미 비행한 날이다 보니 하루 종일 쉬는 날이라고 생각할 수 있습니다. 그렇기 때문에 실제로 매달 스케줄이 나올 때마다 휴무 개수를 확인하는 것과 더불어 새벽에 인바운드로 도착하는 비행이 몇 개인지 체크하기도 합니다. 물론 업무 강도가 높기 때문에 쉬느라 정신이 없겠지만, 그중에 일부는 부지런히 그런 시간들을 활용하여 자기 계발을 하는 사람도 있습니다. 따라서 내가 체력이 좋고 부지런하다면 충분히 다른 직업에 비해 시간을 활용할 수 있는 기회들이 많기 때문에 '워라밸에 맞는 삶을 살 수도 있는 직업이 아닐까?' 감히 얘기합니다.

여전히 항공사마다 비행시간과 스케줄에 대한 강도는 다르기 때문에 단언할 수 없지만, 많은 항공사들은 대체로 위의 설명과 비슷하기 때문에 본인만 부지런하다면 시간 활용을 잘할 수 있는 직업이라고 생각합니다. 조금 길게 설명했던 실제 승무원들이 비행하며 스케줄에서 느낄 수 있는 부분들에 대한 얘기를 참고하여 단순히 '워라밸에 절대 맞지 않는 직업이다'라는 생각을 피하고 내가 생각하는 워라밸과 승무원 스케줄에 대한 생각을 잘 접목하여 한쪽으로 너무 치우치거나, 주장하는 색깔이 강하지 않은 선에서 면접관을 설득시킬 수 있는 답변을 만들어나가기 바랍니다.

마지막으로 강조하고자 하는 말이 있다면 워라밸에 대한 답변을 떠나, 모든 면접에서의 답변들은 진심을 얘기할 때 가장 잘 통합니다. 면접을 위해서 만들어낸 얘기를 할 때 그 사람의 눈빛, 분위기, 표정, 몸짓 등과 진짜 내 얘기를 할 때 전해지는 모든 것들은 진심이 전달되는 정도가 너무 다르기 때문에 항상 내가 가장 보여주고자 하는 그리고 내가 느낀 솔직한 내 얘기를 풀어내는 훈련을 중점적으로 할 수 있기 바랍니다.

14
승무원 면접 공략! 안전이냐? 서비스냐?

성별과 관계없이 승무원을 칭하는 영어 단어는 Cabin crew 혹은 Flight attendant가 있고 단어마다의 유래가 어찌 됐든 이 두 단어는 현장에서 가장 많이 사용하는 단어입니다. 항공사마다 공식적으로 사용하는 단어를 정하기도 하는 만큼 승무원 면접을 준비하는 상황에서 영어 면접 대비 혹은 외항사 면접에 참여하게 되는 사람이라면 내가 지원하고자 하는 항공사에서 어떤 단어를 공식적으로 사용하는지 알아볼 필요는 있습니다.

또한, 성별로 구별하기 위한 단어는 스튜어디스 혹은 스튜어드라는 단어로 사용되며, 스튜어드는 남자 승무원을 뜻하게 됩니다. 물론 실제로는 남승무원 혹은 남자 승무원으로 업계에서 더 사용되지만 승무원 준비를 처음 하고자 접근한 사람들이나 아예 관련 없는 사람의 경우 스튜어드라는 단어가 더 익숙하게 사용되는 듯합니다.

단어마다의 유래를 찾아보는 것은 저 역시도 너무나 흥미로운 공부라고 생각합니다만, 이미 현장에서 너무 흔하게 사용되는 단어들인 만큼 유래나 뜻이 잘못 사용되더라도 큰 의미는 없을 것이라 생각합니다. 제가 국내 항공사와 외국 항공사 모두에서 승무원으로 직접 근무했던 경험 그리고 승무원이 되고자 하는 학생을 교육하는 승무원 출신 강사로서 활동하는 만큼 승무원 면접에 대해 얘기하기엔, 사실 하나의 주제로 한 장에 모든 얘기를 써나가기엔 너무도 부족합니다만 오늘은 승무원 면접에서 바라보는 안전과 서비스에 대한 얘기를 해보고자 합니다. 업무에 대한 자세한 얘기라기보단 승무원 면접에서 안전과 서비스라는 키워드가 가지는 현실적인 시선에 대한 얘기가 아닐까 싶습니다.

승무원이 되고자 하는 학생을 처음 만나는 순간에 제가 항상 물어보는 것이 있습니다. 승무원이 기내에서 하게 되는 안전과 서비스라는 두 카테고리의 업무 중 어떤 것이 더 중요한지에 대해 승무원 면접에서 질문을 받았다면 "본인은 어떻게 대답하느냐?"입니다. 대부분의 학생들은 "안전이 더 중요하다"라고 대답합니다. 이 질문만 놓고 말한다면 정답은 안전입니다.

안전이 보장되어야 서비스도 할 수 있을 것이고, 입사 후 항공사마다 정해진 매뉴얼에 따라 교육을 받겠지만 매뉴얼에서 가장 강조되는 것 역시 승무원의 첫 번째 업무는 안전이기 때문이죠. 기내에서 승객의 편의를 위한 서비스도 물론 하고 있지만 어쨌든 승무원이 비행기에 탑승하는 이유의 첫 번째는 안전입니다.

하지만 너무나 안타깝게도 제가 던진 "면접에서 어떤 것이 더 중요하냐라는 질문을 받았을 때 어떻게 대답할 것인가"라고 던진 이 질문에서 학생들에게 조금이나마 더 원하는 대답은 안전이 아닌 서비스입니다. 저 질문만을 떼어놓고 본다면 정답은 안전이지만, '면접에서 이 질문을 받는다면'이라는 전제가 있었던 만큼 제가 개인적으로 원하는 대답은 서비스입니다. 물론 이 면접을 준비함에 있어 절대 정답을 제시할 수는 없다는 것이 저만의 변함없는 주장입니다.

면접관들조차도 각자 다른 생각을 가지고 있기 때문에 정답이 없는 이 면접에서 일개 승무원 면접 강사의 입장에서 '어떤 것이 정답'이라고 제시할 수 없다고 생각합니다. 그럼에도 불구하고 여전히 제가 원하는 대답이 서비스인 이유는 승무원을 뽑기 위한 승무원 면접에서 이 질문을 했기 때문이죠. 만약 이미 열심히 비행을 하는 현직 승무원이나 교육을 받고 있는 신입 승무원에게 이 질문을 했을 때 그들의 대답이 안전이 아닌 서비스라면 그 사람은 다시 교육을 받아야 합니다. 어쨌든 승무원이 기내에 탑승하는 첫 번째 이유는 안전이기 때문입니다.

하지만 승무원을 뽑기 위한 승무원 면접에서 이 질문을 면접관이 지원자에게 했을 때 지원자의 대답이 "첫째도 안전, 둘째도 안전, 안전만이 중요합니다"와 같은 방향으로 답변해 나간다면 사실상 면접관들은 대부분 좋아하지는 않는다고 확신합니다. 우선, 승무원 면접에서 최종합격을 했다고 해서 바로 승무원으로 비행기에 탑승할 수 없다는 것을 알아야 합니다.

항공사마다 조금씩 차이는 있겠지만 2달에서 4달 정도의 초기 훈련이라고 하는 교육을 받아야만 신입 승무원이 정식 승무원으로 비행기에 탑승할 수 있습니다. 이때 여러 가지를 배우게 됩니다. 어떤 것들을 배우는지에 대해 짧게만 얘기하자면, 비행기가 비상 착륙했을 때 승객을 탈출시키는 방법 혹은 비행기가 물 아래 혹은 위에 빠졌을 때 승객을 구조하는 방법, 기내 내부에서 봤을 때는 기내 화제나 응급 환자를 다루기 위한 교육을 받아야지만 정식 승무원이 될 수 있습니다. 그렇기 때문에 여전히 현직 승무원들에게는 기내에서 가장 중요한 업무가 안전인 만큼 항공사에서는 승무원을 '안전요원'이라고까지 부릅니다.

그만큼 안전이 중요함을 간접적으로나마 알 수 있습니다. 하지만 승무원을 뽑기 위한 승무원 면접에서 면접관이 지원자를 바라볼 때 안전이라는 키워드는 사실 조금 다르다고 주장합니다. "누구나 다 입사해서 교육받으면 할 수 있는 업무"라고 생각합니다. 하나의 업무를 안전업무라고 바라봅니다. 아직까지 이 얘기가 의심이 된다면, 하나의 예로 승무원에게 안전이 중요하다고 하니 승무원 면접에서도 안전요원을 뽑아야 한다고 한다면 어떤 것들을 평가해야 할까요?

긴박한 상황에서 어떠 자질이 필요해서 이 자질들을 승무원 면접에서 평가해야지만 결과적으로 "제대로 된 안전요원을 뽑았다!"라고 말할 수 있는지 예를 들어보겠습니다.

실제 입사 후 교육받는 내용이지만, 과학적으로 비행기에 충격이 가해진 사고 후 폭발하기까지 주어지는 시간은 90초입니다. 90초라는 짧은 시간 안에 몇백 명의 승객을 탈출시키기 위한 순발력, 민첩성, 운동신경, 그리고 내가 누군가를 구조하기 위한 안전요원으로 지치면 안 되기 때문에 체력 역시 중요합니다. 체력 테스트가 면접과정에 있다고는 하지만 사실상 매우 간단한 일부 종목으로 테스트를 진행하며 합격과 탈락에 큰 영향을 미치지도 않는 게 사실입니다. 더 중요한 것은 누군가를 구조하고 탈출시키는 긴박한 상황에서 필요한 정도의 체력을 확인할 수 있는 수준의 테스트는 더더욱 아니라는 게 부정할 수 없는 사실이죠.

또한, 체격도 중요합니다. 모든 승객을 탈출시키는 과정에서 덩치 큰 남자 승객이 쓰러져 있어 데리고 나가야 하는 상황에서 내가 왜소하면 안 되겠죠. 이외에도 상황을 바로바로 판단할 수 있는 판단력, 여러 상황에서 바로 대처할 수 있는 대처능력 등이 정말 제대로 된 안전요원을 뽑는다면 평가해야 할 요소라고 생각합니다. 하지만 실제로 우리가 알고 있는 승무원 면접

당신은 승무원의 자질이 있습니까?

은 어떤가요? 헤어, 메이크업 예쁘게 하고 예쁘게 정장 입고 예쁜 미소로 면접을 보는 게 실제 승무원 면접입니다. "기내에 지금 불이 났습니다. 어떻게 대처할 것인가요?"라는 질문은 실제 승무원 면접에서 나오지 않죠. "승객이 지금 어떤 컴플레인을 했습니다. 본인은 어떻게 대처할 것인가요?"라는 식의 질문이 주를 이루는 것이 승무원 면접입니다.

그렇다면 우리가 알고 있는 안전요원과 승무원 면접은 너무 상반되어 있습니다. 다시 한번 정리해 보자면, 현재 열심히 비행하는 현직 승무원들에게는 기내에서 가장 중요한 것이 안전업무지만, 승무원을 뽑기 위한 승무원 면접에서만큼은 면접관이 지원자를 바라볼 때 안전이라는 것 자체가 입사 후 누구나 다 교육받으면 할 수 있는 업무라는 인식이 깔려 있기 때문에 실제 면접에서는 안전에 대해서는 크게 지원자를 평가하지 않습니다. 그럼 어쨌든 '안전업무는 입사 후 교육하면 된다'라고 해서 평가하지 않는다고 한다면 그렇다면 도대체 내가 지금 준비하고 있는 혹은 앞으로 준비하게 될 승무원 면접은 어떤 것들을 평가하는 면접일까요?

저는 승무원 면접 강의를 하면서도 그렇고 이 준비를 처음 하고자 고민하는 학생을 만날 때도 그렇고 강조하는 것 중 하나가 바로 내가 지금 보고자 하는 면접이 어떤 것들을 평가하는지에 대한 정확한 이해가 가장 먼저 필요하다는 것입니다. 내가 보고자 하는 면접이 어떤 것들을 세부적으로 평가하는지에 대한 정확한 이해도 없이 이 준비를 시작한다면 결과는 확실하게 얘기해 줄 수 있습니다.

예를 들어 이 면접은 A를 평가하는데 나는 계속 B를 준비하고 있다면 합격과는 멀어질 수밖에 없겠죠. 승무원 교육 수료 후 정식 승무원으로 이미 비행을 열심히 하고 있는 사람들을 평가한다면 물론 안전이라는 것들이 가장 주된 평가요소가 됩니다. 하지만 승무원을 뽑기 위한 교육을 받지 않은 지원자를 평가할 때의 잣대는 당연히 다를 수밖에 없겠죠. 하지만 대부분의 지원자들은 겉으로 보이는 부분들 다시 말해 항공사에서 항상 표면적으로 강조하는 안전에 대해서 대부분 초점을 맞추게 됩니다. 실제 면접관들이 가장 주되게 평가하고자 하는 방향에 대해서는 생각하지 않는다는 거죠.

안전이 가장 중요하다는 것은 여전히 부정할 수 없으나 우리는 합격해야 하는 지원자인 만큼 면접에서 지원자를 평가하는 요소에 대한 정확한 이해가 우선 필요합니다.

안전이 가장 주된 평가가 아니라면 그럼 이 면접은 어떤 것들을 평가하는 면접일까요?라는 질문에 대부분의 학생들은 서비스?라는 답변을 내놓습니다.

물론 서비스만을 강조하는 것도 조금은 위험할 수 있습니다. 이건 비단 안전과 서비스를 선택하는 질문이 아니어도 그 어떠한 상황에서도 승무원 면접에서는 칼같이 자른 듯 선택한 답변을 하는 것은 좋은 방향이 아니라고 생각합니다.

여전히 저는 위에서 강조했던 것과 같이 절대 정답이 있을 수 없는 면접이라고 생각하기 때문에 이 주장 역시 정답은 아니겠지만 승무원이라는 직업의 본질을 놓고 봤을 때 몇백 명의 다양한 승객들을 공평하게 응대해야 하는 직업인 만큼 어떤 답변을 할 때에도 한쪽으로 너무 치우친 답변은 이 직업에 적합한 사람이라는 것을 증명하는 좋은 자질을 보여주는 과정에 걸림돌이 될 수 있습니다. 그럼에도 불구하고 여전히 이 면접에서 가장 주되

당신은 승무원의 자질이 있습니까?

게 평가되는 부분들은 '이 지원자가 우리 항공사에 들어와서 지갑을 열고 돈을 쓰는 승객들을 최전방에서 얼마나 잘 응대할 수 있느냐'에 대한 것에 초점이 맞춰지게 됩니다.

그렇다면 이 사람이 응대를 잘할 수 있다, 아니다를 알기 위해서는 어떤 것들을 세부적으로 봐야 될까요? 그냥 딱 세워놓고 본다고 서비스를 잘하겠다, 아니다를 평가할 수는 없겠죠. 승무원이라는 직업과 승무원 면접을 떠올렸을 때 누구든 가장 먼저 떠올리는 '미소'도 평가하고 정확한 정보를 전달하면서도 기내에서 방송을 해야 하기 때문에 평가하는 '목소리', 외국인 승객을 응대해야 하는 만큼 '언어능력', 기내에 탑승할 때 가장 먼저 마주하는 사람이기 때문에 평가하는 '첫인상', 유니폼을 입고 직접 대면해서 사람을 장시간 응대해야 하는 직업이기 때문에 겉으로 보이는 '외적인 이미지', 적절히 사람을 친절하게 응대하기 위한 기본이 되는 '인성' '서비스 마인드' '자세' '태도', 기내에서 서비스를 함에 있어서 일어나는 여러 상황에서 빠르게 대처할 수 있는 '대처 능력' 등이 가장 주되게 평가됩니다.

서비스라는 것이 결국에는 누군가를 대면해서 응대해야 하는 만큼 겉으로 보이는 부분들이 가장 주되게 평가될 수밖에 없고 그와 동시에 친절함에 대한 진심을 보여주기 위한 내면의 부분들까지 우선적으로 함께 확인받게 됩니다.

물론 제가 이 긴 얘기들을 나열한 이유는 주제와 같이 승무원 면접에서 의미하는 안전과 서비스라는 키워드에 대한 얘기를 하고자 한 것이지만 더 중요하게 강조할 것이 있다면 내가 지금 보고자 하는 승무원 면접이 어떤 것들을 평가하는지에 대한 정확한 이해가 필요하다는 것입니다.

내가 보고자 하는 면접 혹은 이미 준비하고 있는 면접이 세부적으로 어떤 것들을 평가하는지에 대해서도 정확히 이해하고 있지 않으면 이 면접에서 합격과는 멀어질 수밖에 없을 것이라 확신합니다.

이 글을 읽는 사람들은 승무원에게 가장 중요한 것이 안전이라는 것을 부정하는 듯한 이 면접에 조금은 당황스러울 수 있으나, 절대 승무원에게 안전이 중요하지 않다는 것이 아닙니다. 승무원과 안전은 절대 부정할 수 없는 가장 중요한 조합입니다만 안전과 관련된 사항들은 입사 후 교육을 통해 만들어지는 부분이기 때문에 실제로 기내에서 승무원이 하는 업무에서 90% 이상을 차지하는 사람 응대에 대한 부분을 면접에서는 더 평가하게 됩니다.

단기간에 만들어질 수 있는 것들이 아니기 때문이죠. 안전과 서비스 중 어떤 것이 더 중요하냐?에 대한 질문을 던졌을 때 대부분의 학생들은 안전이라고 얘기한다고 했고 저 역시도 물론 이 준비를 처음 했던 나이로 돌아가면 안전이라고 생각하고 얘기했던 순간들이 있었습니다. 너무나 잘 이해가 됩니다.

저도 그랬고 이 준비를 했었던 사람들이라면 공감할 수 있겠지만 준비하는 과정에서 하나의 공통된 압박 아닌 압박을 가지게 됩니다. '내가 옆에 있는 지원자랑은 조금 다른 모습을 보여줘야 한다' '이 면접 조에서 내가 특출함을 보여줘야 한다'와 같은 생각을 가지게 되고 이런 압박을 풀어나가려는 과정에서 내가 승무원 면접에서 승무원 지원자로서 '안전의식이 있는 사람입니다.'를 보여주는 방향으로 특출함을 보여주려는 학생들이 많습니다.

저 역시도 그랬고 남학생들이 유독 그렇습니다. 하지만 너무나 안타깝게도 이 승무원 면접에서 승무원 면접관들은 지원자에게는 안전에 대해 크

216

게 궁금해 하지 않습니다. 이런 제 주장을 뒷받침할 수 있는 증거로 항상 이 야기를 합니다. 인터넷에 있는 수많은 승무원 관련 카페나 블로그와 같은 커뮤니티에 항상 올라오는 기출문제를 많이 봤을 것입니다. 실제로 면접에 나왔다고 하는 기출문제를 정리해서 올린 자료들을 많이 찾아봤다면 공감 하겠지만 그 어디에도 안전에 대한 질문은 없습니다. 대부분 서비스와 관련 된 질문들이죠.

실제로 면접에서 지원자에게 안전에 대해 묻지 않는 이유는 뭘까요? 이 면접에서만큼은 안전에 대한 교육을 받지 않은 지원자에게 별로 궁금해 하 는 부분이 아니라는 것이죠. 특히나 일부 면접관들은 남자 승무원 지원자가 안전 키워드로 묶이는 것을 더더욱이나 진부해 하기까지 합니다. 남자 조로 면접을 보면 8명 중 8명이 대부분 첫째도 안전, 둘째도 안전, 안전이 가장 중요합니다라고만 하기 때문이죠.

물론 안전을 절대 말하면 안 된다는 것은 아니지만 누가 봐도 안전에 대해 특출함을 보여줄 수 있는 특별한 삶을 살아온 이력이 없는데도 불구하 고 앞뒤 없이 안전에 대해서만 강조한다면 그 누구도 설득할 수 없을 것이 라 생각합니다.

내가 만약 살아온 이력에서 안전과 연결지을 수 있는 관련 학과를 졸업 했거나 관련된 이력을 혹은 경험을 가지고 있다면 안전을 강조해도 충분히 누군가를 설득할 수 있지만, 단적인 예로 경영학과를 졸업하고 운동이나 체 력관리 등에 평소 전혀 관심이 없으며 누가 봐도 겉모습이 듬직하지 않은 상 황에서 안전! 안전! 을 강조한다면 설득력이 떨어질 수밖에 없고, 진부하게 들릴 수밖에 없을 것입니다.

물론 입사하는 순간 생각이 바뀌어야 합니다. 안전이 가장 중요한 승무원으로 입사를 해야 하고, 교육을 받으며 더 절실하게 안전의 중요성을 느껴야 하지만 현재 우리는 합격해야 하는 지원자인 만큼 '승무원 면접에서 가장 주되게 평가하고자 하는 방향에 맞춰 준비를 해줘야 한다'라고 이해할 수 있습니다.

안전이 중요하다는 생각을 버리라는 것이 아닌 승무원 면접이라는 것에 합격을 해야만 안전이든 서비스든 할 수 있는 승무원이 되는 만큼 이 면접에서 내가 합격할 수 있는 준비를 하기 위한 과정에서 너무 한쪽으로 치우치는 주장은 피해야 하고, 특히나 면접관들이 지원자에게 기대하고 궁금해 하는 부분들에 더 초점을 맞춘 내용들로 준비가 되어야 한다는 것을 항상 기억하기 바랍니다.

15
압박면접을 올바르게 준비하고 대처하는 법

압박면접은 승무원 면접뿐만 아니라 일반적인 면접에서도 흔히 볼 수 있긴 합니다. 하지만 유독 승무원 면접에서 자주 등장하는 압박면접은 승무원을 준비하는 지원자들이 가장 두려워하는 것 중 하나가 아닐까 싶습니다.

저 역시도 승무원 면접을 보던 당시 최종면접에서 꼬리에 꼬리를 무는 10개 내외의 질문으로 압박을 받고 합격한 경험이 있으므로 면접을 준비하는 지원자의 관점에서 압박면접에 대한 부담을 느끼는 것은 당연하다고 생각합니다. 하지만 한 가지 안타까운 점은 정말 네가 누군지에 대한 것을 알기 위해 물어보는 다양한 질문들을 긴장한 분위기 탓에 압박이라고 생각하고 더 긴장하여 전체 면접을 망치는 경우가 있다는 것입니다.

정말 그 사람에 대한 궁금증으로 답변이 궁금해서 여러 질문을 하는 경우와 질문으로 압박을 가해 지원자를 평가하는 압박면접은 조금 다르다는 것을 이해해야 합니다. 압박면접으로 물어보는 질문들 역시 물론 답변이 중요하지 않다고 할 수 없지만, 압박하는 가장 근본적인 이유는 기내에서도 발생할 수 있는 여러 곤란한 상황들을 얼마나 유연하게 잘 대처해 나갈 것인가에 대한 능력들을 보기 위함입니다.

질문에 정답을 말하지 않더라도 당황하거나 긴장하지 않고, 손님의 요구를 얼마나 잘 이해하고 적절히 응대할 수 있느냐를 보기 위한 것으로 정답을 말하기 위해 신경을 쓰기보다는 당황하지 않고, 침착하게 하나하나 풀어나가는 것에 집중해야 합니다.

특히나, 당황스러울 수 있는 질문을 받았을 때 순간 당황하거나 긴장하여 미소나 자세가 흐트러지는 경우가 있습니다. 승무원 면접에서 필요한 미소와 자세들은 일반면접이나 평소와 달리 매우 곧은 자세를 유지하고 있기 때문에 똑같은 복장과 자세를 하고 있는 6~8명 속에서 조금이라도 흐트러지면 면접관의 위치에서 너무나 크게 눈에 띄게 된다는 단점이 있습니다. 그러므로 내가 당황하거나 긴장하여 자세가 흐트러진다면 면접관의 위치에서는 바로 들통나게 되고, 이로 인해 면접관은 '저 지원자가 당황했구나' 그리고 더 나아가 기내에서도 당황하면 '대처를 못하겠구나'라는 생각을 할 수밖에 없는 만큼 결국 기내에서도 조금만 승객이 일반적이지 않은 요구를 하면 적절히 응대할 수 있는 능력이 없다고 생각하게 됩니다. 승무원 면접에서 압박면접이라는 것은 피할 수 없는 과제이기 때문에 평상시 압박면접에 대한 대비가 잘 되어 있어야 합니다.

우선 가장 중요한 것은 기출문제들을 통해 자주 나올 수 있는 질문들에 대해서는 한 번씩 다뤄봐야 합니다. 내가 그 답변을 완벽히 작문하여 외우는 것도 아주 좋지만, 세상에는 너무나 많은 기출문제가 존재하기 때문에 모든 질문을 완벽하게 준비하는 것에는 한계가 있으니, 완성하여 외우지는 못하더라도 여러 질문에 대한 대답을 한 번씩 생각해 보고 넘어가는 시간을 가지는 게 좋습니다.

추가로 지원자들이 가장 많이 실수하는 것 중 하나가 바로 내가 면접관의 질문을 이해하지 못했을 때, 다시 물어보는 것이 두려워 확실하지 않은 질문에 대해 대답을 하는 경우입니다. 물론 한 번에 면접관의 질문을 이

당신은 승무원의 자질이 있습니까?

해하고 답하는 것도 중요하지만, 내가 이미 질문을 이해하지 못한 상황에서 이해한 척 동문서답을 하는 것보다는 정중하게 다시 한 번 질문을 요구하고 제대로 된 대답을 하는 것이 더 좋습니다.

조금은 어렵겠지만, 압박면접이 진행되는 가운데 내가 상황에 따라 약간의 유머를 더할 수 있는 답변할 수 있다면 그 또한 가끔 도움이 되는 경우도 있습니다. 무거운 분위기를 깰 수 있는 무기 중 하나가 될 수 있지만, 내가 위트를 더했을 때 어색하거나, 상황상 어울리지 않는다면 하지 않는 것이 좋겠죠.

결국, 압박면접을 이겨내고, 당황스러운 순간에도 침착하게 면접을 풀어나갈 수 있는 기술을 쌓을 방법은 연습밖에 없다고 생각합니다. 평상시 꾸준한 연습과 다양한 답변을 다뤄보는 노력만이 압박면접을 잘 헤쳐나갈 수 있는 방법임을 기억하기 바랍니다.

16
승무원 되려고 봉사활동 하지 마라

승무원이라는 하나의 직업에 처음 도전하고자 하는 학생들을 매일 만나는 강사로 일하면서 그들에게 여러 질문을 받습니다. 그중 "승무원 면접 준비를 위해 봉사활동을 해야 하느냐"에 대한 얘기를 해보려고 합니다.

한 번쯤은 다들 생각해 봤을 법한 질문이 아닐까 싶습니다만 우선 가장 먼저 얘기하고 싶은 것은 승무원 면접에 절대 정답은 존재하지 않는다는 것입니다. 단적인 예로 토익 800점 이상, 키 168 이상, 봉사활동 100시간 이상, 피부는 파운데이션 21호에 맞는 피부톤, 그리고 취미는 독서여야 한다는 정답이 절대 존재하는 면접이 아니라는 것을 먼저 강조하고 싶습니다. 800점이 아닌 토익 799점, 키 167cm, 봉사활동 99시간, 파운데이션은 23호를 쓰는 피부톤, 취미는 독서가 아닌 보드게임이어도 여전히 승무원 면접에서 합격할 수 있고 최종적으로 승무원이 될 수 있습니다.

면접관들조차도 개인마다 생각이 다른 상황에서 하물며 승무원 출신으로 학생들을 가르치는 승무원 면접 강사라는 신분으로 절대 승무원 면접에서 '정답'을 제시하듯 수업을 진행하는 것에 저는 반대합니다. 누가 봐도 승무원처럼 그림이 그려질 수 있기 위해 내적인 그리고 외적인 모든 것이 승무원 이미지에 맞게 보이도록 만들어나가는 준비가 필요하고, 그 준비에 개개인에 맞춰 적합한 부분들을 찾아주는 것이 바로 승무원 면접 강사가 해야 하는 역할이라고 봅니다만 업계 관계자분들은 이 글을 싫어하거나 동의하지

당신은 승무원의 자질이 있습니까?

않을 수 있다고는 생각합니다. 서론이 길었습니다만, 결국 승무원 면접 준비에서 봉사활동이 주는 의미 역시 마찬가지라고 생각합니다. 물론 제 의견조차 절대 정답이 될 수 없습니다만 여전히 저는 '필요하다' '필요하지 않다'라고 무조건 단정 지어 말할 수는 없다고 생각합니다.

　시작의 계기가 어찌 됐든 누군가 꾸준히 어려서부터 봉사활동을 통해 어떤 영감을 받았거나 나름에 뜻을 두고 꾸준히 해왔다면 그 사람은 승무원 면접과 관련 없이 내가 봉사활동이라는 경험을 통해 자연스럽게 승무원이라는 직업에 어울리는 적합한 사람이라는 것이 면접에서 상대에게 전달될 수 있는 요소가 될 것입니다.

　하지만 누가 봐도 승무원 면접에서 좋은 이점을 받기 위해 급조하여 시작한 이력이라면 자연스럽거나 스스로와 봉사활동이 주는 본질적인 뜻은 어울리지 않을 것이고 이력서상에 숫자를 떠나 경험들이 자연스럽게 묻어 나오지 못하기 때문에 진심이 전달되지 못할 것이라 확신합니다.

　제가 수업에서 항상 강조하는 말이 있습니다. "면접을 위해 만들어낸 얘기를 할 때와 진짜 내 얘기를 할 때는 진심이 전달되는 정도가 다르다." 입니다.

　속일 수 있을지언정 내 눈빛, 손짓, 억양, 말투, 분위기 등이 이미 내 얘기가 아니라면 달라질 수밖에 없기 때문에 상대에게 진심이 전달되지는 않는다고 생각합니다. 승무원 면접과 봉사활동이 가지는 상관관계를 따지기 이전에 나 스스로와 누군가에게 대가 없이 행하게 되는 봉사라는 것이 자연스럽게 어울리고 진심이 전달될 수 있어야만 그제야 봉사활동이라는 것이 승무원 면접에서 작게나마 이점으로 작용할 수 있다고 생각합니다. 물론 여전히 위에서 얘기했던 것과 같이 면접관조차도 생각이 다른 와중에 그 누구도 이 면접에서 봉사활동이 꼭 '필요하다' '아니다'를 얘기할 수 없지만, 내가 그저 면접만을 위한 목적으로 봉사활동이 가지는 본래의 의미 없이 빈칸을 채우기 위한 숫자만으로 봉사활동을 한다는 것은 결과적으로 면접에서는 진심이 전달될 수 없고, 더 나아가 진심이 전달되지 않는다면 좋은 점수를 받을 수 없는 것이 '승무원 면접'이라는 것은 확실하게 얘기할 수 있습니다.

다양한 항공사에 비슷한 팀이 있겠지만, 오늘자 뉴스를 통해 알 수 있듯이 에어서울 내부에는 봉사활동이라는 단어로 만들어진 승무원 특화팀이 있습니다. 여전히 제 추측입니다만, 그들은 입사 후 아무런 혜택을 받을 수 없는데도 불구하고 봉사활동이 가지는 순수한 본질을 잘 이해하고 작은 도움으로도 스스로 보람을 느낄 수 있는 승무원들이 모여 만들어진 팀이 아닐까 추측해 봅니다. 그리고 꾸준히 과거부터 봉사활동을 해왔을 것이라 생각합니다.

승무원이라는 직업은 누군가에게 정해진 업무 이외에 추가적인 친절을 베풀고 아무런 대가 없이 보람을 느낄 수 있어야 오랫동안 '잘' 일할 수 있는 직업이라고 주장합니다. 그런 점에서 내가 작게나마 누군가와 함께하며 보탬이 될 수 있는 활동에 뜻이 있다면 지금부터라도 꾸준히 봉사활동에 참여해 볼 수 있고 더 나아가 나 스스로가 승무원에 적합한 인성과 태도를 가진 사람이 되기 위한 하나의 움직임으로 봉사활동을 고려할 수는 있지만, 면접에서 당장 어떤 큰 이점을 위해 움직이고자 하는 생각이라면 아무런 의미를 줄 수 없다고 생각하기에 오히려 면접에서 직접적으로 이점을 받을 수 있는 다른 것을 만들기 위한 시간을 보낼 것을 추천합니다.

당신은 승무원의 자질이 있습니까?

Chapter 5

외국 항공사
관련 정보

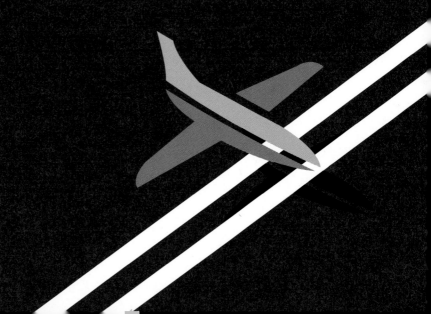

외국 항공사 관련 정보

1
한국인 승무원을 채용하는 외국 항공사

ICAO와 IATA에 등록된 전 세계 항공사 코드의 수는 5,000~5,500개 정도로 확인되고 있습니다. 5,000곳이 넘는 항공사가 전 세계에서 승객을 태워 나르고 있는 현재, 한국인의 신분으로 승무원이 될 방법이 비단 한국 항공사뿐만이 아니라는 것은 다 알고 있을 겁니다.

한국인을 승무원으로 채용하는 외국 항공사는 사실 한국인이 없는 항공사를 찾는 게 더 빠를 정도로 전 세계 방방곡곡 없는 곳이 없습니다. 오래전부터 한국인들은 외국 항공사에서 외국인의 신분으로 근무해 왔고, 현재는 더더욱 외국 항공사 승무원에 대한 인기가 높아지며 더 많은 항공사에서

당신은 승무원의 자질이 있습니까?

한국인들이 승무원으로 비행하고 있습니다. 유독 승무원이라는 직업에 대한 인기가 높은 나라이기 때문일 것이고 지원자가 많은 것에 비해 항공사의 수와 채용기회가 많지 않은 점, 국내 항공사의 경우 요구되는 것들이 많은 점을 이유로 외국 항공사에 문을 두드리는 것으로 생각합니다.

물론, 외국 항공사는 면접에서 합격하기가 더욱 어렵습니다. 영어로 면접을 봐야 하고 다양한 국적의 지원자들과 싸워야 하며, 내가 합격을 하더라도 한 번도 살아본 적 없는 도시에서 집을 구하고 휴대전화를 개통하며, 마트에서 장을 보고 살아가야 합니다. 외국 항공사는 현실입니다. 내가 한국에서 아무렇지 않게 했던 행동들을 아무의 도움도 없이 내가 모두 해나가야 합니다. 부모님의 도움을 받아서 학교에 다니며 유학생활을 하는 것과 직장을 구해 돈을 벌며 살아가는 외국 항공사에서의 근무는 매우 다르다는 것을 알고 도전해야 합니다.

그렇다면 항공산업의 주요 국가 중, 한국인을 채용하는 항공사는 어디인지에 대해 자세히 알아보겠습니다.

중동	도하	카타르항공
	두바이	에미레이트
		플라이두바이
	아부다비	에티하드
	샤르자	에어아라비아
	무스카트	오만항공
	사우디아라비아	사우디항공, 플라이나스
	쿠웨이트	쿠웨이트항공
	바레인	걸프항공
동남아시아	쿠알라룸푸르	에어아시아
		에어아시아엑스
		말레이시아항공
	싱가포르	실크항공
		싱가포르항공
		스쿠트항공
		젯스타아시아
	베트남	베트남항공
		비엣젯항공
		뱀부항공
	필리핀	에어아시아필리핀
		필리핀항공(기내통역원)
	캄보디아	스카이앙코르항공(한국 베이스)
	방콕	타이에어아시아엑스
		타이항공
	인도네시아	가루다 인도네시아

당신은 승무원의 자질이 있습니까?

중국	하이난항공	
	동방항공	
	남방항공(한국 베이스)	
	에어차이나	
일본	전일본공수(한국 베이스)	
	일본항공(기내통역원)	
	피치항공	
홍콩	캐세이퍼시픽	
	홍콩항공	
	홍콩익스프레스에어	
마카오	에어마카오	
유럽	핀란드	핀에어(한국 베이스)
	네덜란드	KLM(한국 베이스)
	이탈리아	알이탈리아(한국 베이스)
	프랑크푸르트	루프트한자
	프랑스	에어프랑스(기내통역원)

    주요하게 한국인 승무원을 뽑는 혹은 뽑았던 외국 항공사들을 나열했습니다. 물론 이 중에는 과거 한국인을 채용했고 현재 근무하고는 있으나, 더는 오랜 기간 채용을 진행하지 않는 항공사도 포함된 점 참고하기 바랍니다.

    또한, 한국인이 있지만, 영주권자만 뽑는 항공사들은 추가하지 않았습니다. 이 내용은 제가 직접 외항사를 준비하고 근무하며, 그리고 지금 학생들을 가르치며 얻은 지식을 바탕으로 했으나, 출판 후 자주 수정할 수 없는

책이라는 매체의 특성상 수정이 필요한 점 혹은 새롭게 추가될 사항이 있을
수 있는 점 참고해 주시기 바랍니다.

당신은 승무원의 자질이 있습니까?

2
외국 항공사 승무원 채용방식 총정리

국내 항공사는 각각의 항공사에서 공식 채용 사이트를 통해 온라인 접수를 하고 그 이후 자체적인 안내에 따라 면접에 참여하면 됩니다. 하지만 외항사 승무원 채용의 경우 외국 회사에서 면접을 진행하는 만큼 약간은 혼란을 느낄 수 있습니다. 특히나 외항사 승무원 준비를 처음 고민하는 학생들은 어떠한 채용방식을 통해 외항사 승무원이 되는지에 대한 정보가 없어 많이 어려워합니다. 한국인으로 외항사 승무원이 되는 방법은 크게 2가지로 나뉩니다.

1. 해외에서 모든 국적을 상대로 진행하는 해외 오픈데이 채용
2. 외국 항공사에서 면접관이 한국에 와서 승무원을 직접 채용

:: 해외 오픈데이

우선 오픈데이라는 것은 온라인으로 서류를 지원하고 합격자에 한해 면접을 보는 한국 항공사의 채용방식이 아닌, 외항사 채용 공식 홈페이지를 통해 날짜와 장소가 공지되면 그 시간에 맞춰 영문 이력서와 요구되는 서류를 가지고 누구나 가서 면접을 볼 수 있는 방식입니다. Walk-in 혹은 Open day라는 단어를 사용하는 면접입니다. 물론 외항사들은 한국에서 오픈데이를 여는 때도 있으나 대부분 한국인이 오픈데이에서 합격하는 사례

는 한국이 아닌 다른 국가에서 열린 오픈데이입니다. 면접이 진행되는 시간
은 항공사마다 차이가 있으나 하루 만에 모두 끝나거나 보통은 2~3일 정도
소요됩니다.

:: 오픈데이

반대로 한국에서 진행되는 오픈데이 채용은 말 그대로 외국 항공사에
서 한국인 승무원을 뽑고자 하여 외항사 면접관이 서울 혹은 부산에 직접
와서 채용을 진행하는 것입니다. 물론 한국에서 진행되는 오픈데이도 다른
여러 국가에서 진행하는 오픈데이와 같이 여러 국적의 지원자가 참여할 수
있으나, 한국은 워낙 승무원 지원자가 많은 만큼 참여자는 한국인이 대부
분입니다.

한국 채용의 경우 또다시 두 가지 방법으로 나뉩니다. 위에 설명한 해외
오픈데이처럼 한국에서도 똑같이 홈페이지에 날짜와 장소를 남기고 아무나
와서 면접을 보는 오픈데이 방식이거나, 한국의 경우 승무원 채용에 관심이
많으므로 지원자가 너무 많을 수 있다고 예상되면 공식 홈페이지를 통해 서
류를 미리 받고, 서류 전형에 선택된 지원자에 한해 초대장을 주고, 초대장
을 받은 학생에 대해서만 면접을 진행하게 됩니다.

이외에도 과거에는 일부 승무원 학원이 직접 외항사 채용의 1차를 대
행했던 시절이 있었습니다. 학원 대행 채용의 목적은 외항사에서 너무 많은
인원이 몰리는 한국 채용에 부담을 느끼고 1차 단계를 학원에서 미리 진행
해 주면 인원이 추려지기 때문에 학원 대행을 했습니다. 2차 면접부터 현지
면접관이 한국에 와서 진행하면 조금 더 수월하게 채용할 수 있었기 때문이

당신은 승무원의 자질이 있습니까?

죠. 하지만 최근 몇 년간 불거진 학원 대행 채용의 논란 등이 심해지면서 대부분의 학원 대행을 했던 항공사들은 학원 대행에 부담을 느끼고 한국에서 직접 채용하는 방식으로 한국인을 뽑고 있습니다. 항공사 입장에서도 큰 부담이 되는 건 사실입니다.

학원 대행을 통해 2차부터 진행하면 수월함은 있으나, 이를 통한 지속적인 학원 대행 논란이나 학원생과 비학원생에 대한 차별 등에 대한 잡음이 없을 수 없으므로 회사의 이미지에도 심한 손상을 입을 수 있어 이제는 거의 없는 추세로 결국 현재는 거의 없는 방식입니다. 최근에는 전 세계 항공사에서 한국 시장이 가지는 의미가 커지며 한국인 승무원에 대한 수요가 늘어나기 때문에 한국에 직접 방문하여 채용하는 직접 채용방식이 늘어나고 있으나, 이 역시 국내 항공사와 같이 상반기, 중반기, 하반기로 이루어지는 고정 채용은 아니므로 외국 항공사를 준비한다면 해외 현지 오픈데이를 통한 채용 역시 열어두고 준비하는 게 좋습니다. 저 역시도 해외 오픈데이를 통해 승무원이 되었기 때문에 더더욱 오픈데이가 외항사 승무원이 되는 지름길이라고 말합니다.

몇천 명의 한국인 속에서 내가 뽑히는 것과 몇백 명의 외국인 속에서 소수의 한국인으로 내가 빛을 내는 것은 경쟁률 자체가 매우 다르다는 것을 얘기하고 싶습니다. 물론 요즘처럼 한국에서 진행되는 외국 항공사의 직접 채용이 많은 시점에는 외국 항공사 영어 면접에 대한 준비와 승무원으로서의 태를 갖춰가는 준비를 철저히 함으로써 기회를 놓치지 않고 내것으로 잡을 수 있도록 해야 합니다. 외국 항공사의 위와 같은 채용 진행방식에 조금 차이가 있는 만큼 정보 싸움이라고 해도 과언이 아닙니다. 하지만 너무 여러 정보에 집착하는 과정에서 오히려 잘못된 정보가 주입될 수 있는 만큼 정확한 정보를 흡수하기 위해 항상 경계하는 자세가 필요하다는 것을 기억하기 바랍니다.

당신은 승무원의 자질이 있습니까?

3
외국 항공사 승무원 면접 준비 – CV 작성법

외국 항공사의 승무원 면접을 준비하고자 마음을 먹었다면 가장 먼저 해야 할 것은 영문 이력서를 준비하는 것입니다. 외국 항공사 승무원 면접에서 가장 기본이 되는 이력서는 항공사마다 조금 다르게 사용하거나 혼용되어 사용하는 CV(Curriculum Vitae)와 레주메(Resume)로 불리는 영문 이력서를 틈틈이 만들어야 합니다. 물론 한국어로 한국 회사 지원을 위해 작성하는 국문 이력서와 목적에서는 똑같다고 생각할 수 있지만, 일정 부분과 작성 방식에 조금은 차이가 있습니다.

과거 내가 살아온 삶을 핵심만 추려 깔끔하게 정리해야 하는 영문 CV와 레주메는 이력서 형태에 큰 차이가 있습니다. 최근에는 국문 이력서도 외국 방식대로 변화하는 편이지만, 대체로 국문 이력서는 대부분 표를 이용해 작성하게 된다면 영문으로 작성하는 CV와 레주메의 양식들은 모든 항목에 표를 만들지 않고 자유형태를 띠는 것이 특징입니다. 그 외에 내용에서도 약간의 차이가 있습니다. 특히나 가장 큰 특징이라고 한다면 국문 이력서에는 웬만하면 증명사진을 부착하게 되어 있으나, 외국 항공사 영문 CV에는 따로 언급되어 있지 않는 이상 사진은 부착하지 않습니다. 사진을 넣는 경우가 드물어서 사진이 부착되어 있으면 오히려 의아하게 생각할 수 있습니다.

그럼 조금 더 상세히 어떤 항목들이 영문 이력서에 주되게 들어가야 하는지를 항목별로 살펴보겠습니다.

JIHWAN JOO

272, GONGHANG-RO, JUNG-GU, INCHEON, REPUBLIC OF KOREA

01234567 | joojihwan@hotmail.com

PROFESSIONAL SUMMARY

Experienced [job title] professional with strong leadership and relationship-building skills.

QULIFICATION

- Executive team leadership
- Multimillion pound P&L management expertise for South East region
- Client/Vendor relations

- Marketing/product line development
- Staff/training policy development
- Process improvement

EDUCATION

EDU

Edu | February 2018-January 2019
- Answered inquiries and resolved or escalated issues to management personnel to ensure client satisfaction.

WORK EXPERIENCE

BA (HONS) Business Management

University of Westminster
Greater London | 2006
- Coursework includes: Speech and Communication, Sociology and Psychology

---

:: SUMMARY

내가 지금까지 살아온 모든 내 과거 이력을 돌아봤을 때 가장 보여주고 자 하는 핵심을 축약하여 두세 줄로 설명하는 공간입니다. 영문 이력서에서 처음을 장식하는 만큼 충분한 고민이 필요합니다. 국문 이력서에 없는 항목 이기 때문에 처음 작성하는 학생들이 많이 어려워하지만, 내가 살아온 삶을

당신은 승무원의 자질이 있습니까?

돌아봤을 때 승무원이라는 직무에 적합한 사람이라는 것을 보여줄 수 있는 핵심 키워드를 풀어내는 것이 좋습니다.

Summary 항목은 또 다른 이름으로 Highlight라고도 쓸 수 있는 만큼 내가 이 면접에서 가장 보여주고자 하는 점을 요약해서 작성하면 됩니다. 주의해야 할 것이 있다면 일부 학생의 경우 여러 내용을 처음부터 욕심내어 많이 보여주려고 하지만, 절대 많은 내용을 담는다고 해서 그 모든 내용이 면접관에게 전달되는 것이 아니며, 오히려 더 중요한 핵심 내용이 다른 것들로 인해 가려질 수 있으므로 간략하게 핵심만 정리해서 보여줘야 합니다.

:: QUALIFICATION

승무원과 연결될 수 있는 자질 중 본인이 어떠한 자질이 있는지에 대해 나열합니다. 승무원 면접을 보기 위한 외항사 CV이기 때문에 승무원의 자질과 직접 연관 있는 자질을 보여줘야 합니다. 학교생활 혹은 직장을 다니며, 본인이 살아온 과거 이력들을 돌아봤을 때 승무원의 직무와 잘 연관되는 자질에는 어떤 것이 있는지 작성해야 하고, 작성을 떠나서도 내가 진지하게 승무원이라는 직업을 생각하고 준비하고 있는 단계라면 꼭 한 번쯤은 나의 어떤 점이 승무원이라는 직업과 잘 맞을 거라 생각하는지도 꼭 한 번쯤은 스스로 고민해 봐야 합니다.

:: EDUCATION

국문 이력서를 기준으로 본다면 학력입니다. 고등학교부터 최종학력까지 모두 작성하고, 졸업은 GRADUATED, 졸업예정자는 EXPECTED

GRADUATION, 재학 중은 PRESENT라고 작성해야 합니다.

가장 중요한 점은 과거부터 현재 순서로 작성하는 국문 이력서와 달리 영문 이력서는 가장 최근 졸업한 학교부터 과거 순서로 작성해야 합니다. 물론 회사마다 그리고 면접관마다 개인차가 있겠지만, 대체로 국내 항공사의 면접은 과거 이력에 더 집중해서 궁금해 한다면 외국 항공사의 면접은 현재 혹은 가장 최근에 내가 해왔던 삶의 경험들을 더 궁금해 하는 경향이 있습니다. 그러한 맥락에서 이력서를 작성하는 순서 역시도 과거부터 쓰는 것이 아닌 현재 이력부터 써내려가는 게 아닐까 싶습니다.

:: WORK EXPERIENCE

근무 경력을 작성하는 것으로 과거부터 현재까지 회사에 근무한 경험이 있다면 작성해야 합니다. 외항사의 특성상 서비스 경험을 중시하므로 6개월에서 1년 이상의 서비스업 아르바이트 경험이 있다면 PART-TIME 작성도 무방합니다. 하지만 너무 짧은 6개월 미만의 경력들은 특별히 좋은 인상을 줄 수 없으니 작성하지 않는 것이 좋다고 저는 추천하고 있습니다. 이 항목에 작성되는 것들은 모두 증빙될 수 있는 것들인지 확인하고 작성해야 합니다. 신입 면접이라 모든 것을 다 증빙할 필요는 없을 수 있으나, 회사에 따라 증빙자료를 요구할 수 있으니 잘 알아보고 기재합시다.

:: ACTIVITIES

위에 나열된 내용 외에 내가 살아오며 해왔던 다양한 활동들을 기재할 수 있습니다. 예를 들어 대외활동, 봉사활동, 교환학생, 어학연수 등의 내용

당신은 승무원의 자질이 있습니까?

이 필요합니다. 특별한 내용이 아니면 크게 증빙을 요구하는 항목이 아닌 만큼 참고하여 작성하기 바랍니다.

:: SKILLS

특별한 나만의 기술들이 있다면 써주는 게 좋습니다. 예를 들어 여러 분야의 자격증이 있을 수 있겠죠. 내가 뭔가를 배워서 잘할 수 있는 내용이 좋습니다. 바리스타 자격증 혹은 CPR, 안전요원 자격증 등을 기재할 수 있는 항목이지만, 자격증이 굳이 아니어도 상관없습니다. 나만이 가지고 있는 특별한 기술들을 작성할 수 있습니다. 하지만 중요한 것은 국내 항공사와 마찬가지로 외국 항공사 역시 모든 합격자는 항공사 규정에 맞는 교육을 받아야 하므로 입사 전에 본인이 미리 배워놓은 업무 관련 자격증들은 면접에서 큰 이점을 받을 수 없다는 것은 알고 있어야 합니다. 물론, 자격증들을 바탕으로 내가 면접에서 승무원 준비를 열심히 해왔다는 것들은 보여줄 수 있지만, 자격증 유무만으로 큰 이점을 바랄 수 없다는 것은 알고 있어야 합니다.

:: LANGUAGE

언어능력을 기재하는 항목입니다. 물론 일반적인 영문 CV에는 언어능력을 언급하는 항목이 없을 수 있지만, 외국인의 신분으로 면접에 참여해야 하는 외국 항공사의 면접에서는 영문 CV에 내가 어떤 언어들을 어느 정도의 실력을 갖추고 사용할 수 있는지를 언급하는 것이 좋습니다. 내가 사용할 수 있는 언어를 제시하고 그 언어의 실력이 어느 정도인지를 상중하와 같이 Fluent moderate basic 등과 같은 단어를 이용해 제시해야 합니다. 물론 언어와 관련된 시험 성적이 있다면 함께 작성해도 무방하지만, 외국 항공사의 경우 언어 성적보다는 실질적으로 말하는 영어 면접이 중요한 만큼 큰 영향을 주지는 못합니다.

:: REFERENCE

한국말로 굳이 얘기하자면 추천인을 통한 추천서입니다. 외국 기업의 경우 이력서에 이러한 항목을 기재하거나 또 다른 새로운 종이에 주변인으로부터 받은 추천서까지 요구하는 때도 있습니다. 추천인의 경우 주변 지인들 특히나 내가 현재 일하고 있는 직장의 상사가 가장 적합합니다. 혹은 이전에 일했던 회사의 상사에게도 추천서를 받을 수 있다면 좋겠죠.

그러므로 외국계 기업 혹은 외국에서 일하는 경우 퇴사 직전 추천서를 미리 받아놓는 경우가 많습니다. 추후 이직과정에서 필요한 상황이 발생할 수 있지만, 퇴사 이후에 요구하기가 다소 껄끄럽기 때문이겠죠.

물론 일부 외국 항공사를 제외하고는 추천인에 의한 추천서를 필수로 요구하는 분위기는 아니므로 없다고 해서 크게 걱정할 필요는 없습니다. 추천서를 따로 가지고 있지 않다면 전화 연결을 통해 나에 대해 좋은 평가를 해줄 수 있는 상사에 대한 연락처 정도는 이력서상에 기재할 수 있으니 참고하기 바랍니다.

국내 항공사의 승무원 면접은 모두 온라인으로 서류 작성 후 지원하게 되며, 면접 전형과정에서도 면접관들은 노트북을 통해 지원자의 이력서를 확인하므로 실물 이력서가 필요하지는 않지만, 외국 항공사 승무원 면접은

당신은 승무원의 자질이 있습니까?

영문 이력서인 CV를 출력하여 제출하고 면접이 진행되는 만큼 매우 중요한 부분입니다. 특히나 몇백 명의 지원자를 만나야 하는 면접관 관점에서 모든 이력서 내용을 꼼꼼히 확인할 수 있는 것이 아닌 만큼 대충 보더라도 내가 가장 보여주고자 하는 핵심 내용이 눈에 잘 띄도록 깔끔하면서도 정리가 잘 된 이력서 문서 작업이 필수적입니다. 영문 CV에 대한 양식들은 인터넷에서도 쉽게 구할 수 있는 만큼 깔끔하고 세련된 양식을 찾아 내가 살아온 핵심 이력을 잘 정리할 수 있기 바랍니다.

4
외국 항공사 승무원 면접 준비 - Small talk

    외국 항공사 면접에서 Small talk의 의미는 말 그대로 가벼운 대화, 잡담을 뜻하는 것으로 외국 항공사 승무원 면접에서 가장 기본이 되는 단계입니다. 외국 항공사 면접의 1차는 대부분 CV Drop으로 불리는 단계이며, 영문 이력서를 비롯한 서류를 제출하고 간단한 대화를 주고받는 형식입니다. 외국 항공사 면접 경험이 없다면 생소할 수 있지만, CV를 제출하기 전, 정확한 아이콘택트를 통해 공손히 인사하고 가져온 서류를 제출하게 됩니다.

    이 단계에서 가장 실수하는 것 중 하나가 바로 유독 영어를 쓸 때는 한국어로 말할 때와 달리 예의를 지키는 깍듯함이 사라지는 학생들이 있습니다.

    영어를 사용하면서도 여전히 한국어를 쓸 때와 같이 각 잡힌 공손함을 보여줄 수 있어야 합니다. 물론 국내 항공사처럼 딱딱한 자세를 유지할 필요는 없지만, 여전히 존중해야 할 면접관을 대면하여 면접을 보고 있다는 것을 잊으면 안 되겠죠. 면접시간에 맞춰 "Hello, good morning!" 혹은 "good afternoon" "good evening"과 같은 인사 후 성별에 따라 남자 면접관의 경우 sir, 여자 면접관은 ma'am 혹은 madam이라는 공손함을 보여줄 수 있는 호칭을 사용해야 합니다. 인사를 한 뒤 준비한 영문 이력서를 제출하고 면접이 시작됩니다. 더 예의바른 모습을 보여주고자 하는 학생은 이 경우에도 "May I give you my resume?"와 같이 이력서 제출에 대한 허락을 구한 뒤 이력서를 주는 경우도 있지만, 짧은 시간에 여러 면접자를 봐야 하는 항공사

        당신은 승무원의 자질이 있습니까?

면접의 특성상 "This is my resume." 정도로도 충분하다고 생각합니다. CV 를 받은 면접관은 간단한 이력 확인 후 이력서 기반의 질문들을 몇 가지 하게 됩니다. 물론 이력서 기반이 아니더라도 1차 면접에서는 간단한 일상생활 질문들을 할 수 있습니다. 예를 들자면 "어디서 왔어?" "한국인이니?" "어떻게 면접장까지 왔어?" "해외 경험 있어?" 등의 가벼운 질문을 하게 됩니다.

질문이 가벼운 만큼 답변 역시 긴 답변을 피하는 것이 좋습니다. 2~3줄 정도의 간단한 핵심만을 전달하기 바랍니다. 이와 같은 일상적인 질문도 있을 수 있지만, 이력서를 바탕으로 질문하는 경우도 있습니다. 본인의 이력서에 나와 있는 일 경험 혹은 학교생활, 혹은 "왜 승무원이 되고 싶느냐" 와 같은 기본적인 질문이 나올 수 있겠죠. "어디서 일해?" "전공 소개해 줘" "왜 이직하려고 해?" "승무원 왜 하고 싶어?"와 같은 내용들의 질문도 충분히 나올 수 있습니다.

답변의 길이는 짧게 핵심만을 보여줘야 합니다. 1차 면접에서는 심층적인 답변 내용을 알고자 하는 것이 아니기 때문에 20~30초 내외로 답변을 끝내야 합니다. 실제로 너무 답변이 긴 경우, 얘기를 하는 도중 끊을 수도 있습니다. 또한, 더 중요한 것은 답변의 내용도 중요하지만 1차 면접에서는 영어를 하면서도 여전히 미소와 승무원으로서의 자세를 유지할 수 있어야 하고, 근거리에서 면접을 진행하는 만큼 복장상태, 헤어, 메이크업을 포함한 전체적인 그루밍 상태, 치아와 피부 상태 등을 상세하게 확인하게 됩니다. 한국인을 채용하는 대부분의 외국 항공사 면접에서는 CV DROP 진행 후 그자리에서 결과가 나오거나 혹은 몇 분 후 바로 결과가 나오게 됩니다. 늦어도 당일 저녁에는 바로 결과를 통보하는 게 일반적입니다.

짧은 시간의 Small talk만으로 결정되는 만큼 다음 단계로 가기 위해 평상시 자주 연습을 해야만 실제에서도 정말 자연스럽게 면접관과 대화하듯이 얘기를 이어나갈 수 있습니다. 그러기 위해서는 외국 항공사 승무원 면접 Small talk 단계에서 나올 수 있을 만한 기출문제들을 자주 다뤄보기 바랍니다.

당신은 승무원의 자질이 있습니까?

1차 면접에서 Small talk로 자주 나오는 기출문제

1. Where are you from?

2. Did you apply for this interview for the first time?

3. Are you a student?

4. What kind of work are you working on?

5. Why do you want to be a flight attendant?

6. Do you have any overseas experience?

7. What are you going to do after the interview?

8. Where do you live?

9. Tell me what you know about our airline.

10. Introduce your major.

11. Tell me about your experience in the service industry.

12. Did you do the makeup yourself?

13. Did you eat breakfast?

14. Can you recommend Korean food?

15. Recommend me a place to go in Seoul.

16. Don't you apply for Korean airline?

17. If you pass Korean Air, where will you join?

18. What is your secret to good skin?

19. What will you tell your boyfriend if you pass?

20. If you fail, will you apply again next time?

5
외국 항공사 승무원 면접 준비 – Discussion

　항공사마다 채용 전형은 차이가 있지만, 대체로 외국 항공사 면접은 영문 이력서인 CV를 제출하고 간단한 Small talk를 진행한 후 결과를 발표하고 영어테스트 혹은 암리치, 키, 몸무게와 같은 것들을 측정합니다. 그 후 대부분의 외국 항공사에서는 하나의 주제를 가지고 영어로 토론하는 discussion을 진행하게 됩니다.

　외국 항공사를 처음 준비하는 처지에서는 생소할 수 있지만, 일부 외국 항공사를 제외하고는 대부분 discussion을 하게 되는 만큼 충분한 준비가 필요한 단계입니다. discussion은 말 그대로 하나의 주제에 대해 논의하는 것입니다. 8명에서 10명 내외를 한 조로 주제를 주면 그것에 맞게 본인의 주장과 타인의 주장들을 합하여 주제에 관한 결과를 도출해야 합니다. 한국에서의 면접에 빗대어 얘기했을 때는 토론 면접과 가깝다고 생각합니다.

　주제는 너무 다양해서 특정하기엔 한계가 있지만, "새로운 항공사를 설립한다고 했을 때 어떤 콘셉트로 만들 것인가?" "승무원이 된 후 기숙사를 사용할 때 룸메이트로 피하고 싶은 국적의 승무원 선택" "무인도에서도 필요한 직업 고르기" 등의 주제를 주게 됩니다. 다소 민감할 수 있는 주제가 나오는 예도 있으므로 적절한 수위 조절이 필요합니다. 여러 국적의 승무원들이 함께 일해야 하는 외국 항공사의 특성상 이러한 주제를 통해 타인에 대한 배려심을 확인하고자 합니다. 우선, 학생들이 가장 잘못 생각하는 것은

당신은 승무원의 자질이 있습니까?

discussion에서 무조건 영어를 잘해야 한다고 생각하는 것입니다. 물론 내 주장을 정확히 전달하기 위해서는 영어가 기본적으로 필요합니다. 하지만 아무리 영어를 잘해도 영어를 잘하는 것과 내 진심을 전달하고 타인을 공감하는 것은 언어 실력만으로는 불가능합니다.

하나의 예로 우리가 한국어를 모국어로 사용하는 한국인이지만, 아무런 준비 없이 토론 면접을 잘 볼 수 있을까요? 불가능하다고 생각합니다. 영어도 마찬가지로 우리가 아무리 평소에 영어가 유창했더라도 평상시 생각해 보지 못한 주제들을 준다면 영어 토론 면접에서 진심을 전달하고 타인을 공감하기엔 한계가 있을 것으로 생각합니다. 물론, 국내 기업의 토론과는 달리 외국인들을 상대로 토론을 진행할 때는 언어적인 능력도 보겠지만, 그러한 부분은 이미 Small talk, 영어테스트 등을 통해 확인될 것이고, discussion이 아니더라도 이후 진행될 마지막 면접에서 충분히 영어로 문제 삼을 수 있으므로 discussion이라는 전형에서 보고자 하는 자질은 매우 다르다는 것을 알아야 합니다.

기본적으로 보고자 하는 자질은 discussion을 하면서의 첫인상, 자세, 경청과 발언력, 주제에 대한 이해력과 상대에 대한 배려심, 태도, 통솔력 등에 대한 자질을 평가하게 됩니다. 또한, 가장 중요한 것이 지원자들끼리 토론하는 동안 면접관들은 한 발자국 뒤에서 Small talk 때와는 달리 더 여유 있게 지원자 한 명 한 명을 볼 수 있는 만큼 그루밍 상태에 대한 이미지 체크를 한다는 것도 간과해서는 안 됩니다. "승무원 합격 후 두바이로 갈 때 가지고 가고 싶은 물건 10가지"에 대한 주제로 토론한다고 가정했을 때, 주제가 던져진 후 통솔력을 보여줘야 한다면 시작 전, 다시 한 번 토론 주제에 대해 지원자들에게 인식을 시켜주고, 정해진 시간 내에 마무리하기 위한 시간 체크 담당자인 타임 체커를 정하는 것에 관해 주도적으로 얘기를 이끌어나가는 것을 추천합니다. 리더를 따로 정해주는 것이 아니므로 자연스러운 대화 속에서 본인이 대화 초반에 토론을 이끌어나감으로써 통솔력을 보여줄 수 있는 좋은 기회입니다.

하지만 주의할 점은 본인이 모든 분위기를 과도하게 주도해 나가고자 한다면 욕심 많고, 타인을 배려하지 않는 사람이라는 평가를 받을 수 있다는 것입니다. 내가 평상시 배려심을 바탕으로 한 통솔력을 가지고 있거나 자연스럽게 현장에서 보여줄 자신이 있다면 토론 초반에 주도해 나가야 합니다.

만약 이러한 강점을 보여주기 어려운 경우라면 정해진 시간 내에 끝내기 위해 토론 중간중간 시간을 알려줘야 하는 타임 체커를 지원하기 바랍니다. 타임 체커의 업무는 예를 들어 토론 시간으로 10분의 시간이 주어졌을 때 10분이라는 시간을 중간중간 확인하며 다른 지원자들에게 남은 시간을 알려주는 것입니다. 그리고 마지막 2분 정도의 시간이 남았을 때 의견에 대한 최종 정리가 필요함을 모두에게 알려야 합니다. 타임 체커의 역할이 매우 크다고 할 수 없으나, 시간 내에 주제를 정리하고 마무리하기 위한 시간 관리를 잘해야 하므로 어렵지 않은 업무를 하면서 책임감 있는 모습과 특정 업무에 대해 스스로 자원했다는 모습으로 적극성까지도 보여줄 수 있으므로 되도록 하는 것이 좋습니다. 주제를 다시금 상기시키고, 타임 체커를 선정한 후 주제에 대한 자유로운 토론이 시작됩니다.

처음 대화를 시작할 때에는 모두가 눈치를 보며, 발화에 대한 시작이 지연될 수 있으므로 초반에 얘기를 끌어나가는 게 좋습니다. 머뭇거리기보다는 "너희가 괜찮다면 내가 먼저 의견을 말해도 될까?"라는 쿠션 멘트를 던지고, 주제에 대해 본인의 의견을 길지 않은 선에서 얘기하는 게 좋습니다. "나는 한국식 밥통을 가지고 가고 싶다." "그 이유는 밥통을 통해 한국식 쌀밥을 만들 수도 있지만, 그 외에도 다양한 요리가 밥통 하나로도 가능하기 때문이다. 유용할 것 같다"라고 얘기하면 이어서 내 생각에 대한 다른 사람들의 공감 혹은 반대 의견이 나와줘야 합니다. 그 후 또 다른 지원자들의 아이디어가 제시되면 나 역시도 타인의 얘기를 잘 공감해야 하며, 추가적인 의견이 있다면 발언하는 것이 좋습니다. 위에 제시된 주제를 기준으로 본다면 10가지라는 많은 물건을 짧은 시간 내에 토론해야 하므로 시간을 생각하며 얘기해 나가야 합니다. 상대방 의견에 동조하기 위한 discussion 표현은 매우 다양하며 아래 예시들을 참고하기 바랍니다. discussion에서 많은 것을 보여주기 위한 욕심 때문에 간혹 타 지원자보다 과도하게 많은 양의 발언을 하는 때도 있습니다.

물론, 발언이 많다고 탈락하는 것은 아니지만, 확실한 것은 발화량이 많다고 하여 절대 합격하는 것이 아니라는 것을 알아야 하고, 발화량이 많은 것이 중요한 게 아닌, 인원수와 시간에 맞춰 1명에게 적당히 돌아갈 수 있는 선에서 발언하는 것이 가장 좋습니다. 발언이 과하거나 너무 적거나 하지 않은 평균선이 가장 좋다는 것을 기억하시기 바랍니다. discussion은 각각의 국가, 그리고 항공사의 성향에 따라 조금 다른 전략이 필요합니다. 물론 개별적인 항공사마다 그리고 그날 면접관마다 차이가 있겠으나, 중동이나 유럽의 경우 본인 주장을 강하게 보여주는 리더의 성향을 좋아하지만, 반대로 아시아권의 국가들은 내 의견을 세게 내세우는 것보다는 타인의 의견에 경청하고, 동조하는 것이 더 먹히기도 합니다.

물론 위에서 언급한 대로 국가별, 대륙별 차이가 있으므로 그 점은 각각의 회사 성향에 맞춰 다르게 진행할 필요가 있습니다. 하지만 기본적으로 모든 항공사에서 동일시되는 공통점은 타인의 의견을 경청하고, 동조하며, 내 의견도 적절히 보여줄 수 있어야 한다는 점입니다.

그리고 더 중요한 것은 Small talk는 시간이 짧기도 하고 일대일로 보는 만큼 대놓고 외적인 이미지를 전반적으로 평가하기엔 한계가 있지만, 한 발자국 뒤에서 한 명 한 명의 그루밍 상태와 자세를 확인할 수 있는 discussion은 그루밍은 물론 자세와 미소 유지가 매우 중요하다는 것을 저는 항상 강조합니다.

그러므로 올바른 답변을 하는 것도, 상대방의 얘기를 경청하는 것도 중요하지만, 그것과 함께 승무원으로서의 자세를 계속해서 유지하며 보여줄 수 있어야 하므로, 허리와 다리 모양, 손의 위치, 아이콘택트, 미소 유지 등을 discussion 연습을 통해 꾸준히 실력을 기르기 바랍니다. 최종면접으로 가기 위한 전 단계인 만큼 discussion은 중요하기도 하고, 학생들이 많이 어려워하는 전형이기도 합니다.

discussion이야말로 꾸준한 연습을 통해서만 실력을 충분히 향상할 수 있는 면접이기 때문에 평상시 자주 나오는 주제에 대해 충분히 생각하고 내 의견을 정리하는 시간을 가져야 하며, 더 나아가 더 중요한 것은 여러 사람과 함께 진행하는 토론인 만큼 혼자서 생각을 정리하는 시간보다는 여러 명의 지원자와 함께 여러 주제를 다뤄보며 토론 면접만의 진행 흐름과 분위기를 익혀나가는 것이 중요하다는 것을 기억하기 바랍니다.

당신은 승무원의 자질이 있습니까?

Discussion에서 실제로 자주 사용하는 표현

1. Shall we start a discussion?

그럼 지금부터 토론을 시작할까요?

2. Let me repeat today's topic...

토론 주제를 다시 한 번 얘기해 보자면...

3. Who's going to be a time checker?

누가 타임 체커를 할래요?

4. Can I volunteer as a time checker if you don't mind?

여러분이 괜찮다면 내가 타임 체커를 해도 될까요?

5. May I speak first?

제가 먼저 의견을 말해도 될까요?

6. My opinion is that...

내 의견은...

7. In my opinion...

내 의견은...

8. Normally...

일반적으로...

9. I love your idea, however I have a slightly different idea.

매우 좋은 생각이지만, 나는 조금은 다르게 생각합니다.

10. You have a great idea.

매우 좋은 의견입니다.

11. It is very interesting.

매우 흥미로운 생각입니다.

12. Thank you for sharing.

   좋은 생각을 공유해 줘서 고맙습니다.

13. I agree with your opinion.

   당신의 의견에 동의합니다.

14. That is what I am going to say.

   저 역시도 그렇게 생각했었습니다.

15. That is a good idea.

   매우 좋은 생각입니다.

16. We have five minutes left, until the end of time.

   토론 종료까지 5분 남았습니다.

17. Let's summarize all opinions from now on.

   지금부터는 모든 의견을 종합해 봅시다.

18. Do you have another opinion?

   다른 의견이 있으신가요?

19. It was a very interesting discussion.

   매우 유익한 토론이었습니다.

20. Guys time's up.

   토론시간이 끝났습니다.

당신은 승무원의 자질이 있습니까?

6
카타르항공 오픈데이 절차 분석

대한항공을 제외한 나머지 국내 항공사들의 승무원 채용면접 전형이 크게 다르지 않은 것과 같이 외국 항공사도 마찬가지로 대부분 비슷한 전형단계를 가지고 있습니다. 물론 항공사마다 차이가 있는 것은 국내와 외국 항공사 구별 없이 마찬가지이겠지만, 몇 가지 부분을 제외하고는 크게 다르지 않은 게 보통입니다.

카타르항공을 특정하여 전체적인 채용 전형을 알아보고자 하는 것은 가장 대표적으로 한국인 승무원이 근무하고 있는 항공사이기도 하고, 가장 채용을 많이 그리고 자주 하는 곳이기 때문입니다. 또한, 카타르항공의 전체적인 면접 진행 흐름을 알게 된다면 다른 외국 항공사도 크게 벗어나지 않는 선에서 진행하는 만큼 참고가 될 수 있을 것으로 생각합니다. 카타르항공의 채용은 한 달에도 몇십 건의 채용이 전 세계에서 열리고 있습니다. 나만 준비되어 있다면 면접을 볼 수 있는 게 바로 카타르항공입니다.

카타르항공 승무원 채용은 크게 온라인 지원 후 Invitation이라 불리는 초대장을 받은 지원자들에게만 날짜와 장소를 공개하여 진행하는 Assessment방식과 시간과 장소를 채용 사이트에 공개하여 누구나 참여할 수 있는 Open day방식이 있습니다. 각각의 채용마다 다른 방식으로 채용하고 있으니, 모든 외국 항공사 채용의 정확한 정보는 공식 채용 사이트를 통해 확인하기 바랍니다.

그 누구도 잘못된 정보에 대한 책임을 질 수 없으니, 본인이 꼭 정확한 정보를 찾아 확인하는 습관을 지니기 바랍니다. 카타르항공 채용의 경우 기본적인 채용 흐름의 순서는 존재하지만, 당일 면접관의 재량에 따라 채용 절차가 생략되거나 추가될 수 있다는 점도 기억하기 바랍니다. 그런데도 기본적으로 정해진 틀에서 크게 벗어나지 않기 때문에 지금까지의 여러 카타르항공 채용을 기준으로 채용 진행절차를 알아보도록 하겠습니다.

:: CV DROP

온라인 지원을 먼저 하고 인비테이션을 받아야 참여할 수 있는 어세스먼트 방식이든 아무나 지정된 날짜에 참여하면 되는 오픈데이든 관계없이 첫날에는 CV Drop 단계를 거쳐야 합니다. 이미 온라인으로 이력서를 제출하고 초대장을 받고 참여했어도 똑같이 다시 한 번 CV를 제출하고 간단한 Small talk를 진행하며, 자연스러운 미소나 치아, 그루밍 상태 등을 점검하는 만큼 긴장감을 놓지 않되 진짜 대화를 하는 듯한 자연스러운 영어 능력이 필요합니다.

내가 자연스럽게 말하는 것은 절대 영어실력과는 상관이 없습니다. 준비한 답변을 발표하는 것이 아닌 면접관에 대한 질문에 대답하는 대화여야 합니다. 너무 긴 답변 혹은 준비된 얘기를 하는 듯한 느낌을 받는다면 중간에 끊는 예도 있으니, 핵심만을 간결하게 말하는 연습을 해야 합니다.

평상시 영어를 사용할 기회가 없는 한국에서 갑자기 영어로 면접을 보게 되는 경우 일부 지원자들은 영어에 존댓말이 없는 점과 한국어보다는 조금 더 자유로운 분위기를 표현할 수 있는 영어의 특성상 면접관임을 잊은

당신은 승무원의 자질이 있습니까?

채 깍듯한 공손함 없이 유창함만을 뽐내는 지원자도 있으나, 이 자리는 처음 보는 면접관을 상대하는 자리라는 점을 잊지 말고 항상 공손한 자세를 유지해야 합니다. "Good afternoon sir/ma'am!" "May I have a seat ma'am?" "This is my resume." "I would like to tell you." "If you do not mind" 등과 같이 상대를 존중하는 표현들을 습관적으로 사용할 수 있는 평상시의 연습이 필요합니다.

:: ARM REACH CHECK

암리치 체크(카타르항공 기준 212cm) 그리고 면접관들의 가벼운 질문이 이어집니다. 암리치의 경우 당일 면접관에 따라 까다로운 정도가 달라질 수 있으나, 수시로 암리치를 연습하고 당일 면접장에서도 지속해서 스트레칭을 해준다면 수치에 대한 약간의 개선은 가능한 편입니다. 또한, 흉터 확인 역시 합격 후에 하게 되는 체크와 같이 꼼꼼하게는 하지 않지만, 이 단계에서 애매했던 상처들에 대해 면접관에게 꼼꼼히 확인받아야 이후 혼자서 고민하는 시간을 줄일 수 있을 것으로 생각합니다. 암리치와 흉터 체크를 하며 면접관들이 가벼운 질문을 하게 됩니다. 가벼운 질문들이기 때문에 잘해야한다는 부담감으로 답변이 너무 길어지지 않게 조심하기 바랍니다. 가벼운 질문들은 핵심만을 짧고 간결하게 말할 수 있어야 합니다.

:: ENGLISH TEST

토익과 같은 빈칸 채우기 문제들과 독해 문제, 그리고 간단한 수학 계산 문제들이 출제됩니다. 30문제 내외의 시험으로 시간은 충분히 주어지며,

엄숙한 분위기에서 치러지는 시험은 아니지만, 부정행위에 대해서는 엄격하게 처리될 수 있으니 절대 생각지도 말아야 합니다. 문제의 난도가 높지 않은 만큼 한 문제만으로도 탈락자가 여럿 발생할 수 있는 단계이기 때문에 쉬운 문제들도 신중하게 확인하시기 바랍니다. 수학문제의 경우 시차 계산과 체류비 계산 등과 같은 문제이니 문제를 꼼꼼히 읽어보시고 실수하지 않기 바랍니다.

:: DISCUSSION

제시된 주제에 대해 지원자들 간의 토론이 진행되며 자신의 주장을 펼치는 것과 더불어 다른 동료들의 의견 역시 경청하는 배려심과 존중 그리고 팀워크를 보여줘야 합니다. 사실 자기주장을 강하게 펼치면서 타인의 의견도 수렴하는 두 가지 자세를 적절히 보여주는 것이 가장 어려운 것은 사실이지만, 면접관이 원하는 것이 그것입니다. 타인의 의견을 듣는 자세도 중요하지만, 듣기만 잘한다면 여러 상황을 재빠르게 판단하여 발 빠르게 움직여야 하는 기내에서 적합하게 일할 수 있는 인재라고 볼 수 없기 때문입니다.

:: FINAL INTERVIEW

2명의 면접관과 2:1로 진행되는 만큼 깊이 있는 질문들이 대다수이며, 그간의 서비스 경험과 관련한 질문들을 통해 서비스업에 적합한 인재인지를 평가하게 됩니다. 구체적인 과거 내 경험들을 바탕으로 얘기해야 하는 만큼 충분한 면접 준비가 되어 있어야 합니다. 실제 내가 경험한 서비스 경험들이 중시되는 회사이고 그것들을 위주로 내가 누군지를 파악하는 단계인

당신은 승무원의 자질이 있습니까?

만큼 모든 답변에 충실하되 솔직하게 말할 수 있어야 합니다.

또한, 모든 항공사가 그러하듯 정답으로 정해진 외적인 이미지는 없습니다. 외적인 이미지를 포함하여 카타르항공 역시 다양한 이력과 매력을 가진 지원자들에게 기회를 주는 곳이 바로 외국 항공사의 면접이기 때문입니다.

7
외국 항공사 비디오 면접 준비방법

한국인을 채용하는 외국 항공사 중에는 실제 대면 면접을 하기 전, 온라인 지원을 먼저 받고 그 후 비디오 면접을 진행하는 항공사가 있습니다. 물론 비디오 면접을 진행하는 여부는 매번 달라질 수 있지만, 대체로 최근 몇 년간 비디오 면접을 진행했던 항공사는 캐세이퍼시픽, 싱가포르항공이 대표적입니다.

한국에 직접 와서 한국인 승무원을 뽑는 항공사로서 실제 대면 면접 전에 비디오 면접을 진행하며, 비디오 면접에 합격해야만 대면 면접에 참여할 수 있습니다. 두 항공사를 포함하여 항공사에서 승무원을 뽑을 때 진행하는 비디오 면접은 사실상 큰 차이가 없으므로 캐세이퍼시픽 비디오 면접방식은 기준으로 어떠한 방식으로 비디오 면접이 진행되며, 어떤 점들을 생각하고 준비해야 하는지에 대해 알아보겠습니다.

우선 온라인 지원 후 합격자에 한하여 비디오 면접에 참여할 수 있는 링크를 이메일로 받게 됩니다. 링크를 통해 비디오 면접을 보게 되며, 실제 면접관과 화상으로 면접을 보는 것이 아닌 주어진 화면을 따라 혼자 질문에 대답하게 되며, 녹화된 후 면접관들에 의해 답변 내용을 평가받습니다. 간혹 스팸 메일함으로 전달받은 지원자도 있으니, 온라인 지원 후에는 꼭 스팸 메일함까지도 꼼꼼히 확인할 수 있어야 합니다. 또한, 비디오 면접을 완료해야 하는 기간이 있는 만큼 날짜를 지켜서 완료하기 바랍니다.

당신은 승무원의 자질이 있습니까?

:: 복장

비디오 면접은 자주 보는 게 아닌 만큼 복장에 대해 혼란을 겪는 지원자가 많습니다. 당연히 면접관들에 의해 확인받는 면접이기 때문에 여전히 항공사 면접에 따르는 복장과 헤어, 메이크업을 준비해야 합니다.

:: 헤어, 메이크업

복장 안내와 같이 헤어와 메이크업도 역시 항공사의 일반적인 면접과 같이 준비를 해야 하며, 본인의 모습이 카메라를 통해 모니터상에 어떤 식으로 잘 표현되는지를 꼭 확인하고 영상 속에서 가장 예뻐 보일 수 있는 헤어, 메이크업 연출이 되어야 한다는 것을 기억하기 바랍니다.

:: 면접 질문

모든 준비가 완료되면 비디오 면접을 시작하게 되고, 항공사마다 차이가 있겠지만 2개에서 5개 정도의 질문을 받게 됩니다. 질문은 높은 난도의 질문은 아니지만, 무작위로 제출되는 질문들이기 때문에 평상시 항공사에서 자주 다루는 기출문제들을 통한 연습이 필요합니다. 캐세이퍼시픽을 기준으로 최근 제출된 문제를 살펴보자면 "승무원이 되면 제일 먼저 가보고 싶은 도시" "승객이 동료 승무원의 연락처를 알고 싶다고 한다면" 등의 롤플레잉이 비디오 면접에서는 자주 출제됩니다.

:: 주의사항

답변을 할 때는 실제 바로 앞에서 면접관과 대화한다는 느낌으로 자연스러운 미소와 담백한 답변을 해야 하고, 절대 아무도 없다는 생각으로 자연스러움이 없어지는 상황이 발생하지 않게 꼭 앞에 상대방이 있다는 마음으로 답변을 완료하기 바랍니다.

비디오 면접에서도 탈락자가 나오기 때문에 내가 실제 면접관을 만나 면접을 보는 대면 면접에 참여하기 위해서는 우선 비디오 면접에서 합격해야 합니다. 물론, 비디오 면접을 보는 항공사가 흔하지는 않지만, 일부 항공사들은 비디오 면접과 같은 방식을 고수하는 만큼 만약 내가 비디오 면접에 참여해야 하는 상황이라면 복장과 헤어, 메이크업은 물론 롤플레잉과 같이 자주 나오는 질문들을 참고하여 답변을 정리해 보기 바랍니다.

또한, 중요한 것은 비디오 면접에서 나오는 롤플레잉 질문에 대한 답변을 할 때 사람을 응대하며 사용하게 되는 기본적인 표현들을 꼭 잊지 않기 바랍니다. "Excuse me" "If you do not mind" "I apologize" "I would like to..." 등과 같이 가볍게 생각하여 소홀할 수 있는, 공손한 서비스를 하기 위해 필요한 표현들을 잘 써줘야 한다는 것이 비디오 면접에서 가장 큰 핵심이라는 것을 다시 한 번 강조하고 싶습니다.

당신은 승무원의 자질이 있습니까?

8
승무원 암리치 항공사별 정리

승무원 면접에서 키에 관한 얘기는 다른 장에서 다룬 내용으로 충분하다고 생각하지만, 암리치에 대해서는 숫자나 보이는 키와는 또 다른 문제입니다. 항공사 면접에서는 물론 보이는 키를 보기도 하지만, 암리치 역시 절대 무시할 수 없는 것이 승무원 면접입니다. 특히나 국내 항공사의 경우 암리치를 측정하는 회사가 한정되어 있고, 정해진 암리치 수치에 닿지 않더라도 탈락사유가 되지는 않지만, 외국 항공사 승무원 면접에서는 일부 항공사의 경우 요구하는 수치에 닿지 않으면 탈락으로 이어지기도 합니다. 그만큼 승무원 면접에서 암리치는 면접에 참여하기 위한 기본적인 사항인 만큼 무시할 수 없습니다.

우선 암리치는 뒤꿈치를 최대한 들고 팔을 뻗어 내가 닿을 수 있는 최대 높이를 측정하는 것입니다. 이러한 측정이 필요한 이유는 단순히 팔 길이를 보고자 하는 것이 아닌 기내에서 업무를 수행할 때 필요한 최소한의 신체조건을 확인하기 위함입니다. 여러 가지 업무가 있겠지만, 기내에 짐을 넣는 선반을 닫아야 하고 높은 위치에 배치된 안전장비를 빠르게 확보할 수 있어야 하며, 무겁고 큰 항공기 문을 평상시는 물론 안전상황에서도 탈출을 위해 자유자재로 여닫을 수 있어야 하므로 신체조건을 확인하는 암리치 체크가 필요합니다. 글로만 보면 가볍게 여겨질 수 있으나, 하나의 예로 1분 1초가 시급한 기내에서 불이 난 상황에서 높은 곳에 비치되어 있는 소화기를 내가 팔이 닿지 않아 확보할 수 없다거나 이착륙 그리고 순항 중 선반에 담겨 있는 무거운 짐이 선반을 제대로 닫지 않아 떨어지게 된다면 큰 사고로 이어질 수 있기 때문에 승무원에게 암리치와 키는 사실상 중요한 요소일 수밖에 없습니다.

단순히 보이는 미적인 기준에서의 키를 떠나 안전업무를 수행하기 위한 기본 자질을 확인하기 위한 방법의 하나가 바로 암리치 체크라고 생각해야 합니다.

항공사별 암리치 측정기준

카타르항공 암리치 212cm

에미레이트항공 암리치 212cm

에티하드항공 암리치 212cm

캐세이퍼시픽항공 암리치 208cm

싱가포르항공 여자 키 158cm 이상

스쿠트항공 여자 키 159cm 이상, 남자 163cm 이상

홍콩익스프레스에어 암리치 208cm

오만항공 여자 키 157cm 이상

말레이시아항공 여자 키 158cm 이상

에어마카오 암리치 206cm 이상

동방항공 키 163cm 이상

아시아나 암리치 220cm

티웨이항공(뒤꿈치 들지 않고) 208cm

당신은 승무원의 자질이 있습니까?

회사마다 다르지만 암리치를 요구하는 경우도 있고, 일부 외국 항공사의 경우 특정 키를 제한하는 예도 있으므로 확인이 필요합니다. 또한, 중요한 것은 현재 이 책을 출간하는 시점에서 확인한 정보이기 때문에 이 내용은 참고용으로 사용해야 하며, 정확한 정보는 최신의 채용공고를 통해 확인하기 바랍니다.

이미 결정된 키는 내가 당장 어떻게 바꿀 수 없지만, 암리치는 평상시의 스트레칭과 연습을 통해 어느 정도는 개선이 가능합니다. 꾸준한 연습과 스트레칭을 통해 암리치로 작은 키를 조금이나마 보완할 수 있기 바랍니다.

9
싱가포르항공 승무원 채용절차

앞의 내용에서 카타르항공 채용절차에 관한 얘기에 이어 싱가포르항공 채용절차까지 얘기하고자 하는 이유는 마찬가지로 한국인을 많이 채용하는 대표적인 외국 항공사이며, 매년 1~2회 정도 꾸준히 한국에 직접 방문해 한국인을 채용하는 항공사이기 때문입니다. 많은 학생이 카타르항공 못지않게 가고자 하는 항공사이고, 특히나 5성급 항공사 중에서도 최고의 서비스를 제공하는 항공사로 알려졌으며, 싱가포르에서 거주할 수 있다는 장점이 더해지기 때문에 많은 학생이 꿈꾸는 항공사가 아닐까 생각합니다.

아쉬운 점이 있다면 싱가포르항공은 한국인 승무원으로 남자를 채용하지는 않는다는 것입니다. 이 책이 쓰인 이후 앞으로 싱가포르항공에서 생각을 바꿔 한국인 남자 승무원도 채용하게 될지는 모르겠지만, 현재까지는 한국인으로는 남자 승무원을 뽑고 있지 않는 점 참고 바랍니다. 싱가포르는 전 세계 여행자들이 선호하는 여행지인 만큼 관광산업이 매우 발달하였으며, 그런 만큼 관광산업에 종사하는 사람들이 많은 편입니다.

싱가포르의 경우 물가가 다소 높은 편에 속하지만, 외국인이 많이 거주하는 만큼 삶의 만족도가 높은 편이며, 싱가포르항공 승무원으로서 받을 수 있는 혜택이 많은 만큼 누릴 것이 많은 편입니다. 그런데도 저는 항상 외국 항공사 준비를 하려는 학생들에게 첫 시점에서 꼭 강조하는 것이 있습니다. 저는 외국 항공사 승무원 생활을 한 단어로 정리하자면 '현실'이라고

당신은 승무원의 자질이 있습니까?

생각합니다. 저의 경우 외국에서 학교에 다녔던 경험도 있고, 외국 항공사에 취업하여 일했던 경험도 있지만, 부모님의 돈을 받아 학교에서 공부하는 유학생활과 내가 직장을 구해 돈을 벌며 살아가야 하는 생활은 정말 하늘과 땅 차이라는 점을 항상 강조합니다. 물론 이 세상 모든 일이 쉬운 것은 없을 겁니다. 내가 하는 일이 가장 힘들다고 생각하는 게 사람이지만, 그런데도 절대 보이는 것들만을 보고 달려들 수 없는 것이 저는 외국 항공사 승무원이라고 말합니다.

내가 한국에서 평상시에 아무렇지 않게 하는 행동들, 예를 들어 월세방을 계약하는 일, 휴대전화를 개통하는 것 그리고 마트에서 장을 보는 것까지 아무렇지 않게 할 수 있는 것들을 내가 한 번도 살아본 적 없는 나라에 가서 아무의 도움도 없이 나 혼자 해나가야 하는 것이 바로 외항사 승무원이기 때문에 저는 항상 현실이라는 단어를 강조합니다. 특히나 싱가포르항공과 카타르항공과 같이 연봉이 나쁘지 않은 외국 항공사에 가고자 하는 학생 중 단순히 돈만을 보고 가고자 하는 지원자도 분명 있습니다. 하지만 그만큼 내가 외국에서 거주하며 써야 하는 기본적인 소비를 피할 수 없는 만큼 조금 더 현실적으로 내가 만약 지금 진지하게 외항사 준비를 고민하고 있거나 준비 중인 단계라면 한국 베이스가 아닌 이상 해당 국가에 거주하며 살 수 있는 마음의 준비가 되어 있는지 진지하게 고민하는 시간을 가져보기 바랍니다.

그렇다면 본격적으로 싱가포르항공 승무원 채용절차에 대해 알아보겠습니다. 싱가포르항공 승무원 채용은 다른 외항사들과 크게 다르지 않은 선에서 진행되지만, 큰 차이점이 있다면 영어도 어느 정도 잘해야 하지만, 더 중요한 것이 바로 싱가포르항공에서 생각하는 시아걸 이미지에 부합되는 지원자여야 한다는 것입니다. 영어능력이 조금은 떨어지더라도 싱가포르항공에서 그리는 이미지에 걸맞은 지원자라면 합격할 수 있는 것이 싱가포르항공이라고 생각합니다. 그만큼 자체적으로 정해놓은 이미지를 많이 보는 편입니다.

:: 온라인 지원

다른 외항사의 채용과 비슷하게 싱가포르항공 채용도 첫 단계는 온라인을 통해 CV와 커버레터를 제출하고 합격자에 한하여 비디오 면접을 봅니다. 다른 항공사와 큰 차이는 없으므로 어려움은 없지만, 채용마다 국내 항공사와 같이 졸업 예정자와 같은 지원 가능한 학력 기준을 다르게 언급하는 만큼 지원 전 꼭 채용공고를 확인하고 지원하기 바랍니다. 온라인 지원에 대한 합격률이 매우 낮은 편은 아니지만, 싱가포르항공 입장에서 궁금해 할 수 있는 지원자로 보일 수 있는 외항사 형식에 알맞은 CV와 커버레터 작성이 필요합니다.

:: 비디오 면접

온라인 지원 합격자에 한하여 비디오 면접 링크를 받고 싱가포르항공 비디오 면접을 진행합니다. 비디오 면접을 진행하는 다른 채용절차와 같이 롤플레잉 위주로 질문을 받습니다. 비디오 면접에서는 특히나 부합되는 이미지를 많이 확인하는 만큼 완벽한 헤어와 메이크업, 복장을 갖추고 비디오 면접에 참여해야 합니다. 롤플레잉 질문은 정답을 원하기보다는 답변 속에 얼마나 서비스마인드를 가지고 대처하는지에 대한 능력을 보게 됩니다.

:: 디베이트

비디오 면접에서 합격한다면 현지 면접관이 한국을 방문하여 진행하는 면접에 초대됩니다. 가장 먼저 기본적인 자기소개 후 정해진 파트너를 소개하고, 3명씩 찬성과 반대로 나뉘어 디베이트를 하게 됩니다. 디스커션, 디베이트, 파트너 소개와 같은 단계는 채용마다 면접관에 따라 진행방식이 달라질 수 있다는 점 참고하기 바랍니다. 파트너 소개와 디베이트는 외국 항공사 면접에서 몇십 년 전부터 내려오는 고전적인 방법들로 최근에는 디베이트를 하는 항공사가 많지 않지만, 외항사 승무원 채용에서 디베이트를 할 때는 나라별 그리고 항공사별로 성향에 맞춰 다른 전략을 내세워야 하고, 동남아 항공사의 특성상 본인의 의견을 강하게 주장하기보다는 다른 지원자들의 얘기를 경청하고 공감해 주는 능력을 주되게 보여줄 필요가 있습니다. 그 후 간단한 아티클을 읽게 되며, 영어를 유창하게 잘 읽는 것도 중요하지만, 읽으면서도 침착함과 차분함, 그리고 승무원으로서의 미소 유지에 신경써야 합니다.

:: 최종면접

다른 외항사 승무원 채용면접과 비교했을 때 난도가 매우 높은 수준에 속하는 최종면접은 아닙니다. 외항사 면접에 대한 영어 면접 준비가 잘 되어 있다면 크게 걱정할 필요가 없습니다. 일반화시킬 수는 없으나, 그간 면접을 돌이켜봤을 때 가장 큰 특징은 물론 서비스 경험을 중시하고 있으나, 세계적인 5성급 서비스를 제공하는 항공사인 만큼 서비스 경험이 부족하더라도 우리 항공사에서 제대로 가르치면 된다는 생각을 하는 경향이 있으므로 서비스 경험이 부족한 점은 승무원으로서의 자질과 가능성을 보여준다면 크게 걱정할 필요는 없는 항공사인 게 특징이며, 그 외에도 싱가포르항공의 공통된 이미지인 시아걸에 부합되는지를 가장 중요한 평가요소로 두고 있다는 것이 가장 큰 싱가포르항공 승무원 면접의 특징입니다.

:: 유니폼 착용

최종면접 후 합격했다고 끝은 아닙니다. 마지막 유니폼 착용과 어피런스 체크를 받아야 합니다. 싱가포르항공 승무원 채용에서 가장 중요한 단계가 아닐까 싶습니다. 앞에서부터 계속 강조했던 싱가포르항공 승무원의 시아걸 이미지에 부합되는지 종합적으로 평가하며, 그 외에 세부적인 피부, 흉터, 위생상태 등을 확인하는 단계입니다. 유니폼인 케바야를 착용할 때 노출되는 피부 부위에 대한 피부상태, 그리고 얼굴 피부 컨디션 등을 매우 꼼꼼히 가까운 거리에서 확인하기 때문에 평상시 목 라인, 네일과 패디 케어, 피부관리 등에도 신경을 써야 마지막 합격이 가능합니다.

당신은 승무원의 자질이 있습니까?

10
자주 물어보는 외국 항공사 승무원 면접 질문

외국 항공사와 국내 항공사에 대한 구별 없이 승무원이라는 직업에 도전하고자 한다면 승무원 면접에 대해 준비를 하게 됩니다. 온종일 컴퓨터 앞에서 사무업무를 봐야 하는 일반적인 회사원을 뽑는 일반 면접과 달리 온종일 현장에서 사람을 응대해야 하는 승무원을 뽑는 승무원 면접은 다를 수밖에 없습니다. 가장 큰 차이점이 있다면 승무원으로서의 자질과 자세 그리고 가능성을 보여줄 수 있는 준비를 해야 한다는 것입니다. 승무원 면접에서는 자세를 통한 평가가 높은 부분을 차지하고 자세나 미소, 태도와 같은 부분 외에도 면접 질문에 대한 답변 역시 중요하지 않다고 할 수 없습니다.

지원자가 어떤 생각과 마음가짐을 가졌는지를 알 수 있는 것이 질문에 대한 답변인 만큼 기내에서 사람을 응대하기 위한 직무의 특성상 자세와 태도가 더 중요하지만 충분한 답변에 대한 준비도 필요합니다. 국내 항공사 면접의 경우 한국인 지원자로서 한국인 면접관과 면접을 보는 것이기 때문에 예상치 못한 질문이 나올 수 있고, 단어 하나 그리고 표현 하나만 잘못해도 의미가 다르게 전달될 수 있으므로 저는 오히려 한국어 면접이 더 어렵다고 생각합니다.

영어라는 언어로 외국인 대 외국인으로 면접을 보는 외국 항공사의 면접은 준비가 잘되었을 때는 사실상 국내 항공사의 면접보다 오히려 더 쉽다고 생각합니다. 대체로 외국 항공사의 면접은 오래전부터 내려오는 승무원 면접의 고전적인 법칙을 그대로 유지하는 만큼 어느 정도의 틀 안에서 질문이 나오기 때문입니다. 물론 처음 준비하기에는 영어 면접을 준비해야 하는 외국 항공사의 면접 준비가 더 어렵다고 생각하지만, 막상 어느 정도 준비가 완료된 후에는 사실상 한국어 면접이 더 어렵다는 것이 제 개인적인 주장입니다.

외국 항공사의 면접 질문들은 대체로 예상이 가능한 선에서 질문이 나오기 때문에 영어 면접을 제대로 준비한다면 면접 질문에 대해서만큼은 큰 무리 없이 면접을 볼 수 있다고 봅니다. 물론 어느 정도 기간을 잡고 준비를 열심히 했다는 것을 가정했을 때입니다. 그런 의미에서 국내 항공사도 마찬가지지만, 외국 항공사 승무원 면접에서는 자주 다루는 기출문제들을 꼭 살펴보고 준비할 필요가 있습니다. 아래는 최근 몇 년간 외항사 승무원 면접에서 실제로 나왔던 면접 질문 중 괜찮다고 생각한 질문들을 몇 가지 정리해 봤습니다.

1. What do you want to do if you can't be a flight attendant?

2. What is the definition of good service?

3. Do you have any experience in service industry?

4. What did you learn from your service experience?

5. What kind of cabin crew would like to be?

6. Introduce proud Korea's culture.

7. What if a passenger complains about your attitude?

8. What makes you happy?

9. What makes you sad?

10. What do you think about qualification of cabin crew?

11. How do you control when you are angry?

12. Introduce your major.

13. Tell me about the experience of refusing customer request.

14. How do you manage stress?

15. Experience of working where teamwork was needed.

16. Have you ever asked a colleague for help?

17. What did you learn from your major?

18. Qualifications of cabin crew.

19. What is your motto in your life?

20. What is the definition of teamwork?

이외에도 외항사에서 자주 나오는 질문은 너무나도 다양합니다. 최근 몇 년간의 질문 중 20가지만을 추려봤으나, 아무리 내가 영어 면접을 완벽히 준비하더라도 승무원이라는 직업은 단순히 영어만으로 해결될 수 있는 일이 아닌, 기내에서 유니폼을 입고 승객을 응대해야 하는 서비스 업무가 주가 되므로 승무원으로서의 자질과 자세가 얼마나 나와주느냐에 대한 가능성을 가장 주되게 평가한다는 것을 항상 기억하기 바랍니다.

당신은 승무원의 자질이 있습니까?

11
한국 남자 승무원 채용하는 외국 항공사 리스트

한국 남자로서 남자 승무원이 되고자 하는 길은 사실 절대 쉬운 것이아 닙니다. 물론 승무원이라는 직업 자체가 여자의 비율이 높으므로 한국 남자 만이 힘들다고 단정지을 수는 없지만, 다른 나라와 비교했을 때도 국내 항 공사는 유독 남자 승무원에 대한 채용비율이 낮습니다.

예전보다 늘었지만, 여전히 낮은 비율로 남자 승무원을 유지하고 있 는 국내 항공사, 그리고 한국인 남자를 채용하는 외국 항공사도 사실 여자 에 비해서는 많지 않습니다. 그런데도 과거 제가 입사하던 시절, 그리고 훨 씬 이전의 시간을 비교했을 땐 뽑는 인원도 많아지고, 항공사도 많아졌습 니다. 남자 승무원 출신으로 남학생을 가르치고 있다 보니, 아무래도 남자 승무원을 채용하는 외국 항공사에 대한 질문을 많이 받기도 하고, 저 역시 나 학생시절, 그리고 지금까지도 여전히 관심을 가지는 질문입니다. 과거부 터 지금까지 한국 남자를 채용했거나 지금도 하고 있거나 혹은 채용이 끊 어진 지 오래지만, 한국 남자가 근무 중인 외국 항공사에는 어떤 곳이 있는 지 알아봅시다.

중동	카타르항공
	에미레이트
	에어아라비아
	플라이두바이
동남아시아	스쿠트항공
	에어아시아필리핀
	젯스타아시아
	베트남항공
	에어아시아엑스
	비엣젯항공
	타이에어아시아엑스
유럽	핀에어
	KLM
	루프트한자
중국	동방항공
	하이난항공
마카오	에어마카오
홍콩	캐세이퍼시픽
	홍콩익스프레스에어
	홍콩항공

　　영주권이 필요하거나, 기내통역원 채용의 경우는 제외하였고, 한국인 남자 승무원이 근무하고 있는 혹은 근무했던 항공사를 위주로만 언급했지만, 책을 출판하는 시점이 기준인 만큼 한국 남자채용 여부에 대해서는 앞

당신은 승무원의 자질이 있습니까?

으로도 달라질 수 있다는 점 참고하기 바랍니다. 전체 한국인을 뽑는 외항사 리스트와 비교해도 절반에 못 미치는 숫자입니다. 그만큼 외국 항공사 채용에서 한국 여자 승무원은 뽑아도, 한국 남자 승무원은 뽑지 않는다는 것을 알 수 있습니다.

정확한 이유는 각자의 항공사만 알 수 있겠지만, 전체적으로 봤을 때 국적을 떠나서라도 기본적으로 어느 항공사나 여자 승무원을 더 선호하기도 하고, 외국인을 뽑았을 때 주택을 제공해 줄 경우 혹은 비행 중 호텔 제공에서 성별이 맞지 않을 때 발생할 수 있는 비용 부담 등에 대한 것도 고려하는 것으로 판단됩니다. 그런데도 과거와 비교했을 때, 한국인 남자를 채용하는 회사가 많아졌다는 것은 확실하기도 하고, 앞으로 생겨나는 많은 신생 항공사들 그리고 기존에 뽑지 않았지만, 한국이라는 관광시장의 발전과 한류 등으로 인해 한국인 남자 승무원을 새롭게 뽑을 수 있는 사례가 생겨 자신이 최초가 될 수 있으니, 언제든 외항사 면접에 참여할 수 있는 준비를 해 나가기 바랍니다.

처음에는 한국인 남자 승무원을 뽑지 않았다가 어느새 채용을 하기도 한 동방항공의 사례를 생각해 볼 수 있습니다. 그러나 한국 남자 승무원을 채용하더라도 여자에 비해 많은 인원이 아니므로 더더욱 외국 항공사 승무원 면접에 대한 준비가 잘 되어야 하고, 외국 항공사는 정보의 싸움이기 때문에 발 빠른 정보를 먼저 알아야 하는 것은 물론, 정보를 알고 있어도 내가 준비가 안 되어 있다면 소용없다는 것도 알아야 합니다. 기회가 많지는 않지만, 과거보다 지원할 수 있는 외국 항공사가 더 다양해졌고, 앞으로도 많아질 것으로 예상하는 만큼 본인이 외국 항공사 승무원 면접 준비에 얼마나 가능성이 있는지를 확인하고 기회가 적은 만큼 앞으로 어떤 방향으로 준비하면 좋을지에 대한 구체적인 계획을 세워 하나씩 해나가기 바랍니다. 저는 남자 승무원 출신으로 남학생을 가르치기 때문에 더욱이나 평생직장이 중요한 것이 남자인 만큼 이 직업에 대한 본인의 확고한 의지와 마음가짐 그리고 최소한의 가능성이라도 없다면 깨끗이 포기하고 본인이 더 잘할 수 있는 일을 해야 한다는 것이 제 주장입니다.

국내 항공사나 다른 여자 지원자들보다 기회가 많지는 않으나, 그만큼 외국 항공사를 준비하는 남학생이 국내 준비생이나 여자들에 비해 많은 것은 절대 아니므로 본인이 외국 항공사 면접에 대한 준비만 잘 되어 있다면 해볼 만한 시장이라는 점을 기억하고, 이 책을 통해 외국 항공사 승무원 준비에 대해 진지하게 고민해 볼 수 있는 시간을 가질 수 있는 계기가 되기 바랍니다.

12
맘에 들지 않으면 뽑지 않는 에티하드항공

2019~2020년 사이를 돌이켜보면 에티하드항공은 총 4번의 승무원 채용을 서울에서 진행했습니다. 아주 오래전 혹은 최근까지도 외항사 승무원을 준비했던 사람이라면 두 눈을 의심할 수 있는 대목이죠. 한국인을 선호하지도 않았지만, 더더욱 한국에서 자주 채용을 하지 않는 항공사인 만큼 1년도 안 되는 기간 동안 4번이나 채용했다는 것은 놀라운 소식이 아닐 수 없습니다.

에티하드항공은 에미레이츠와 카타르항공에 이어 3대 중동 항공사 중 한 곳으로, 아시아인 승무원을 많이 선호하는 편은 아닌 것으로 알려진 항공사입니다. 그러다 보니 과거에 한국인을 비롯하여 다양한 아시아인을 채용했던 것과 같이 최근에는 대부분 아부다비 현지 채용이거나 서양권에서의 채용 빈도수가 가장 높은 것이 사실입니다. 아시아권에서도 노선에 대한 중요도가 높았던 일본을 빼고는 크게 자주 뽑는 곳은 없었지만, 2019년을 돌이켜본다면 2번의 채용에 이어 다음해에도 상반기에만 2번을 더 진행했었습니다. 당시에는 인천 노선의 중요도가 높아지던 시기였고, 자연스럽게 B787 드림라이너에서 A380기종을 투입시키며 한국인 승무원의 수요가 더 많아져 연속 채용을 했던 것으로 이해할 수 있습니다.

중동은 물론 외항사의 채용이 대부분 그러하듯 한국인을 뽑을 때는 한국인 승무원이 필요한 한국 노선에 대한 중요도와 빈도수에 따라 회사 내 승무원 수를 결정짓는 것이 일반적입니다. 한국 노선의 중요도와 비행 횟수가 늘어나면 늘어날수록 자연적으로 한국인 승객을 적절히 응대하기 위한 한국인 승무원의 필요 숫자가 올라갈 수밖에 없고, 반대로 중요도와 노선 빈도수가 줄어든다면 필요 승무원 수도 적어질 수밖에 없습니다.

아부다비와 한국의 관계에 특별한 뉴스가 없는 상황에서 특히나 채용 논란의 중심인 대행이 아닌 에티하드항공에서 자체적으로 진행하는 채용으로 갑자기 2019년에서 2020년 사이 수회 채용을 진행했던 사례를 통해 꾸준히 한국인 승무원의 수요는 증가해 왔다는 것을 알 수 있죠.

이유야 어떻든 승무원 지원자의 입장에서는 채용이 자주 많이 난다는 것은 좋은 소식이 아닐 수 없습니다. 물론 내가 준비되어 있느냐가 더 중요하겠지만, 아무런 준비 없이 볼 수 있는 면접이 아니기 때문에 아무런 준비가 되어 있지 않은 상황에서의 채용은 반갑지 않을 것이라 판단됩니다. 내가 만약 지속적으로 외항사 승무원 채용에 대한 준비가 되어 있었다면 올해 3번째로 진행되는 에티하드항공 승무원 채용이 반가운 소식 중 하나일 것입니다. 물론 안타깝게도 정확한 날짜를 제시하지는 않습니다. 그간의 채용들과 같이 온라인 지원 후 인비테이션(초청장)을 받은 지원자에게만 날짜와 장소가 공개됩니다.

한국에서 진행했던 과거 에티하드항공 승무원 채용을 참고했을 때 특이한 점이 있다면 가장 먼저 영어시험을 본다는 것입니다. 영어 테스트를 통해 탈락자가 일부 발생하게 되는 만큼 매우 유창한 실력의 영어를 강조하는 것은 아니지만 그럼에도 불구하고 외항사 승무원으로 비행할 수 있을 만한 기본적인 영어실력은 필요하다는 것을 강조하는 대목이 아닐까 싶습니다.

외항사에서 진행되는 영어 테스트는 난도가 높은 편은 아니지만, 탈락자가 발생하는 가장 큰 이유 중 하나는 너무 긴장했거나 혹은 집중하지 않고 문제를 풀게 되어 실수하는 경우입니다. 토익시험을 돌이켜 생각해 봤을 때 아는 문제였지만, 집중하지 못해서 문제를 잘못 읽거나 보기를 잘못 선택해 틀리는 것과 같이 영어 테스트를 할 때는 시간 내에 푸는 것도 중요하지만, 작은 실수를 줄이는 것이 더 중요합니다.

영어 테스트 이후에 진행되는 과정에서도 다른 면접들과 마찬가지로 큰 차이 없이 평범하게 진행됩니다. 이력서를 제출하고 간단한 스몰토크를 하게 되는 CV DROP부터 암리치 측정을 합니다. 참고로 에티하드항공 승무원 암리치는 212cm이며, 직전 채용을 참고했을 때 암리치가 닿지 않는 경우 자비 없이 탈락이었습니다. 이외에도 디스커션, 파이널 면접으로 진행되는 게 일반적입니다.

에티하드항공은 과거 여러 채용들을 살펴봤을 때 특징이 있다면 물론 다른 중동 항공사도 비슷합니다만, 맘에 드는 지원자가 없는 경우 억지로 사람을 채우기 위해 채용하지 않는 편입니다. 매 채용 시마다 채용인원을 정해 두고 사람을 채용하지 않기 때문에 확실하게 에티하드항공에 필요한 인재라고 판단되지 않는 경우 합격자를 내지 않는 면접도 있는 만큼 외항사 승무원 면접에 대한 철저한 대비와 준비가 되어 있어야 합니다.

외항사일수록 첫 지원에 그리고 운 좋게 합격하는 지원자가 없는 것이 사실입니다. 국내와 비교해도 유독 첫 지원 합격자가 없다는 것은 여러 경험들을 통해 외항사 승무원 면접만의 특징을 잘 알고 있어야만 합격이 가능하다는 것 그리고 단순히 영어만 잘해서 가능한 면접이 아니라는 것을 느낄 수 있습니다.

제가 과거 외항사를 준비했던 시절 그리고 현재 외항사 준비생들을 가르치는 현재까지 외항사 승무원 최종면접에서는 면접관으로부터 이런 말을 듣고 합격하는 경우가 많습니다. "너 입사 전까지 영어실력 늘려서 와야돼." 만약 영어만이 중요한 면접이었다면 이런 말을 듣고 합격할 수 없을 것이라 판단됩니다.

외항사 승무원 면접을 단순히 국내에 비해 쉽다거나 영어만 잘하면 된다거나 식으로 생각했다면 매우 잘못된 접근입니다.

외항사도 여전히 유니폼을 입고 직접 승객을 대면하며 응대해야 하는 직업이기 때문에 보고자 하는 자질이 국내와 똑같습니다. 외항사 역시도 내가 아무리 영어를 잘해도 승무원으로서의 기본적인 자질과 자세, 가능성이 보이지 않는다면 합격할 수 없습니다.

내가 현재 외항사 승무원이라는 직업을 고려하는 단계라면 영어는 물론 24시간 을의 입장으로 누군가를 항상 응대해야 하는 승무원의 자질을 갖추고 있는지 그리고 그것들을 면접에서 보여주고 면접관을 설득시킬 수 있는 준비가 잘 되어 있는지를 다시 한 번 생각해 보기 바랍니다.

당신은 승무원의 자질이 있습니까?

13
2년 계약직 KLM항공이 꿈의 직장이라고요?

높은 경쟁률을 뚫고 이미 현장에서 열심히 비행하는 승무원, 즉 채용시장에서 일컫는 경력직 승무원들조차도 한 번쯤은 이직을 생각하고 꿈꾸는 항공사인 네덜란드 항공 KLM은 객실승무원이라는 직무에서만큼은 꿈의 직장이자 경력직 승무원의 종착역이라는 타이틀을 가지고 있습니다.

종착역이라는 타이틀이 붙은 것에는 여러 이유가 있겠지만 좋은 의미에서는 객실승무원으로 일할 수 있는 여러 항공사 중 가장 승무원이 편하고 합리적으로 일할 수 있는 좋은 조건을 갖췄기 때문일 것이고, 종착역의 반대 의미에서는 2년 계약직이라는 조건 때문에 승무원 비행생활을 마무리짓는 마지막 2년간을 좋은 대우를 받으며 편하게 보내겠다는 의미를 가지는 것이라 생각합니다. 물론 KLM 승무원이라는 2년간의 경험을 토대로 더 다양하고 멋진 일을 하는 분들을 많이 봤고, 현재도 보고 있습니다.

국내 항공사와 외국 항공사 모두에서 객실승무원으로서 직접 비행했던 경험을 돌이켜봤을 때, 승무원이라는 직업은 절대 편하다고 치부할 수 있는 직업은 아니지만 여러 다른 항공사에서 근무 중인 객실승무원이라는 자리와 비교했을 때 KLM 승무원은 편하다고 느껴질 수밖에 없는(저도 직접 경험해 본 것은 아니기 때문에 확신할 수 없지만) 처우를 받고 있는 것만은 부정할 수 없는 사실입니다.

네덜란드항공 KLM은 한국인 승무원 채용을 위한 면접이 잦은 편은 아니지만, 여타의 유럽 항공사에 비해서는 자주 진행하는 편입니다.

한국 베이스로 한국인을 채용하는 몇 안 되는 외항사들은 TO가 적기도 하고, 퇴사율이 낮기 때문에 그만큼 필요 인력에 따라 채용하는 승무원 채용 횟수가 현저히 낮을 수밖에 없습니다. 그럼에도 불구하고 KLM 승무원 채용의 경우 2년 계약직이라는 계약조건의 특성상 필요 인력에 대한 순환이 빠르다 보니 채용 역시도 거의 매년 진행되는 상황이며, 특히나 2018년에는 상반기와 하반기 2번이나 채용을 했었습니다.

KLM 한국인 승무원 채용은 흔히들 알고 있는 것과 같이 많은 인원을 채용하지 않는다는 것은 꼭 짚고 넘어가야 합니다. 5명 내외의 채용을 하거나 간혹 과거에 1~2명을 뽑기도 했었고, 많아봐야 10명 내외가 합격하는 채용이라는 것은 꼭 이해하고 준비를 해야 합니다. 물론 최근에는 조금 분위기가 달라지긴 했습니다. 최근 면접에서는 비교적 조금 더 많은 인원을 한 번에 뽑아놓고 인력이 필요할 때마다 수시로 입사시키는 방향으로 채용을 진행하는 듯합니다. 한 번에 채용하는 인원이 더 많아졌다는 것과 승무원 경력이 없는 신입을 채용하는 비율이 더 많아졌다는 것이 최근 KLM 승무원 채용의 특징이 아닐까 싶습니다. 그럼에도 불구하고 타 항공사와 비교했을 때 절대 자주 있는 채용이거나 인원을 대거 채용하는 면접은 아니라는 것은 알아야 합니다.

승무원 면접 강사로 일하며 승무원 준비를 고려하는 혹은 준비하고 있는 학생을 매일 만나는데 한 항공사만을 꼭 짚어서 준비하고자 하는 학생들이 있습니다. 물론 개인의 생각과 주장을 강사라는 타이틀로 반대할 자격이 있다고는 절대 생각하지 않기 때문에 그 의견에 반대하지는 않습니다.

당신은 승무원의 자질이 있습니까?

그럼에도 불구하고 여전히 한 항공사만을 놓고 준비했을 때는 1년에 볼 수 있는 면접 횟수가 1~2번이 최대이기 때문에 합격과는 멀어질 수밖에 없습니다. 물론 내가 1~2번 면접만으로도 합격할 수 있다면 매우 좋겠지만, 사람 일은 아무도 예측할 수 없는 것이고 보장된 면접을 준비할 수 없기 때문에 다양한 기회에 참여하기 위해서는 여러 항공사를 열어두고 준비해 나가야 합니다. 특히나 KLM은 한국을 베이스로 근무하며, 낮은 비행시간과 비행시간에 비해 높은 수당을 받다 보니 승무원이라는 직업에 큰 욕심이 없는 학생들도 관심을 가지거나 지원하는 경우가 많습니다. 그렇기 때문에 2년이라는 계약직이라는 점이 단점으로 작용해도 지원자가 많은 이유가 아닐까 싶습니다.

인천에서 암스테르담 노선만을 소화하는 단순한 노선, 낮은 비행시간, 비행시간에 비해 높은 수당의 혜택을 받게 되는 KLM 승무원은 경쟁률만큼이나 요구하는 영어 수준이 높다고 알려져 있습니다.

외항사 승무원을 생각하면 보통 영어를 매우 잘할 것이고, 면접을 보기 위해서는 영어를 잘해야 한다는 막연함이 있지만, 여기서 우선 짚고 넘어가야 할 것은 단순히 외항사라고 하여 영어만 잘하면 된다는 것은 잘못된 생각이라 주장합니다. 물론 신입 승무원이 정식 승무원이 되기까지 거쳐야 하는 초기 훈련 즉 교육이라는 것은 외항사의 경우 처음부터 끝까지 영어로 진행되며, 해야 하는 업무조차도 비행 내내 승객 및 동료들과 영어를 사용해야 하는 직업인 만큼 영어를 잘해야 한다는 것은 절대 부정할 수 없는 사실입니다. 하지만 이 부분에서 가장 중요한 것은 절대 영어만 잘해서 합격할 수 있는 면접이 아님을 알아야 한다는 것입니다. 만약 영어만 잘하는 사람이 필요하다면 굳이 승무원 면접, 승무원 채용이라는 단어를 쓰지 않고도 더 적합한 사람을 채용할 수 있는 방법은 많을 것입니다. 굳이 1차, 2차, 3차까지의 대면 면접은 필요하지 않겠죠. 모두 불러놓고 영어시험을 보고 점수에 따라 합격과 불합격을 가린다면 정말 영어만이 필요한 직업에 적합한 사람을 뽑을 수 있을 것입니다.

특히나 제가 준비했던 과거에도 그리고 현재 외항사 채용에서도 최종 면접에서 이런 얘기를 듣고 합격하는 한국인이 많습니다. "너 입사 전까지 최대한 영어실력 늘려서 와야 돼." 만약 영어실력과 영어만이 중요한 면접이었다면 이런 얘기를 듣고 합격할 수 없었을 것입니다. 영어가 조금 부족하더라도 이런 말을 듣고 합격할 수 있는 이유는 뭘까요? 영어보다 외항사 승무원 면접에서 더 중요하게 평가되는 것이 있다는 뜻이겠죠.

승무원 면접에서는 승무원으로서의 자질과 자세 그리고 사람을 응대하는 일을 가장 주되게 하는 이 업무에 대한 가능성이 보이지 않는다면 영어를 아무리 잘해도 합격할 수 없습니다. 그렇기 때문에 아무런 준비가 되어 있지 않은 토익 만점 강사, 10년차 해외파들도 1차 CV DROP 단계에서 가차없이 탈락하는 것입니다. 특히나 단순히 일상생활 속에서 영어를 잘하는 것 혹은 시험을 잘 보기 위해 영어를 잘하는 것과 외항사 승무원 면접에서 영어를 잘한다고 하는 기준은 조금 다릅니다.

내가 평상시 일상생활 속에서 친구와 가족에게 얘기하는 단어, 표현, 문장들과 격식을 차려야 하는 그리고 특수한 기내라는 공간에서 일해야 하는 승무원을 뽑는 승무원 면접에서 사용하는 단어, 표현, 문장은 다를 수밖에 없습니다.

당신은 승무원의 자질이 있습니까?

하나의 예로 우리는 한국어를 사용하는 한국인이지만, 면접 준비를 하지 않으면 어떨까요? 말을 잘할 수 없습니다. 영어도 마찬가지입니다. 내가 영어 면접 특히나 승무원 영어 면접에 대한 준비가 안 되어 있다면 말을 잘할 수 없다는 것을 알아야 합니다. 물론 평소에 영어를 잘해왔던 것들이 분명 도움이 되지만, 승무원 영어 면접은 사실상 준비 없이 볼 수 있지는 않다는 것을 기억하고 대비하기 바랍니다.

더 나아가서 KLM 승무원 면접의 경우 다른 외항사 승무원 면접에 비해 더 높은 기준으로 영어를 평가한다는 것을 부정할 수 없는 사실이긴 합니다. 사실 승무원 경력을 바탕으로 승무원을 만들어내는 강사로 일하는 입장에서 외항사라고 하여 그리고 KLM이라고 해서 특별히 더 높은 영어실력이 요구된다는 것에는 동의하지 않습니다. 여전히 원활한 영어실력이 필요하지만, KLM에서 근무하는 한국인 승무원이라고 하여 더 높아야 할 이유는 전혀 없다고 주장합니다.

나라에서 운영하는 국영 항공사라고 하여 손님들도 이에 맞게 고위급이거나 어떤 높은 직책을 가진 사람들이 타는 것도 아니며, 한국인 승무원이 영어를 주되게 해야 하는 영어권 국가의 승객들을 주로 응대하길 기대하는 것도 아니기 때문이죠. 그게 맞는다면 한국 노선에만 탑승시킬 이유는 없겠죠. 그럼에도 불구하고 어쨌든 회사에서 요구되는 스탠더드가 높은 만큼 내가 합격을 기대하여 준비하고자 한다면 그 기준에 맞춰야 한다는 것 역시 부정할 수 없는 현실입니다. 특히나 다른 나라에서 진행되는 외항사 오픈데이 면접과 달리 지원자가 많은 대한민국에서 진행되는 외항사 승무원 면접과 같이 1차 서류단계를 우선 거쳐야 합니다.

KLM의 경우 직전 채용을 기준으로 보자면 더 드림버스라는 회사를 통해 서류 전형과 1차 면접을 대행하기 때문에 한국인의 시선에서 서류단계를 거치게 됩니다. 그러다 보니 자연스럽게 서류상에 보이는 숫자라는 것이 중요한 몇 안 되는 외항사 채용 중 하나입니다. 그러다 보니 토익을 직접적으로 언급하고 요구하지는 않지만, 토익이나 토스와 같은 어학 성적이 필요할 수밖에 없는 분위기입니다. 물론 다양한 점수대로 합격한 사례들이 있지만, 결과적으로 봤을 때는 대부분 토익점수가 800 이상대로 높은 편이라는 게 특징입니다. 물론 더 중요한 것은 2차에서부터 만나는 현지 면접관과의 실제 영어 면접입니다.

서류 전형과 1차 면접을 한국 대행사를 통해 진행한 뒤 2차 면접과 3차 면접은 하루 안에 현지 면접관을 통해 진행되는 것이 일반적입니다. 물론 매 채용마다 대행사가 달라질 수 있고 진행방식 역시 회사 내부 규정에 의해 변경될 수 있지만, 보통은 직전과 같이 진행되는 게 일반적입니다.

서류상의 중요한 내용이 어학 점수와 같이 점수로 보이는 스펙이라면 이외에도 경력이 중요한 곳이 또 유럽 항공사가 아닐까 싶습니다. 대행사를 통해 현재 진행 중인 핀에어 채용만을 보더라도 채용공고에 지원자격으로 서비스 업계에서의 경험 2년을 요구하는 것과 같이 실용적인 것들을 중시하는 유럽문화의 특성상 간접적으로나마 사람을 응대해 봤던 경험을 우대할 수밖에 없습니다. 만약 직접적인 승무원 경험이 있었다면 더 좋아할 수밖에 없겠죠. 그러다 보니 자연스럽게 전직 혹은 현직 승무원들이 합격 인원의 많은 부분을 차지했던 것도 사실입니다. 하지만 그나마 긍정적인 얘기가 있다면 최근 몇 번의 채용만을 놓고 봤을 때 경력이 없는 신입에 대한 비율이 점점 더 높아지고 있다는 것이죠.

저 역시도 경력직 승무원이지만, 경력직 승무원만이 사실 정답은 아닙니다. 단점도 분명히 존재하기 때문입니다. 이 업무에 대한 신입을 뽑는 것과 경험이 있는 자를 뽑는 것에는 분명 장단점이 존재할 것이라 생각합니다. 그런 점에서 신입 승무원을 더 좋아하는 항공사도 있고 KLM 역시도 그 비율은 점점 더 변화하는 추세지만 그럼에도 여전히 경력 승무원을 좋아할 수밖에 없는 이유는 KLM에 2년이라는 계약기간이 있다는 것이 아닐까 싶습니다.

제 경험을 돌이켜보더라도 승무원이라는 직업에 대한 정확한 현실적인 이해와 업무에 어느 정도 능숙해지고 항공산업에 대한 전반적인 흐름을 이해하기까지 1~2년이라는 시간이 필요하기 때문에 KLM 입장에서는 2년만 일해야 하는 승무원을 뽑아야 하는 상황에서 바로 업무에 투입하자마자 일을 잘할 수 있는 사람을 찾을 수밖에 없습니다. 그러니 만약 승무원 업무경험이 없는 신입이라면 이전에 사람을 응대해 왔던 경험들을 최대한 준비해서 보여줌으로써 경력 승무원이 아닌 신입인 나를 뽑아야 하는 이유를 설명하고 설득할 수 있는 하나의 방법이 될 것입니다.

추가적으로 KLM 한국인 승무원 채용에서는 항상 영문 이력서를 기본으로 국문 이력서까지도 요구됩니다. 특히 면접과정에서도 현지 면접관에 KLM 한국인 승무원이 함께 면접관으로 참여하여 한국어 질문도 하기 때문에 결과적으로 한국인을 응대하기 위한 한국인 승무원을 뽑는 만큼 한국어 면접으로도 승무원으로서의 자질과 자세 가능성을 보여줄 수 있는 준비가 되어야 한다는 것을 잊지 않기 바랍니다.

면접관이 한국인이든 외국인이든 국적과 상관없이 모든 면접관의 시선을 사로잡을 수 있는 승무원으로서의 자질과 자세, 가능성을 보여줄 수 있는 준비 그리고 한국어 면접 그리고 영어 면접까지도 내가 모두 철저하게 준비하여 경쟁률은 높지만, 내가 하고자 하는 직업 그리고 꿈의 직장이라고 불리는 KLM 승무원 채용은 물론 더 나아가 한국을 베이스로 근무하는 외항사 승무원 채용에 합격할 수 있는 준비를 이어나가는 과정에 이 내용이 조금이나마 도움이 되었기 바랍니다.

당신은 승무원의 자질이 있습니까?

14
제발 신입 좀 뽑아달라고요! 핀에어 채용 비하인드

　외항사 승무원 채용을 준비하는 학생들은 물론 그들을 가르치는 강사들 그리고 이미 비행 중인 현직 승무원마저 강하게 유혹하는 것이 핀에어 한국인 승무원 채용입니다. 과거 8명을 뽑았던 채용을 돌이켜보면 기회 역시 적다는 것을 알 수 있습니다. 지원자에 비해 적은 합격 인원은 아쉬움이 남습니다만 회사를 원망할 수는 없습니다. 그들이 필요한 인원만을 뽑은 것이고 애초에 정확한 채용인원을 밝혔기 때문이죠. 그럼에도 불구하고 여전히 아쉬움이 남는 건 부정할 수 없습니다.

　과거 대한민국 국토부와 핀란드 정부와의 만남으로 부산·헬싱키 신규 노선 취항에 대한 결과를 발표하며 핀에어 부산 베이스 채용이 날 수 있을 것이란 기대감을 시작으로 핀에어 채용에 대한 관심이 오랜만에 들끓었던 적이 있습니다.

　핀에어는 한국인 승무원을 헬싱키 베이스로도 두고 있지만 한국 베이스로도 운영하고 있습니다. 각각 다른 채용공고 그리고 비자 소지자라는 다른 지원 자격을 내걸고 있죠. 헬싱키 베이스로 한국인 승무원을 뽑았던 경우는 그나마 자주 있었으나, 한국 베이스로의 채용은 당시의 채용이 1기 한국인을 채용한 후 7년 만에 이뤄진 것이었습니다. 1기 때와 같이 2기 채용 역시 동일한 사설기관에서 대행을 맡아서 진행했습니다. 너무나 다행히도 해당 기관에 등록 후 수강 중인 학생들에게만 기회를 주는 특채가 아닌 그저 면접과정을 돕는 대행으로 진행됐습니다만, 여전히 초기부터 잡음이 많았던 것 역시 사실입니다.

물론 제가 이 글을 통해 하고자 하는 얘기는 절대 해당 기관에 대한 비판이 아닌 점 참고 바랍니다. 사설기관에서 진행과정에 어느 정도 개입을 했고, 공정성은 얼마나 유지했는지에 대해 알 수 없는 만큼 딱히 해당 기관에 대한 얘기를 하고자 할 흥미와 생각은 없습니다. 다만 승무원 출신으로 승무원이 되고자 하는 특히나 외항사를 준비하는 학생들에게 조금이나마 면접에 대한 도움을 주고자 수업하는 승무원 면접 강사의 입장에서 다소 아쉬운 부분이 있었다면 이번 핀에어 채용은 기대와는 달리 역시나 경력직 위주로 합격했다는 점입니다. 특히나 그중에는 외항사 승무원이 되고자 준비하고 있는 학생을 가르치던 면접 강사까지 포함되었다는 얘기는 개인적으로 너무나 아쉬움을 느낄 수밖에 없는 대목이 아닐까 싶습니다.

물론 저 역시도 현재는 현직 승무원이 아닌 전직 승무원으로 면접을 가르치는 강사로 활동하고 있으나, 또다시 언젠가 제가 승무원이라는 직업으로 다시 돌아가고자 하는 시점이 온다면 그 가능성에 대해 열어두지 않는 것은 절대 아닙니다. 사람의 앞날은 아무도 예측할 수 없기 때문이죠.

제가 처음 승무원이 되어 비행하던 시점에는 추후 제가 퇴사 후 면접을 가르치는 강사로 그리고 작가로 활동할 것이라는 점은 상상할 수 없었습니다. 이외에도 짧든 길든 비행경력을 이미 가지고 있는 경력직 승무원으로서 퇴사 후 다시 비행에 복귀하기 위한 과정에서 국내 항공시장에는 경력직 승무원을 위한 자리가 터무니없이 부족하다는 것 역시 제 스스로의 경험을 통해 이해하고 있는 만큼 경력직 승무원들에 대한 지원을 얘기하고자 하

당신은 승무원의 자질이 있습니까?

는 것은 아닙니다. 다만 제가 당시 채용에 아쉬움을 토로하고자 하는 부분은 신입 채용이라는 명목하에 두 자릿수도 안 되는 채용에서 승무원을 꿈꾸는 더 많은 신입 지원자에게 기회가 돌아가지 않은 점입니다. 물론 여전히 항공사에서 직접 최종면접을 보고 합격을 시킨 만큼 핀란드를 넘어 유럽 국가들의 특성상 해당 직무를 직접 겪어본 경력자를 좋아한다는 것은 부정할 수 없는 사실입니다.

핀에어뿐만 아니라 여러 유럽권 항공사의 채용과 유럽이 아닌 중동 혹은 아시아권에 있는 항공사의 채용을 놓고 비교하더라도 유난히 승무원 경력을 가진 혹은 현재 비행을 하고 있는 전현직 승무원을 좋아하고 우대한다는 것을 알 수 있습니다.

물론 유럽이 아니어도 국내 항공사 혹은 국내 항공사와 비슷한 분위기를 가지는 일본, 싱가포르 등을 제외한 나머지 국가의 항공사들은 여전히 승무원 경력이 있으면 싫어하지는 않는 분위기입니다만, 유독 유럽의 항공사 특히나 알이탈리아, KLM, 핀에어가 대표적이지 않을까 싶습니다. 하지만 여기서 짚고 넘어가야 하는 것은 KLM은 충분히 그럴 수 있음을 인정합니다. 2년이라는 한정된 기간 동안 일해야 하는 계약직 채용인 만큼 입사해서 일에 적응하기까지의 시간을 고려했을 때, 이제 일을 시킬 만하다는 실력이 나올 때쯤 퇴사해야 하는 만큼 실무에 바로 투입시킬 수 있는 실력을 가진 경력자를 선호하고 뽑아야 할 수밖에 없습니다.

실제 승무원의 업무가 손에 익고 어느 정도 능숙해지기까지 6개월에서 1년이라는 시간이 필요하고 어느 정도 해볼 만한 실력과 전반적으로 이 직업에 대한 흐름을 읽기까지 보통 2년이라는 시간이 필요한 만큼 계약직으로 채용하는 KLM 한국인 승무원은 어쩔 수 없이 경력직 위주로 뽑아야 한다고 생각합니다. 하지만 반대로 핀에어는 한정된 시간 동안만 일할 수 있는 채용이 아니기 때문에 충분히 경력이 없는 신입을 채용해도 교육을 제공하고 신입 승무원이 숙련된 승무원으로 거듭날 때까지 기다릴 수 있는 항공사 운영능력이 있는 만큼 승무원 경력이 없는 신입 승무원을 채용할 수 있습니다.

　물론 회사에서는 계약기간 여부를 떠나 당장 실무에 투입했을 때 일을 잘할 수 있는 사람을 좋아할 수밖에 없습니다만, 전체 채용인원 중 너무 과도한 비율로 경력직을 채용했다는 것은 아쉬움이 남을 수밖에 없습니다. 8년 전 진행했던 핀에어 한국 베이스 1기 승무원 채용은 더 심했던 만큼 오랜만에 진행되는 2기 채용은 조금 다른 분위기로 합격자가 나올 것이라 기대했고 지원자들 역시 실낱 같은 희망을 품었던 만큼 당시의 결과는 많은 이에게 실망감을 안겼을 것이라 확신합니다.

　물론 여전히 경력이든 신입이든 제한을 두지 않고 진행한 채용인 만큼 승무원으로서의 태도와 자세 그리고 자질에 대한 부분들이 더 정확히 보이는 경력직 승무원 지원자들이 면접을 더 잘 봤기 때문이라고만 생각한다면 사실 할 말은 없습니다. 승무원 경력 여부와 관계없이 모두에게 평등하게 주어진 기회이고 면접이기 때문이죠.

　하지만 일부 합격자는 외항사 승무원이 되고자 수업을 듣고 준비했던 학생들을 직접 가르쳤던 강사 역시 이번 신입 채용 합격자에 포함되었다는 것은 더 많은 기회를 가지고 새롭게 비행을 시작해야 하는 신입 지원자들이 신입 승무원 채용에서 합격할 수 있는 기회를 줄어들게 했다는 생각을 할 수밖에 없습니다.

　　　　　　　　　　　　당신은 승무원의 자질이 있습니까?

업계에는 간혹 헬싱키 베이스의 한국인 승무원 채용에 대한 카더라가 돌기도 합니다. 정확한 정보는 실제 채용이 공고되는 것을 봐야 알 수 있지만, 업계에서 말이 도는 것은 직접적으로 관련된 관계자들에 의한 분위기 형성일 수 있는 만큼 가능성을 무시할 수 없는 게 사실입니다.

헬싱키 베이스의 채용은 과거에 그랬던 것과 같이 온라인 지원을 통해 진행할지 혹은 새롭게 또다시 대행을 통해 채용할지는 아무도 예측할 수 없으나, 앞으로 진행될 핀에어 채용만큼은 승무원으로서의 인생을 새롭게 시작하고자 하는 그러나 그들이 원하는 대로 사람을 응대했던 서비스 업계에서의 경험이 충만한 그러나 승무원에 대한 경험은 없는 신입에게 더 많은 기회가 돌아가는 결과로의 채용이 이루어지길 개인적으로 바라봅니다.

15
기회의 땅, 에어아시아 채용 완벽 분석

에어아시아 그룹은 현재 6개국에 뿌리를 내리고 있는 글로벌기업입니다. 본사인 말레이시아에서 운영하는 에어아시아(AK)와 에어아시아 엑스(D7)를 기본으로 에어아시아 필리핀(Z2), 에어아시아 재팬(DJ), 에어아시아 인도네시아(QZ), 에어아시아 인디아(I5), 에어아시아 타이(FD), 타이 에어아시아 엑스(XJ) 등 6개국에서 4시간 내에 단거리와 6시간 이상의 중장거리 등에 따라 여러 항공사들이 운영되고 있습니다.

에어아시아는 4시간 정도를 기준으로 중단거리에 집중하는 각국에 항공사가 있고, 일부 나라에서는 6시간 이상 중장거리를 위한 항공사가 이름 뒤에 엑스(X)를 붙여 따로 운영되고 있습니다. 쉽게 예를 들면 말레이시아를 기준으로 에어아시아(AK)가 있고, 중장거리를 위한 에어아시아 엑스(D7)가 있으며, 두 항공사는 같은 에어아시아 그룹에 속한 항공사입니다만 승무원부터 관리 부서에 직원들까지 모두 다르게 운영됩니다. 물론 같은 그룹인 만큼 공조하는 부분이 더 많기는 합니다만 여전히 승무원만 놓고 본다면 다른 운영체제를 유지한다는 게 특징입니다.

여전히 내부에서 옮길 수 있는 기회가 오긴 합니다만, 입사를 위한 면접은 애초에 따로 진행되게 됩니다. 중장거리를 담당하는 Airasia X에서 단거리를 위한 Airasia로 옮기기보단 단거리에서 중장거리로 옮기길 원하는 경우가 더 많은 게 사실입니다. 아무래도 중장거리 노선에 더 주력하게 되

당신은 승무원의 자질이 있습니까?

는 경우 해외 체류 기회는 물론 여러 수당을 받을 수 있다는 점에서도 유리하기 때문이죠. 그러나 여전히 단거리에 주력하는 업무에도 장점은 있습니다. 개인에 따라 해외 체류를 선호하지 않는 경우 예를 들어 결혼을 하여 자녀가 있는 승무원들이 그런 편입니다만 단거리 노선에서는 체류를 하는 레이오버 스케줄이 거의 없는 만큼 장점으로 작용할 수 있습니다.

이외에도 짧은 노선을 자주 비행하는 만큼 이착륙 수당을 훨씬 더 많이 받을 수 있다는 점도 무시할 수 없는 부분이 아닐까 싶습니다. 6개국에 뿌리를 두는 에어아시아의 시작은 그리 화려하지는 않았습니다. 2020년 현재의 시장은 이미 LCC라는 새로운 시스템에 항공사들이 이미 자리를 잡고 일부 국가에서는 FSC항공사들에 점유율조차 뛰어넘을 만큼 항공시장 흐름의 큰 부분을 차지하고 있습니다만, 2001년 토니 페르난데스 회장에 의해 인수될 때만 해도 LCC 시장이 세상에 알려지기 시작한 단계였던 만큼 어려움이 많았을 것이라 판단됩니다.

그럼에도 불구하고 20년이란 길면 길고 짧으면 짧은 시간 안에 현재는 스카이트랙스가 선정한 세계 최고의 저비용 항공사에 10년 이상 랭크되고 있습니다. 사실상 2위 자리를 놓고 서로 경쟁할 수 있으나 1위 자리는 부동입니다. 1위인 에어아시아와 그 밑으로 다른 전 세계 LCC들에 격차가 크다는 것이죠. 앞으로도 당분간 큰 이변은 없을 듯합니다.

사실 국내 1위 LCC라고 얘기하는 제주항공 역시 40대 내외의 기체를 보유하고 있고, 대부분 리스로 운영됩니다. 그러나 대부분이 리스로 보유 중인 총 40대의 항공기조차도 국내 시장의 전체적인 흐름에서는 엄청난 보유 수로 평가받는 규모입니다만, 에어아시아 그룹은 현재 200대가 넘는 항공기를 보유하고 있으며, 이미 주문하고 대기 중인 A320 NEO기종만 200대가 넘습니다. 결론적으로 봤을 때 에어버스에 주문한 대수만 500대를 육박하는 숫자입니다. 쿠알라룸푸르와 방콕에는 각각 에어아시아 전용 공항이 운영되는 것만으로도 사실 규모에 대한 얘기는 더 길어질 이유가 없지 않을까 싶습니다.

물론 기종에 대한 규모 차이가 있으나 200대가 안 되는 대한항공과 비교해봐도 단순 기체 보유 수는 물론 만 명 내외인 대한항공 직원 수와 에어아시아 말레이시아에만 17,000명이 근무한다는 것만 보더라도 에어아시아 그룹의 크기를 짐작해 볼 수 있습니다. 이를 통해 우후죽순 생겨나는 아시아 내에 LCC항공사들은 대부분 에어아시아를 모티브로 삼고 있습니다.

일부 콧대 높은 LCC항공사들은 끝을 모르고 뻗어나가는 에어아시아를 견제하듯 세계 최초의 저비용 항공사인 사우스웨스트를 롤 모델로 삼는다고 얘기하기도 합니다. 제가 실제 국내 LCC항공사에 근무하던 당시만 놓고 보더라도 일반직 본사 직원들이 업무 얘기를 할 때마다 에어아시아에 대한 소재가 빠지지 않았던 것만 봐도 항공사 내부에서 어떤 항공사를 바라보며 방향을 잡는지 알 수 있습니다. 실제로도 그렇습니다.

에어아시아가 누구보다 발 빠르게 시행하는 서비스와 도입되는 시스템 등은 몇 년 뒤 국내 항공사에도 똑같이 시행되는 것만 보더라도 에어아시아가 아시아에서만큼은 여러 LCC항공사의 롤 모델이 되고 있음을 알 수 있습니다. 에어아시아가 이렇게까지 단기간에 기하급수적으로 성장할 수 있었던 데는 분명 여러 직원들의 노력이 필요했으나 그 중심에 에어아시아 승무원이 있었다는 것을 주장합니다.

물론 모든 항공사에서 재직하진 못했기 때문에 일반화를 시키거나 모두를 비교하여 얘기할 수 없습니다만, 에어아시아는 분명 여러 항공사 중 승무원을 항공사의 가장 중요한 부분이라 생각하는 몇 안 되는 항공사 중 하나가 아닐까 싶습니다. 대우에서만큼은 몰라도 여러 직군 중 승무원이 항공사 운영에 중심이 되는 직군이라 생각하는 분위기를 자연스럽게 가진 항공사임은 분명합니다.

단적인 예로 항공사를 널리 알리고 홍보하기 위한 수단에 실제 승무원들을 전면에 내세우는 곳이라는 점만 보아도 알 수 있습니다. 여전히 FSC 항공사가 아닌 LCC 저비용항공사인 만큼 에어아시아의 연봉과 복지는 만족스럽지 않을 수 있습니다. 한국인의 기준에서 부족한 편이긴 합니다만 여전히 장기적인 관점에서 승무원 업무를 시작하고 배워나가기에 특히나 제대로 된 LCC항공사의 흐름을 알기엔 매우 좋은 조건을 갖추고 있다고 생각합니다.

특히나 다양한 국적의 승무원을 수용하는 몇 안 되는 글로벌 LCC인 만큼 외국인 승무원에게도 항상 기회가 열려 있는 곳입니다. 국적이 아니더라도 키, 나이 등에 있어서 국내는 물론 다른 외항사와 비교하더라도 이 직업에 대한 가능성을 보여줄 수 있다면 합격이 가능합니다. 실제 제가 봤던 합격 사례 중 키 156~7cm 정도인 승무원도 있었습니다. 한국인은 물론 외항사 중 FSC를 제외하고 아마도 가장 많고 다양한 국적의 승무원을 채용하는 곳이 아닐까 싶습니다만 과거 한국인을 항상 꾸준히 채용해 왔던 것과 달리 최근에는 드문 상황이긴 합니다.

과거에는 노선과 관계없이 한국인을 선호하고 좋아했던 분위기고 시금도 크게 다르지는 않습니다만, 현재는 노선을 고려하지 않고 채용하지는 않는 듯합니다. 한국 노선의 규모와 국적에 대한 비율을 생각하며 채용을 진행하고, 과거와 달리 많은 인원이 한번에 필요하지는 않은 만큼 한국에 직접 와서 채용하지는 않을 듯합니다.

과거에는 사설 기관을 통해 5번 넘게 대행을 진행하기도 했었고, 타이 에어아시아 엑스 채용을 위해서 한국에 직접 방문하여 오픈데이를 열기도 했던 시절이 있었습니다. 그러나 긍정적인 부분이 있다면 한국 노선에 대해서는 항상 긍정적인 항공사이며, 매출의 중요한 부분을 차지하고 있는 만큼 특히나 토니 페르난데스 회장이 큰 관심을 두는 항공시장이 한국인 만큼 에어아시아 승무원 채용에 관심을 가지고 있다면 현지 오픈데이에 대해서도 고려할 필요가 있습니다.

국적 제한 없이 진행되던 Airasia 오픈데이는 최근 대부분의 채용에서 매 채용 시마다 필요한 국적을 언급하며 제한하고 있기는 합니다만, 항상 언제 다시 모든 국적을 위한 혹은 한국인을 위한 채용을 진행할지 알 수 없는 만큼 에어아시아 채용만을 위한 준비를 꾸준히 해나가야 합니다.

다른 외항사와 비슷한 듯 다른 채용방식을 가진 만큼 에어아시아가 어떤 방향으로 가고자 하는 회사이고 더 나아가 어떤 인재상을 가지고 있느냐에 대해 이해할 필요가 있습니다. 면접과정에서 그룹 액티비티라고 하는 전형이 있는 것만 보더라도 색깔이 이미 다른 항공사와는 차이를 둔다는 것을 알 수 있습니다. 하나의 주제를 가지고 특정 인원이 조를 이뤄 논의하고 준비하여 노래나 춤 등으로 그 주제를 발표하게 되는 전형으로 노래를 잘하거나 춤을 잘 추는 모습을 보여주는 것도 중요하지만 내가 가진 끼를 당당하게 보여줄 수 있는지를 알고자 함임을 잊지 않기 바랍니다.

이 전형은 다소 딱딱한 분위기에서 이뤄질 수 있는 외항사 기본 전형 단계인 디스커션을 에어아시아 스타일로 잘 풀어낸 전형이 아닐까 싶습니다. 다만 일부 에어아시아 채용에서는 상황에 따라 생략되는 경우가 있긴 합니다. 장시간 이어지는 비행에서 지루할 수 있는 승객들을 위해 조금 더 친근하게 다가갈 수 있는 승무원을 찾고자 함이 아닐까 추측해 봅니다. 세계 최고의 저비용 항공사로 자리매김한 항공사에 적합한 인재임을 보여줄 수 있는 방법은 여러 가지가 있습니다. 다만 에어아시아만이 가진 고유한 색깔과 분위기, 방향 등을 적절히 이해하고 그 색깔에 맞는 사람임을 확실하게 보여주기 위해서는 평상시부터의 준비가 필요합니다. 그중 하나가 바로 한국인 지원자에게 가장 부족한 부분이 될 수 있는 에어아시아만의 그루밍을 꼽을 수 있습니다.

한국에서 선호하는 자연스러운 메이크업보다는 브로우, 블러셔, 아이라인 등이 조금 더 명확하게 표현되어야 한다는 특징이 있습니다. 물론 여전히 중동과는 분위기가 다릅니다. 선이 확실한 중동과는 또 다른 느낌으로 에어아시아만이 가지는 스모키하면서도 섹시한 여성상을 잘 살려줄 수 있어야 합니다. 한국 방식으로 메이크업을 하게 되는 경우 창백하다는 평을 받기도 합니다. 일부 제한은 있으나 기존 항공사와 비교하자면 두발 자유인 이 문화를 최초로 시작하여 여러 LCC항공사에 전파한 만큼 풍성한 웨이브의 헤어와 짙은 스모키에 풀립까지 완성되어야 에어아시아만의 느낌으로 그루밍을 살릴 수 있습니다.

에어아시아가 뻗쳐 있는 6개국 베이스 중 한국인 승무원이 대부분 근무 중에 있습니다만, 모두 다 한국인을 뽑거나 과거에 뽑아 현재까지 일하고 있지는 않습니다. 현재 기준으로는 말레이시아, 태국, 필리핀에서 한국인이 가장 주되게 근무하고 있고 이외에 인도네시아의 경우 대거 채용했으나 현재 한국 노선이 없는 만큼 한 자릿수의 인원이 남아 있습니다. 일본에도 일본어가 가능한 한국인이 소수 입사하였으나 인도에는 없습니다.

2020년을 기준으로 한국인이 입사를 노려볼 만한 곳은 말레이시아, 필리핀, 태국 정도입니다만 이 역시도 필리핀을 제외하고는 한국인 채용이 희박한 편입니다. 현재 시점에는 간간이 입사하는 필리핀과 본사 말레이시아 정도로 볼 수 있죠. 그러나 여전히 태국, 필리핀, 말레이시아 모든 노선 중 한국 노선의 중요도가 높고 이직 등의 이유로 퇴사율이 나름 높은 편에 속하는 만큼 언제 또다시 대거 채용 혹은 대거가 아니어도 틈틈이 한국인을 면접에서 받아줄 수 있을지 모르는 만큼 오픈데이에 대한 정보를 수시로 확인하고 준비할 수 있어야 한다는 것을 기억하기 바랍니다.

당신은 승무원의 자질이 있습니까?

Chapter
6

국내 항공사별
실제 나왔던 면접 질문

국내 항공사별 실제 나왔던 면접 질문

1
대한항공 객실승무원 면접 기출문제

1. 지난 채용보다 나아진 점

2. 대한항공 소개

3. 영어로 자기소개

4. 본인 전공에서 배운 점

5. 최근에 본 영화

6. 사자성어 아는 것

7. 안전과 서비스 중 무엇이 더 중요

8. 살면서 가장 성실했던 경험

9. 대한항공 새로운 취항지 추천

10. 로또 1등 당첨되면?

당신은 승무원의 자질이 있습니까?

11. 늦은 첫 지원인데 뭐했나?

12. 아르바이트 경험

13. 남자 승무원 역할

14. 팀 활동에서 가장 중요한 것

15. 서비스업 하고 싶은 이유

16. LCC항공사와 동시 합격한다면

17. 비행기 타본 경험

18. 고속철도와 항공사 차이

19. 본인의 좌우명

20. 본인 전공과 승무원 관련

21. 대한항공 승무원이어야 하는 이유

22. 살면서 가장 힘들었던 일

23. 가장 좋아하는 광고

24. 대한항공과 제휴하면 좋을 것 같은 기업

25. 졸업하고 한 일

26. 나이가 많은데 어린 선배와 잘 어울릴 수 있나?

27. 영어점수 높은 비결

28. 현재 하는 일 소개

29. 직전 탈락 후 지금까지 한 일

30. 화난 승객 대처법

2
아시아나항공 캐빈승무원 면접 기출문제

1. 봉사활동경험

2. 취미

3. 영화 추천

4. 최근에 읽은 책

5. 고향 소개

6. 세대 차이를 극복하는 방법

7. 서비스 업계 경험

8. 남자 승무원의 장점

9. 자신을 색깔로 표현한다면

10. 아시아나항공 광고모델 추천

11. 아시아나항공 광고 중 좋았던 것

12. 나만의 매력 포인트

13. 여가 보내는 방법

14. 아시아나항공과 어울리는 연예인

15. 아시아나항공 취항지 중 좋아하는 곳

16. 나만이 가지고 있는 승무원의 자질

17. 승무원 장점

당신은 승무원의 자질이 있습니까?

18. 전공 소개

19. 솔직한 내 단점

20. 살면서 가장 잘한 결정

21. 좋은 회사의 정의

22. 집안 청소 좋아하는지

23. 승무원 지원동기

24. 외국인 친구에게 소개하고 싶은 한국 명소

25. 헤어와 메이크업 직접 했는가?

26. 체력관리 방법

27. SNS 단점

28. 100점 만점에 자신을 평가한다면

29. 면접 끝나고 오늘 저녁 계획

30. 좋아하는 음식

3
에어부산 캐빈승무원 면접 기출문제

1. 면접 끝나고 오늘 계획

2. 승무원 준비를 제외한 최근 가장 큰 고민

3. 승무원의 자질

4. 마지막으로 꼭 해야 하는 말

5. 10점 만점에 본인 외모 평가

6. 옆에 지원자 첫인상 평가

7. 가족 중 가장 친한 사람

8. 이성을 볼 때 가장 많이 보는 점

9. 부산 거주 잘할 수 있는가?

10. 부산에 친척이나 아는 사람 있는지

11. 에어서울과 동시 합격한다면

12. 꼭 에어부산이어야 하는 이유

13. 전공이 다른데 왜 승무원 하고 싶은지

14. 승무원 면접과정에서 불만인 점

15. 헤어와 메이크업은 어디서 받았는지

16. 이상형

17. 에어부산만이 하는 서비스

당신은 승무원의 자질이 있습니까?

18. 에어부산만의 강점

19. 에어부산에 부족한 점

20. 단기적인 미래에 본인 목표

21. 부산 처음 와봤다면 어떤지

22. 대구 베이스로 뽑힌다면 괜찮은지

23. 가장 최근에 본 뉴스

24. 부모님이 부산 거주를 반대한다면

25. 영어로 자기소개

26. 에어부산 취항지 5개 말해보기

27. 가장 자신 있게 말할 수 있는 질문

28. 본인의 단점

29. 옆에 지원자에게 합격을 양보할 수 있나?

30. 에어부산 이용해 봤다면 승무원 평가

4
에어서울 캐빈승무원 면접 기출문제

1. 에어서울 인지도에 대한 생각

2. 아시아나항공 동시 합격한다면

3. 에어서울 이용 경험

4. 에어서울만의 강점

5. 에어서울 단점

6. 학점이 낮은 이유

7. 전공 소개

8. 이전 면접에서 떨어진 이유

9. 에어서울 하면 떠오르는 이미지

10. 이직하려는 이유

11. 전에 했던 일 그만둔 이유

12. 좋아하는 연예인과 이유

13. 좋아하는 나라

14. 신규 취항지 추천

15. 마지막으로 하고 싶은 말

16. 에어서울이 본인을 뽑아야 하는 이유

17. 승무원을 한 문장으로 표현

당신은 승무원의 자질이 있습니까?

18. 에어서울 취항지 중 한 곳 소개

19. 면접 준비 어떻게 했는지

20. 졸업 후 공백 있는 이유

21. 떨어지면 다시 도전할 것인가?

22. 항공서비스학과 졸업해서 좋은 점

23. 가장 좋아하는 사자성어

24. 키가 작은데 잘할 수 있는지

25. 중국어 공부방법

26. 에어서울 홈페이지 이용 후기

27. 에어서울에 추천하는 새로운 아이디어

28. 대기 중에 뭐했는지

29. 에어서울의 경쟁 항공사는 어디인가?

30. 아침 먹었는지

5
이스타항공 객실승무원 면접 기출문제

1. 이스타항공 승무원만의 이미지

2. 이스타항공 지원 이유

3. 이스타항공은 국내에서 몇 위라고 생각하는지

4. 해외경험

5. 가능한 제2 외국어와 공부 비결

6. 승무원에 가장 적합한 성격은 어떤 성격인지

7. 토익 공부방법

8. 좋아하는 음식

9. 승객이 무리한 요구를 한다면

10. 미인대회 나갔던 이유

11. 전공을 살려 직업을 구하지 않는 이유

12. 색깔로 본인을 표현한다면

13. 이스타항공 취항지 중 여행지 추천

14. 중국어 가능자에게 중국어로 자기소개

15. 본인은 리더성향인지 팔로워 성향인지

16. 승무원에게 외모가 중요한가?

17. 어떤 승무원이 되고 싶은지

당신은 승무원의 자질이 있습니까?

18. 이스타항공 이용 경험

19. 이스타항공 승무원 평가

20. 본인을 가장 잘 표현할 수 있는 단어

21. 현재 기분

22. 대한항공과 이스타항공 차이점

23. 승무원 되고 싶은 이유

24. 이스타항공 최근 뉴스

25. 선배가 무리한 요구를 한다면

26. 합격해서 일했을 때 승무원이 안 맞는다면

27. 학교 소개

28. 학점 낮은 이유

29. 승무원의 자질

30. 영어로 자기소개

6
제주항공 객실승무원 면접 기출문제

1. 승무원으로 일하면서 전공을 어떻게 활용할 것인가?

2. 선배가 무리한 요구를 했을 때 대처법

3. 제주항공 에어카페 신메뉴 추천

4. 일본어와 중국어 이외에 하고 싶은 언어

5. 최근 가장 쟁점이 되는 뉴스

6. 해외경험

7. 시니어리티에 대한 본인만의 생각

8. 승무원 준비에서 가장 힘든 점

9. 떨어지면 재지원할 것인가?

10. 제주항공 핵심가치에 대해 아는지

11. 승무원에게 배려심이 중요한 이유

12. 여자가 많은 회사에 대한 생각

13. 기내에서 흡연한 승객 어떻게 대처할 것인가?

14. 남자 승무원으로 여자보다 더 잘할 수 있는 것

15. 주변 지인 중에 승무원 있는지

16. 제주항공 승무원 평가

17. 제주항공 필리핀 취항지 말해보기

당신은 승무원의 자질이 있습니까?

18. 제주항공 개선점

19. 자기소개

20. 좋은 서비스란 무엇인가?

21. 특화팀을 해야 한다면 어떤 팀에 들어가고 싶은가?

22. 스트레스 해소방법

23. 승무원의 자질

24. 재주캐스팅에 대한 생각

25. 항공과라도 떨어지는 이유

26. 제주항공 유니폼 평가

27. 어학 실력과 외모 중에 더 중요한 것

28. 기내에서 물건 잃어버린 승객 대처법

29. 본인이 성실하다는 것을 보여줄 수 있는 사례

30. 제주항공 발전에 꼭 필요한 것 말해보기

7
진에어 객실승무원 면접 기출문제

1. 가장 좋아하는 영화

2. 본인의 단점

3. 학교 소개

4. 진에어 기내서비스에 대해 아는 점

5. 좋아하는 운동

6. 취미

7. 졸업 후 공백 동안 한 일

8. 객실승무원 장점

9. 솔직한 승무원 지원동기

10. 승무원 탈락하면 하고 싶은 일

11. 해외 경험

12. 단점을 한 단어로 표현

13. 승무원 준비 언제부터 했는가?

14. 면접관이라면 어떤 사람 뽑고 싶은가?

15. 잘하는 요리

16. 진에어와 다른 항공사의 차이점

17. 20대를 위한 취항지 추천

당신은 승무원의 자질이 있습니까?

18. 진에어 기종 소개

19. 진에어 유니폼 단점

20. 신규 취항지 추천

21. 일반서비스와 기내서비스 차이

22. 서비스와 안전 중에 더 중요한 것

23. 탈락하면 재지원할 것인가?

24. 존경하는 인물

25. 최근에 읽은 항공 뉴스

26. 실패한 경험

27. 최근 가장 화났던 일

28. 스트레스 해소법

29. 승무원 이미지가 무엇인가?

30. 진에어는 항공사 중 몇 위인가?

8
티웨이항공 객실승무원 면접 기출문제

1. 면접 끝나고 하고 싶은 것

2. 자신 있는 언어로 자기소개

3. 이번 주말 계획

4. 승무원의 단점

5. 현재 하는 일 소개

6. 전직하려는 이유

7. 본인은 여성스럽다고 생각하는지

8. 본인만의 특기

9. 슬럼프 극복방법

10. 티웨이항공 대구 취항지

11. 동성을 볼 때 가장 중요하게 평가하는 것

12. 최근에 봤던 항공 관련 뉴스

13. 100점 만점에 본인은 몇 점

14. 마지막으로 하고 싶은 말

15. 티웨이항공 홍보 아이디어

16. 티웨이항공을 한 단어로 표현한다면

17. 기장님이 무리한 요구를 한다면

당신은 승무원의 자질이 있습니까?

18. 승객이 번호를 달라고 한다면

19. 병역특혜에 대한 본인의 생각

20. 승무원은 워라벨이 맞는 직업인가?

21. 제2 외국어 공부한 이유

22. 학교 공부 말고 열심히 했던 것

23. 가장 존경하는 인물

24. 드라마 추천

25. 전공 소개

26. (서울 지원자에게) 대구로 가야 한다면

27. (대구 지원자에게) 서울로 가야 한다면

28. 본인 성격을 한 단어로 표현

29. 면접관 첫인상 평가

30. 티웨이항공 유니폼 어떤지

에어프레미아 객실승무원 면접 기출문제

1. 현재 하는 일의 장점과 단점

2. 본인이 생각하는 최고의 리더는 어떤 사람인지

3. 학교 생활 중 가장 좋았던 경험

4. 에어프레미아의 경쟁 항공사는 어디라고 생각하는지

5. 해외 경험

6. 영어로 자기 소개 및 지원 동기

7. 영어 못 하는 승무원에 대한 생각

8. MBTI 믿는지

9. 메이크업과 헤어는 직접 했는지

10. 에어프레미아의 매력은 무엇이라고 생각하는지

11. 에어프레미아 탑승 경험 유무

12. 스트레스 해소법

13. 마지막으로 하고 싶은 말

14. 영어를 특출나게 잘한다고 생각하는지

15. 영어 공부법

16. 본인만의 강점

17. 여자가 많은 집단에서의 경험 유무

당신은 승무원의 자질이 있습니까?

18. 본인이 생각하는 스스로의 약점

19. 스스로의 약점을 극복하기 위한 평소의 노력은?

20. 운동 좋아하는지

21. (서비스 경험이 없는 경우) 서비스 업무가 힘들 때 어떻게 극복할 것인지

22. 에어프레미아 취항지

23. 본인이 생각하는 승무원에게 가장 필요한 자질 1번은?

24. 스스로 생각하기에 좋은 승무원이 될 수 있는 자질이 있다고 생각하는지

25. 최종합격 후 희망 액수에 현저히 못 미치는 연봉을 받게 된다면?

26. 가장 좋아하는 항공사는?

27. 가장 좋아하는 해외 여행지

28. 안전과 서비스 중 무엇이 더 중요하다고 생각하는지

29. 주변에서 에어프레미아를 아는 사람이 많은지

30. 영어로 에어프레미아 소개

Chapter 7

지상직 면접 준비의
모든 것

지상직 면접 준비의 모든 것

승무원과는 같은 듯 다른 지상직 준비 방향

　승무원과 지상직이라는 구분 없이 항공 서비스업에 관심을 가지고 면접을 준비하고자 하는 첫 단계에 있는 혹은 이미 준비하고 있는 사람의 시점에서 가장 많이 오해할 수 있는 부분 중 하나가 바로 단순히 말해 '지상직보다 승무원이 더 좋다'라는 생각입니다.

　물론 어떤 직업이 더 좋다 혹은 나쁘다는 것을 정할 수 있는 평가 잣대나 규정이 없는 만큼 일반화시킬 수 없는 사항이지만, 여전히 개개인에 따라 직업을 놓고 평가할 때 더 많이 고려하는 점이 다를 수밖에 없는 만큼 개개인의 선호도에 따라 더 하고 싶은 직업이 존재할 수 있기는 합니다. 그런

당신은 승무원의 자질이 있습니까?

점에서 아무래도 많은 지원자들이 승무원이라는 직업이 가지는 특성 다시 말해 업무로 가는 것이긴 합니다만, 다양한 나라를 여행할 수 있다는 점과 승무원과 지상직을 바라보는 시선과 처우 등이 조금씩 다를 수 있다는 점에 의해 승무원을 조금 더 선호하는 학생들이 많고 지원자가 많아지는 만큼 자연스럽게 경쟁률 역시 더 높을 수밖에 없습니다. 그런 점에서 자연스럽게 여러 인식들이 지상직보다 승무원이 조금 더 좋다는 생각을 가지게 되었던 것이라 판단됩니다.

물론 저의 경우 객실승무원의 경험밖에 없습니다만 여전히 실제 승무원으로 근무했던 시절에도 지금도 지상직이라는 직업은 떼려야 뗄 수 없는 직업이자 저 역시 누구보다 많은 관심을 두고 공부하는 분야가 아닐까 싶습니다. 승무원보다는 조금 더 복잡한 업무체계나 채용 종류 등에 매력을 느끼면서 자연스럽게 강사로 일하는 시점에서는 제가 더 많이 알고 있는 승무원보다 지상직 면접에 대한 부분을 더 연구하게 되었죠. 그런 점에서 제2판을 통해 기존에 없던 지상직 면접과 관련한 내용을 추가하게 되었고, 승무원이라는 직업을 준비하면서 비슷하면서도 다른 부분을 가지는 지상직 면접에 대한 정보 역시 많이 부족하다는 아쉬움을 느꼈던 점 그리고 더 나아가 승무원 준비를 고려하는 사람들이 지상직도 고려하거나 반대로 지상직 준비를 하는 사람들이 승무원 준비 역시 함께 고려하는 경우가 많다는 점 등을 통해 지상직 면접까지도 함께 아우를 수 있는 책을 만들고자 추가하게 되었습니다.

우선 두 면접에서 가장 공통된 부분이 있다면 기본적으로 두 직업 모두 유니폼을 착용하고 승객을 직접 현장에서 대면하며 응대해야 한다는 업무가 똑같은 만큼 실제 면접에서 평가되는 요소에는 큰 차이가 없다는 점입니다. 다시 말해 면접관이 평가해야 하는 직업의 업무가 큰 차이가 없는 만큼 기대하는 부분 역시 똑같다는 것을 의미합니다. 그렇기 때문에 자연스럽게 면접을 준비하는 내용도 큰 차이가 없다고 생각할 수 있습니다.

면접에서 평가되는 점을 이해하고 그 부분을 준비단계에서 만들어야 하는 만큼 승무원 면접과의 평가요소에 차이점이 없다면 준비내용 역시 똑같을 수밖에 없습니다. 물론 여전히 객실에서만 근무하는 승무원과는 달리 조금 더 복잡하게 나눠지는 지상직의 업무와 외국 항공사 승무원 그리고 국내 항공사 승무원으로만 크게 나눠지는 승무원 채용과는 달리 똑같은 유니폼을 입고 있어도 소속이 다르다는 말이 있을 정도로 복잡한 채용 종류에 대해서만큼은 승무원 면접과는 별도로 이해하고 있어야 합니다.

승무원과 지상직이라는 구분 없이 똑같이 유니폼을 입고 공항과 기내라는 공간에서 승객을 응대해야 하는 주된 업무가 동일한 만큼 승무원 면접에서 평가하는 자세, 태도, 답변, 목소리, 미소, 서비스 마인드, 인성, 대처 능력, 기업 분석, 외적인 이미지, 첫인상 등에 대한 것들은 지상직 면접 역시 동일하게 적용되는 만큼 크게 다른 준비 방향을 둘 수 없으나, 위에서 언급했던 것과 같이 지상직만이 가지는 업무의 이해와 업무의 차이로 인해 알아야 하는 지상직만이 갖춰야 할 자질 그리고 복잡한 채용 종류에 대한 이해는 분명 승무원 면접 준비와는 별도로 알고 있어야 하는 기본 지식이지만 쉽게 접할 수 없는 정보인 만큼 그 부분에 대해 새롭게 다루는 내용들을 다음 내용을 통해 확인하고, 지상직 준비를 시작하는 시점에서 올바른 방향을 잡는 것에 조금이나마 도움이 되기 바랍니다.

2

다양한 지상직 업무의 이해

승무원의 업무를 그들이 실제 근무하는 공간만으로 분류한다면 기내가 대부분을 차지합니다만, 지상직의 업무공간을 한 줄로 정리한다면 '승객이 공항에 도착한 뒤 비행기에 탑승할 때까지의 모든 곳'에 지상직의 업무가 존재한다고 할 수 있습니다.

앞에서 강조했던 것과 같이 승무원 면접과 지상직 면접에서 평가하는 요소에 차이가 없는 만큼 준비단계에서 큰 차이점을 둘 수 없지만 여전히 지상직이라는 직업만이 가지는 업무에 대해 정확히 이해해야만 내가 하고자 하는 직업의 면접에서 내가 이 직업에 적합한 인재라는 것을 보여주고 면접관을 설득시킬 수 있을 것이라 확신합니다.

그렇다면 지상직의 업무는 크게 어떤 식으로 나눠지는지 보고자 합니다. 우선 승객의 시선에서 공항에 도착 후 가장 먼저 가는 곳은 어디일까요? 체크인 카운터입니다. 체크인 카운터는 보통 크게 3가지로 나눠지며, 가장 쉽게 볼 수 있는 이코노미 클래스 승객을 위한 일반 카운터, 비즈니스 클래스와 퍼스트 클래스와 같은 상위 클래스 승객을 위한 VIP 카운터 그리고 또한 가지는 마일리지 업무를 돕는 마일리지 카운터가 있습니다. 물론 항공사마다 운영방식에 조금씩 차이가 있는 만큼 운영되는 카운터 역시 다를 수밖에 없지만 가장 크게 본다면 3가지의 색깔을 가진 카운터가 운영됩니다.

이들 카운터에서 하게 되는 가장 주된 업무는 온라인으로 예약한 여정을 위해 실물 티켓을 발권하는 발권업무, 승객이 도착지 공항 입국을 위해 필요한 서류, 비자, 여권 등을 확인하는 수속작업은 물론 위험물을 포함한 수하물과 관련된 업무를 가장 주되게 맡게 됩니다. 이외에도 보호자가 없는 유아 승객과 거동이 불편한 노약자 혹은 휠체어 승객을 안전하게 모시고 비행기 탑승구까지 모셔다 드리는 역할도 지상직의 업무 중 하나입니다.

다음으로 체크인 카운터에서 탑승권을 받았다면 보안 검색대를 지나 면세점을 마주하게 됩니다. 그 주변에서 흔히 볼 수 있는 VIP 라운지 역시 지상직의 업무 중 하나입니다. 여전히 항공사 자체에서 운영하는 라운지만 있는 것은 아닙니다만 항공사 자체적으로 운영되는 라운지의 경우 항공사 소속 지상직에 의해 운영됩니다. 상위 클래스를 위한 운영인 만큼 라운지에 배정되는 지상직의 경우 다른 장소보다 조금 더 서비스마인드나 사람 응대에 대한 우수한 능력을 가진 직원 위주로 배정받게 됩니다.

라운지를 지났다면 각각의 비행 편마다 정해진 탑승구 즉 게이트 주변에서 탑승을 대기하게 됩니다. 게이트 구역에서도 역시나 지상직을 쉽게 볼 수 있습니다. 게이트를 담당하는 지상직이 하는 가장 흔히 보이는 업무 중 하나는 탑승권 확인입니다. 탑승 전 가장 처음에 이뤄지는 탑승권 확인의 목적은 3가지 정도로 축약할 수 있습니다.

예를 들어 중국 가는 비행기를 타야 하지만 실수로 일본 가는 비행기를 탈 수 있는 만큼 마지막으로 오탑승을 방지하기 위한 목적을 기본으로 보안과 관련하여 비행기에 흑심을 품고 타는 거동이 수상한 사람 혹은 눈병이나 피부병과 같이 전염 가능성이 있는 병을 가지고 밀폐된 공간에 탑승 시 다른 승객들이 위험할 수 있는 만큼 이러한 승객을 색출하는 작업 역시 탑승

　　　　　　　　　　　　　당신은 승무원의 자질이 있습니까?

권을 확인하는 동시에 함께 이뤄지게 됩니다.

또한 게이트에서 근무하는 지상직에게 가장 먼저 요구되는 자질 중 하나는 소통능력입니다. 물론 승객과의 소통 역시 중요합니다만 게이트 지상직의 경우 다른 부서 직원과의 소통이 중요합니다.

예를 들어 비행기가 10시에 이륙해야 하는 상황에서 정시에 이륙하기 위해서는 기장, 승무원, 지상직, 정비사 등 4개 직군의 소통이 원활하게 이뤄져야 정시에 이륙할 수 있죠. 지상직은 빨리 승객을 탑승시켜야 하고, 승무원은 이들을 앉히고 짐 정리를 해야 하며, 정비사는 이륙을 위한 정비를 제 시간에 끝냄과 동시에 운항 승무원 역시 나름대로의 이륙 준비를 모두 마쳐야 하는 만큼 지상직도 이륙을 위한 중요한 부분에서 일하는 만큼 소통능력이 원활해야 한다는 것을 기억해야 합니다.

사실 가장 크게는 위와 같이 체크인 카운터, 라운지, 게이트로 볼 수 있습니다만 여전히 이들과 같이 당장 유니폼을 입고 승객을 직접 대면하는 지상직 이외에도 이들을 관리하고 총괄하며 공항 사무실에서 사무업무까지 보게 되는 관리자급의 지상직원도 대졸 공채 공항서비스직, 외항사 GSA, 외항사 본사 직원 등으로 분류되며 복잡하게 구성되어 있는 만큼 조금 더 자세한 내용은 뒤에서 확인할 수 있는 '4. 복잡한 지상직 채용 종류와 연봉'을 참고하기 바랍니다.

또한, 기장과 일부 승무원은 여전히 탑승하지만 승객만 없는 다시 말해 승객의 자리에 화물들이 존재하는 화물기 역시 필요한 입출국을 위한 수속업무 등이 필요한 만큼 화물기를 위한 지상직이 필요합니다. 과거에는 Fedex나 DHL 같은 화물기만 집중하는 회사가 주로 존재했으나, 대한항공,

아시아나항공, 제주항공과 같이 승객을 실어나르는 여객기 역시 최근에는 이윤 창출을 위해 화물기 사업에도 뛰어든 만큼 자연스럽게 화물기를 위한 지상직 역시 존재하는 만큼 하나의 업무로 분류되게 됩니다.

넓고 복잡한 공항에서 일하는 특성상 지상직은 승무원과 달리 매우 다양한 업무를 진행하는 만큼 채용 시마다 합격 후 입사하는 단계에서 정해진 위치와 업무로 고정되어 끝까지 근무하게 되는 채용인지, 혹은 입사 후 교육을 수료한 뒤 배정받는 채용인지, 그게 아니라면 입사 후 주기적으로 돌아가며 근무지가 변경되는 채용인지에 따라 달라지는 점 역시 잊지 않기 바랍니다.

세부적으로 더 들어간다면 너무나 다양해질 수밖에 없는 지상직의 업무입니다만 가장 대표적으로 장소에 따라 4가지로 나눌 수 있다는 점을 참고하여 지상직 면접을 준비함에 있어 내가 도전하고자 하는 직업이 어떤 일을 하는지에 대해 이해하는 데 조금이나마 도움이 되었기 바랍니다.

3
지상직 준비 최대의 적? 키오스크 확대 전망

제주항공은 2019년 하반기부터 국내선의 경우 체크인 카운터에서 지상직과 직접 대면하여 탑승권을 발권받는 경우 3,000원의 수수료를 부과하고 있습니다. 일부 외국 항공사에서도 최근에는 쉽게 찾아볼 수 있는 사례가 되었지만, 국내 항공사를 통한 국내 공항에서는 제주항공이 처음으로 시행하고 있습니다. 여러 의견이 존재하지만 결국엔 키오스크를 최대한 활용하고자 하는 여러 산업들의 흐름을 따라가고자 하는 것이라 판단됩니다.

지상직도 마찬가지겠지만, 많은 산업들이 기계화되어 가며 사람이 설 자리가 줄어가는 시대인 만큼 지상직을 준비하는 입장에서 우려할 수밖에 없을 것이라 생각합니다만 긍정적인 부분이 있다면 사실상 키오스크 도입이 아직까지는 채용시장에서 의미 있는 영향을 주지는 못한다는 것입니다.

물론 앞으로 어떤 방향으로 키오스크 사용이 더 확대되며 채용의 규모가 축소될지 알 수 없으나 지금 시점에서는 크게 걱정할 부분은 없을 듯합니다. 그러나 여전히 일부 채용에 대한 빈도수가 줄어들 것이라는 전망 역시 저도 동의하지 않는 것은 아닙니다. 제주항공은 현재 광주와 무안공항을 제외한 국내의 모든 공항 국내선 카운터에서 지상직을 통해 탑승권을 발급받는 경우 3,000원을 부과하지만 유아 동반 승객, VIP 승객 그리고 교통 약자로 분류되는 사람은 제외됩니다. 한마디로 키오스크를 이용하는 것을 권장합니다만 여전히 사람을 대면해야만 처리되는 상황도 있음을 무시할 수 없습니다. 물론 최근에는 전반적인 서비스업에서 키오스크 사용 확대로 인해 기계 사용이 불편한 혹은 어려운 나이대의 연령층에서 불만이 나오는 것도 부정할 수 없는 사실입니다.

실제 여러 매체에서도 키오스크를 반기는 그룹도 있으나 여전히 반대의 의견도 있음을 지적합니다. 하지만 대체적으로 긍정적인 분위기가 다수입니다. 실제로 제주항공이 밝힌 수치로는 70% 이상의 인원이 체크인 카운터가 아닌 키오스크를 이용해 발권한다고 합니다. 이러한 수치들이 바로 제주항공이 키오스크 확대를 공략하는 이유가 아닐까 싶습니다. 그런 의미에서 이미 대부분의 사람들이 키오스크를 이용하고 있다면 굳이 발권을 위한 체크인 카운터를 운영하기 위한 지출을 줄일 수 있기 때문에 앞으로 키오스크 확대는 사실상 불가피할 것으로 보입니다만, 실제 현장에서 지상직으로 근무하는 근로자의 입장에서는 조금 생각이 다른 점 역시 잊지 말아야 합니다.

키오스크를 70% 이상 이용한다고 했던 수치조차도 자발적으로 승객이 키오스크에 갔던 것이라기보단 실제로 많은 사람들이 여전히 여행의 시작은 체크인 카운터에서 지상직을 대면하며 시작한다는 인식이 강한 만큼 자연스럽게 카운터에 줄을 서고, 카운터에 긴 줄이 생기면 빠른 일 처리를 위해 서 있는 승객들을 키오스크로 유도하고 있는 상황인 만큼 막연히 키오스크 도입이 당장 좋은 점만 가지고 있다고는 볼 수 없죠. 결국 또다시 기계 이용을 위한 인력이 필요해진 그림의 일부가 아닐까 싶습니다.

초기 키오스크 수수료 부과 도입단계에서 현장에 발생한 불만과 불평들 역시 결국엔 지상직에게 돌아갈 수밖에 없는 상황 역시 이 직업이 가지는 고충이자 안타까운 부분이 아닐까 싶습니다. 물론 제주항공의 키오스크 방침이 여러모로 자리를 잡고 항공사 성장에 있어 도움이 된다고 판단된다면 자동으로 다른 항공사 역시 이 정책을 따라서 시행할 것입니다.

비슷한 예로 외국 LCC항공사들이 기내식을 판매하고 있을 시점에서 '대한민국에서는 절대 있을 수 없는 일'이라며 무늬만 LCC인 척을 해왔지만 제주항공을 시작으로 유료 기내식이 자리를 잡고 정착하며 다른 항공사는 모두 현재 유료로 기내식을 운영하고 있죠. 이런 사례만 보더라도 자리를 잡기까지 어느 정도 시간이 필요할 수밖에 없지만, 자리를 잡고 난다면 항공사와 지상직의 입장에서는 일이 더 편해질 수 있다는 것 역시 부정할 수 없습니다. 또한 사람은 적응력을 가진 만큼 여러 항공사들이 비슷하게 키오스크를 권장하며 일반화된다면 자연스럽게 승객들 역시 키오스크를 점차 선호하게 될 수밖에 없고 자진해서 키오스크를 이용할 수밖에 없을 것입니다.

지상직 면접을 준비하는 사람의 입장에서는 내가 지원하고자 하는 항공사 그리고 더 나아가 항공산업의 전반적인 흐름을 알고 있어야 하는 만큼 이런 변화에 대해서는 바로바로 인식하고 있어야 합니다.

지상직 준비와 관계없는 상황일지라도 어딘가에 소속되어 직장인으로 살아가고 있는 혹은 앞으로 직업을 구해야 하는 학생의 신분에서도 여전히 4차 산업혁명을 통해 변화해 가는 항공산업의 변화에 대해 알고 있어야 하는 만큼 더더욱 내가 지상직을 준비하고자 한다면 이 변화는 항상 예의주시해야 하는 것이 아닐까 싶습니다.

당장 눈에 띄는 정도의 변화가 있는 상황은 아니지만 앞으로 항공사의 기술 발달로 인해 어떤 방향으로 흘러갈지 알 수 없는 만큼 당장은 큰 인원

감축이나 채용 축소는 없더라도 꾸준히 공부와 연구를 하여 지상직 면접에 대비할 수 있기 바랍니다.

4
복잡한 지상직 채용 종류와 연봉

지상직 승무원은 사실 올바른 표현이 아닙니다. 그럼에도 불구하고 블로그와 같은 매체 등에서 이런 표현을 사용하는 것은 실제로 지상직을 준비하고자 하는 혹은 관심을 가지는 학생들뿐만 아니라 이 직업에 전혀 관련이 없는 일반인들조차도 지상직 승무원이라는 단어를 이 직업에 사용하기 때문입니다.

그러나 여전히 승무원이라는 단어는 어떤 이동수단에 탑승하여 승객에게 편의를 제공하는 역할을 하는 사람을 뜻하는 만큼 Ground staff 지상직이라는 단어를 사용해야 함을 잊지 않기 바랍니다. 사실 객실승무원은 객실이라는 공간에서만 업무를 합니다만 지상 직원은 승객이 공항에 도착한 후 비행기에 탑승할 때까지의 모든 과정에서 업무를 하고 있는 만큼 업무가 더 다양함은 물론 채용 종류 역시 복잡합니다.

국내 항공사와 외국 항공사로만 나뉘는 일반적인 항공 승무원 채용과는 달리 항공사 지상직은 똑같은 유니폼을 입고 있어도 소속이 다르다는 말을 한 번쯤 들어봤던 것과 같이 채용을 진행하는 회사에 따라 소속이 매우 복잡한 구조를 가지는 것이 지상직 채용입니다. 그중에서도 조금은 복잡하다고 느낄 수 있으나 여전히 내가 이 직업을 준비하고 합격하고자 한다면 채용 종류에 대해서만큼은 정확하게 이해하고 있어야 하는 만큼 합격을 위해 어느 정도의 스펙이 준비되어야 하는지는 물론이며 지상직 연봉을 포함하여 크게 어떤 종류들로 분류되어 있는지 알아보고자 합니다. 항공사 쪽으로 취업을 준비하는 일부 사람들은 지상직보다 승무원이 조금 더 좋을 것이라는 막연한 생각을 가지고 있는 듯합니다.

물론 저 역시도 국내와 외항사 모두에서 객실승무원으로 일했던 경험은 있으나 지상직으로 근무한 경험은 없는 만큼 어떤 확실한 답을 드릴 수 있는 위치는 아닙니다만 여전히 지상 직원만이 가지는 장점도 충분히 존재합니다. 사람마다 느끼는 부분과 받아들이는 생각이 다를 수 있습니다만 가장 첫 번째로는 항공기 내부에서 근무하는 객실에 비해 조금 더 안정적이고 안전한 환경에서 근무할 수 있다는 점과 여전히 밤낮 없고 새벽에도 일하는 것은 똑같지만 시차 적응이 필요 없는 만큼 체력 소모가 조금은 덜하다는 점을 꼽을 수 있습니다.

물론 이것만이 다라고는 말할 수 없습니다. 객실도 정년은 보장받습니다만 자연스럽게 나이가 듦에 따라 체력은 물론 유니폼을 입고 승객을 응대해야 하는 직업인 만큼 어느 순간에는 지상 근무를 생각할 수밖에 없습니다. 지상직의 경우 이런 부분에서 지상에서 조금 더 장기적인 근무를 꿈꿔볼 수 있다는 점과 당장 내가 실제 승객과 대면하는 공항직이 아니어도 다른 부서로의 이동이 객실보다는 조금 더 열려 있다는 점도 무시할 수 없을 것이라 생각합니다. 추가적으로 저는 여행을 매우 좋아하거나 여행 때문에 승무원을 했던 것은 아닌 만큼 저와 비슷한 사람에게는 출퇴근을 할 수 있다는 점이 승무원과는 달리 장점으로 작용할 수 있으리라 봅니다.

단순히 지원자가 많고 그러므로 경쟁률이 높다고 하여 더 좋은 직업이라고 생각하는 것은 1차원적인 생각이 아닐까 싶습니다. 공통점도 있으나

당신은 승무원의 자질이 있습니까?

각각의 직업이 가지는 특징, 성향, 업무, 장단점 등을 고려하여 나에게 조금 더 잘 맞을 것으로 판단되는, 다시 말해 내가 조금 더 잘할 수 있을 것이라 생각하는, 그리고 내가 하고 싶은 방향이 올바른 선택이고 나에게만큼은 그 선택이 더 좋은 직업일 것이라는 것을 잊지 않기 바랍니다. 그렇다면 본론으로 들어가서 조금 더 세세히 채용 종류별 기본적인 정보는 물론 지상직 연봉이나 지상직 스펙과 관련한 얘기를 해보고자 합니다. 그러나 잊지 말아야 할 부분이 있다면 아래에 기재된 정보와 수치는 현재 지상직과 승무원 면접을 가르치는 강사의 입장에서 수없이 보고 있는 합격생들에 데이터와 업계 흐름을 바탕으로 정리된 내용인 만큼 대략적으로 표현되는 점 참고 바랍니다. 또한, 수치라는 것은 수시로 변동이 있는 만큼 대략적인 정보만을 알아간다는 생각으로 내용을 접해야 할 듯합니다.

:: 대한항공 대졸 공채 / 아시아나 대졸 공채

현재 대졸 공채는 FSC와 LCC항공사 모두에서 채용을 진행하고 있습니다. 흔히 대졸 공채는 일반직과 공항서비스직으로 분류되며, 공항서비스직으로 지원하여 합격하는 경우 공항에 파견되어 근무하게 됩니다. 4년제 학사 졸업 이상의 학력으로 항공사마다 지원 자격에 차이는 있으나 공고상으로 요구하는 점수는 750점 이상이 평균입니다. 물론 공고상에 기재된 사항은 공고일 뿐 실제 합격자 사례는 800 후반대에서 900점대가 기본입니다. 토익은 물론 토스와 제2 외국어까지 겸비한 지원자가 많다는 것이 대졸 공채 채용의 특징이 아닐까 싶습니다.

특이한 FSC 혹은 LCC 할 것 없이 학벌에 대한 부분 역시 안 본다고 말할 수 없는 만큼 지원분야가 어디냐에 따라 조금씩 차이는 있고 일반화시킬 수 없는 부분입니다만 여러 합격자 사례를 분석해 봤을 때 기본적으로 국숭세단 이상으로 대부분 합격하는 추세입니다만 여전히 학벌에 대한 정보는 그 누구도 정확히 알 수 없는 만큼 참고만 하기 바랍니다. 그 누구도 본인의 미래와 본인의 취업에 대해 책임질 수 없는 만큼 스스로의 발품과 노력으로 정보를 찾고 얻을 수 있는 버릇을 들이는 게 합격에 있어 참 중요한 부분이 아닐까 강조합니다.

실제 FSC 대졸 공채 면접은 지상직 혹은 승무원과는 달리 서류상으로 보이는 숫자 등의 부분이 중요하게 평가되는 만큼 중요하지 않다거나 실제 면접이 더 중요하다는 말로 포장할 수는 없을 듯합니다. 그러나 그나마 긍정적인 부분이 있다면 대졸 공채에 지원하고 서류 합격하는 지원자들 대부분은 그들만의 리그에서만큼은 고만고만한 스펙을 지니고 있는 만큼 항공사 면접에 대한 준비가 잘 되어 있는 경우 쉽게 합격할 수 있다는 점입니다. 항공사 대졸 공채에 지원하는 특히나 공항서비스직으로 지원하는 지원자들의 많은 비율이 그저 다른 일반기업들의 면접과 같다고 생각하여 항공사 면접에 대한 준비가 제대로 되어 있지 않은 게 사실입니다.

항공사만이 가지는 특징들 특히나 공항서비스직이라는 자리가 맡아야 하는 업무들을 정확하게 이해하고 있어야만 보여줄 수 있는 내용들 더 나아가 사람을 직접 대면하고 응대하는 지상직들을 관리하고 교육하거나 크기가 커진 승객 불만에 대해 직접 나서서 처리하게 되는 만큼 이러한 자질과 서비스 마인드를 어느 정도 갖추고 있음을 보여줘야 하는 면접이라는 점을 잊지 않기 바랍니다.

당신은 승무원의 자질이 있습니까?

추가적으로 아시아나항공의 경우 인적성과 함께 한자시험을 본다는 것이 대한항공과 비교했을 때 가장 큰 차이점이 아닐까 싶습니다. 난도가 높은 편은 아닙니다만 한자에 대한 기본기가 없는 경우 어려울 수 있습니다. 연봉의 경우 호봉제로 받게 되며, 항공사마다 물론 차이가 있는 만큼 정확한 금액을 제시할 수 없으나 평균적인 수치가 있다면 3,300~3,500선으로 초봉이 시작되는 추세입니다. 특히나 대졸 공채는 항공사에 따라 지원요건에 전공을 제한하는 경우도 있으니 매 채용마다 참고해서 지원해야 합니다.

:: 저비용 항공사 대졸 공채

최근 저비용 항공사의 급성장으로 인해 과거 몇 년 전부터 그래왔으나 크게 FSC 대졸 공채와 분위기가 다르지는 않습니다.

물론 대한항공과 아시아나에 비해 굳이 난이도를 따진다면 조금 차이가 있을 수밖에 없습니다만 저비용 항공사의 규모가 날로 커지고 있다는 점을 참고했을 때 앞으로도 FSC와 LCC 대졸 공채 간의 격차가 점점 더 좁혀질 것이라 판단됩니다. LCC 대졸 공채 공항서비스직의 경우 토익 650점대 이상을 요구하는 경우가 있으나 실제 합격 사례는 850 이상의 점수가 준비되어야 합니다. 추가적으로 FSC에 비해 조금 더 요구되는 부분은 실제 영어 사용 실력을 주되게 평가하는 FSC에 비해 저비용 항공사는 주력 노선이 중국과 일본을 비롯한 아시아 국가인 만큼 관련 언어가 가능한 제2 외국어 실력을 가진 지원자를 더 선호한다는 점입니다.

매 채용마다 항공사가 그 시점에서 나아가고자 하는 방향에 따라 원하는 인재상과 능력치가 조금씩 달라질 수밖에 없는 만큼 채용공고를 확인하고 기업분석을 통해 조금씩 맞춰 준비를 해줘야 합니다만 유럽 혹은 미주 노선으로 주력하고 보잉과 에어버스와 협력업무 등을 통해 FSC에서 선호하는 언어가 영어를 기본으로 프랑스어, 러시아어 등인 만큼 LCC항공사의 채용이 나오는 그 시점에 그들이 가장 주력하는 노선들에 필요한 언어가 가능한 지원자가 우세하다는 것은 부정할 수 없는 사실입니다.

LCC 대졸 공채 연봉의 경우 사실 실제로 근무하며 만났던 현직자들의 얘기를 들었을 때 크게 지원자들과 근무자들이 만족하는 수준으로 받을 수 있는 상황은 아닌 것으로 판단됩니다만, 보통 3,000 초반대로 시작하는 것으로 알려져 있습니다. 그러나 워낙 다양한 LCC항공사들이 존재하는 만큼 항공사마다 너무 다른 수치를 가지고 있다는 점 역시 참고 바랍니다.

:: 대한항공 서비스 인턴

서비스 인턴은 대한항공을 주축으로 아시아나 즉 두 항공사에서만 채용하거나 했던 지상직 채용 종류 중 하나입니다. 유니폼을 입고 공항에서 실제 승객을 대면하며 응대하는 일을 하게 되는 자리로 대한항공과 아시아나 직속으로 소속된 공채 지상직으로 이해할 수 있을 듯합니다. 공채인 만큼 대한항공과 아시아나항공의 연봉, 복지, 승진체계 등을 누릴 수 있습니다만 안타깝게도 아시아나는 현재 8년 전 채용을 마지막으로 더 이상 채용하지 않고 있습니다.

채용이 재개될 가능성이 있느냐에 대한 질문을 하는 학생들이 있으나 사실상 더는 없을 것이라 보는 게 맞습니다. 아래에 나올 종류 중 하나인 금호그룹 계열사인 KA, AQ, AH에서 현재 모든 아시아나, 에어서울, 에어부산에 필요한 지상직 업무를 맡아 진행하고 있기 때문에 앞으로도 채용은 없을 듯합니다. 물론 아시아나항공이 매각 등으로 소속이 바뀌어 지상조업업무를 어떤 방향으로 운영할 것인지에 따라 미래에는 달라질 수 있습니다만 딱히 큰 이변은 없을 듯합니다.

유일하게 대한항공만이 채용을 진행하는 서비스 인턴 채용이 다른 지상직 채용과에 가장 큰 차이점이 있다면 요구되는 성적이 가장 높다는 것이 아닐까 싶습니다. 550점 이상을 매 채용마다 요구하고 있으나 실제 합격자들은 여자 기준 700점대 이상, 남자 지원자 기준 800점대 이상이 준비되어야 하는 분위기입니다. 물론 전체 사례를 모두 파악할 수 있는 것은 아닙니다만 대체적으로 일반적인 합격자들의 성적은 이러합니다. 여전히 토익점수만으로 평가하고 합격할 수 있는 직업과 면접은 아닌 만큼 이외에 다른 내용들 특히나 내가 이 직업에 적합한 사람이라는 것을 보여줄 수 있는 면접에 대한 대비가 가장 중요하긴 합니다만 성적만 놓고 참고한다면 위와 같습니다.

또 다른 차이점으로는 승무원 면접과 동일하게 임원 면접을 보는 날 1대 1로 영어 면접을 봐야 합니다. 대한항공 승무원 면접과 동일한 부분으로 난이도가 크게 높지 않으나 기본적인 문항들에 대한 영어 답변과 영어를 사용하면서도 지상직으로서의 자세와 태도를 보여줄 수 있는 연습은 필요합니다. 대한항공 역시 몇 년간 서비스 인턴을 뽑지 않았다가 최근 몇 년 전부터 채용을 재개하고 매년 1회 정도 뽑고 있는 만큼 앞으로도 꾸준히 1년에 1회 이상 채용을 진행할 것으로 기대됩니다만 승무원 채용들과 마찬가지로 여러 사태들로 인해 당장 채용을 진행하지는 않을 듯합니다.

그러나 여전히 상반기 혹은 중반기에 항상 채용이 나왔던 만큼 지금부터 준비가 시작되어야 합니다. 2년이라는 인턴기간이 필요하고 그 이후에는 심사를 거쳐 정규직으로 전환됩니다. 매년 전환율에는 조금씩 차이가 있지만 대체적으로 큰 실수를 했던 기록이 있지 않다면 대부분 가능한 분위기입니다. 서비스 인턴 연봉의 경우 인턴기간과 정규직 전환 후 차이가 조금 큰 편이긴 합니다. 인턴기간에는 2천 중후반 정도의 연봉을 수령합니다만 정규직 전환 후에는 여러 수당은 물론 상여금 등이 더해지며 3천만 원 이상의 수준으로 받는 것으로 알려져 있습니다. 물론 지상직도 승무원과 동일하게 근무시간에 따른 여러 수당 등이 있는 만큼 매번 고정된 금액을 받지는 않습니다만 대체적으로 수치는 이러합니다.

:: 제주항공 JAS / 티웨이항공 티웨이에어서비스 / 이스타항공 이스타포트

대졸 공채를 제외하고 직접 유니폼을 입고 승객을 대면하여 응대하는 지상직 채용 중 모든 이들이 가장 선호하는 곳이 대한항공에 직속으로 들어가는 서비스 인턴이라면 최근 가장 인기가 높은 곳은 LCC 자회사가 아닐까 싶습니다.

사실 과거 3곳은 지상조업을 위한 자회사가 없었습니다. 그렇다면 어떤 방식으로 지상 직원을 운영했을까요? 아웃소싱 업체들을 통해 인력을 수급받았죠. 그러나 현재는 LCC항공사의 규모가 커지며 우리도 자체적으로 자회사를 설립하자고 하여 현재는 각자 항공사에서 자체적으로 운영하는 지상조업회사가 설립되었다고 볼 수 있습니다.

당신은 승무원의 자질이 있습니까?

그러다 보니 자연스럽게 LCC 지상직 연봉, 복지, 체계 등이 과거와는 달리 훨씬 더 보완되고 성장하고 있는 만큼 안정적이라는 이유로 최근 학생들이 가장 선호하는 그리고 날로 인기가 많아지는 채용이 아닐까 싶습니다. 1년에 공항별로 조금씩 차이가 있으나 3~5번 정도 채용을 각각 진행하는 편이며, 지방 공항에서도 채용은 꾸준히 이뤄지고 있습니다.

LCC 자회사 채용은 사실 공항별로 그리고 항공사별로 매번 지원자격이 달라지기 때문에 스펙에 대한 평균을 내기가 조금 애매합니다만 대체적으로 토익 650점 이상은 여자 기준으로 준비가 되어야 합니다. 평균인 만큼 더 낮은 점수도 물론 더 높은 점수도 있습니다. 이스타포트가 간혹 채용공고 지원 자격으로 토익을 요구합니다만 대부분 지원 자격에 토익점수를 기재하지는 않습니다. 우대사항으로 요구될 뿐 필수는 아닙니다만 여전히 무토익 합격자는 없다고 보는 게 맞습니다. 2년제 전문학사 이상 학력을 요구하며, 2,000 초반대에서 수당에 따라 2,800 이상의 초봉을 수령할 수 있으며, 자스의 경우 가장 LCC 지상직 연봉체계가 높은 편으로 알려진 만큼 연차와 수당에 따라 3천 이상을 수령하기도 하는 점 참고 바랍니다.

:: GHA(Ground Handling Agency)

GHA로 분류되는 회사로는 샤프에비에이션케이 그리고 스위스포트코리아 등이 있습니다. 이외에도 한진과 금호 그룹에 계열사로 만들어진 에어코리아, KA, AQ, AH도 있습니다. 이 회사들은 공항 전반에 필요한 대부분의 업무를 하기 위한 회사라고 이해할 수 있습니다. 승객에게 필요한 업무는 물론 항공기 운영에 있어 공항에서 필요한 전반적인 업무를 돕는 회사입니다.

외항사들은 굳이 한국에 몇 안 되는 운항 횟수를 위해 지상 조업 회사를 설립할 필요가 없는 만큼 GHA를 통해 한국 공항에서 필요한 지상 업무를 맡기게 됩니다. 그렇기 때문에 대부분 한국을 취항하는 외항사들이 GHA를 이용하고 있는 만큼 GHA 회사에 입사하는 경우 외국 항공사에 지상직 업무를 맡게 됩니다. 가장 중요한 점이 있다면 GHA 회사에 면접을 보고 합격하여 입사하는 것입니다만 입사 후 담당 항공사가 배정되기보단 GHA 회사에서 맡아 운영하고 있는 항공사마다 그 항공사를 담당하는 지상직을 뽑는다는 것입니다.

예를 들어 스위스포트코리아에서 담당하는 외항사로 피치항공, 비엣젯항공, 델타항공 등이 있다면 스위스포트에 입사하여 내가 일하게 될 담당 항공사를 배정받거나 내부에서 로테이션되는 것이 아닌 채용을 내는 단계에서부터 이미 스위스포트코리아 비엣젯항공 담당팀 지상직 채용이라는 형태로 진행하게 됩니다. 그렇기 때문에 매 채용마다 요구되는 지원 자격과 우대사항이 달라질 수밖에 없겠죠.

예를 들어 미국 항공사인 만큼 실제 언어 사용 능력과 이를 숫자로 평가하기 위한 영어 관련 어학 성적들이 다소 높은 점수로 요구됩니다만 반대로 일본 항공사 담당 채용에서는 일본어가 가능한 사람만이 지원할 수 있다는 등 어떤 항공사를 담당하는 채용인지에 따라 조금씩 달라집니다. 그러다 보니 자연스럽게 입사 스펙도 평균을 내는 데 한계가 있는 점 양해 바랍니다. 항공사마다 한국 공항 내 스케줄이 다른 만큼 수당으로 구성되는 월급과 연봉은 다를 수밖에 없으나 어떤 항공사를 담당하던 결국 소속은 각각의

GHA 회사이기 때문에 기본적인 월급 구성요소는 같습니다. 물론 GHA 회사마다 조금씩 다릅니다만 보통 2,000만 원~2,500만 원 수준의 초봉을 보여주고 있습니다.

물론 국내 항공사를 담당하는 GHA도 있습니다. 한진 그룹 계열사인 에어코리아는 대한항공과 진에어 지상 업무를 담당하게 되며, 금호그룹에 케이에이는 인천공항에서 아시아나를 담당하고 에이큐는 김포공항 그리고 AH는 스타얼라이언스에 소속된 항공사 중 한국에 취항하는 외항사와 지방 공항을 담당하고 있습니다.

GHA의 경우 사실 처음 지상직 업무를 배우고 성장하기에는 나쁘지 않습니다만 대체적으로 오래 남아 일하기보단 경력을 쌓아 더 큰 업무를 담당하는 곳으로 이직하는 경우가 더 많은 편이라는 것은 부정할 수 없는 사실입니다. 그러나 여전히 장점은 있습니다. 승진이 빠르다는 점이 LCC 자회사와 비슷한 장점이라면 장점이 아닐까 싶고 이외에도 외항사를 주로 담당하는 만큼 영어는 물론 가능자들의 경우 제2 외국어에 대한 활용이 꾸준히 가능하다는 점이 있습니다.

:: 외국 항공사 직속 지상직 GSA(General Sales Agency)

조금 복잡할 수 있습니다만 외항사 지상직은 두 분류로 크게 나뉩니다. 첫째는 한국을 취항하는 외항사의 한국 지사에서 직접 직원을 뽑아 한국 공항에 근무를 시키는 것과 몇 안 되는 노선 때문에 지사를 설립하는 것은 부담될 수 있는 만큼 항공권 판매나 직원 채용, 관리에 관한 한국에서의 전반적인 업무를 맡기는 법인 GSA로 나눌 수 있습니다.

GSA는 한국말로 굳이 표현한다면 외항사 한국총판대리점 정도로 이해할 수 있습니다. 외항사로부터 업무를 위임받은 법인에서 해당 항공사가 한국에서 필요한 여러 업무들을 대신 담당하게 되는 만큼 총판대리점을 운영하는 항공사에 지상직으로 합격하는 경우 소속은 담당 법인에 있다는 점을 참고 바랍니다.

아무래도 총판 대리점과 외항사 직속 지사에서 소속되어 일한다는 차이점이 있는 만큼 채용마다 조금씩 차이는 있겠지만 어쩔 수 없이 외항사 본사 직속으로 소속되는 자리가 연봉, 복지, 처우 등이 더 좋을 수밖에 없습니다. 그러나 여전히 GSA든 외항사 본사든 결국엔 외항사 지상 업무를 핸들링하기 위한 채용인 만큼 외항사 지상직 스펙, 특히 실제 언어를 사용하는 실력은 물론 1 차 서류 단계를 한국인이 관여하는 만큼 서류상에 보이는 숫자들도 고득점이 요구되고 있는 편입니다.

지상직 스펙과 연봉에 대한 대략적인 수치와 함께 채용 종류에 따른 일반적인 정보를 정리했습니다. 채용은 물론 연봉이나 스펙과 같은 부분들은 대략적인 정보들인 점 다시 한 번 참고하기 바라며, 수시로 그리고 앞으로 시간이 지남에 따라 달라질 수 있는 만큼 바뀐 정보들이 있다면 개정을 통해 수정할 예정입니다. 지상직은 승무원과 달리 복잡합니다. 맡고 있는 업무는 물론 채용을 진행하는 항공사 혹은 회사와 포지션에 따라 소속이나 처우, 연봉 그리고 합격에 대한 스펙 기준이 다른 만큼 채용 종류와 업무에 대한 정확한 이해가 지상직을 준비함에 있어 가장 중요한 시작점이 아닐까 싶습니다.

물론 이 책에서 접하는 내용 이외에도 많은 정보를 찾아봐야 할 것이라 생각합니다. 그 누구도 내 미래의 직업을 위해 대신 노력해 주지 않는 만큼 작은 정보라도 스스로 발품을 팔고 노력을 통해 얻을 수 있어야 한다는 점을 기억하고 내가 정말 하고자 하는 직업이 맞다면 어려운 준비의 시기를 보내야 합니다만 도전을 위한 노력에 대한 의지와 마음가짐도 확고하다면 이 직업에 대한 올바른 정보를 쌓아 올바른 방향으로 준비해 나갈 수 있도록 해야 한다는 것을 잊지 않기 바랍니다.

Chapter 8

승무원 준비단계에서 자주 하는 질문

승무원 준비단계에서 자주 하는 질문

1

승무원이 되고 싶은 고등학생은 지금 무엇을 해야 하나요?

Q 승무원이 되고 싶은 고등학생입니다. 제가 정말 승무원을 잘할 수 있는지와 승무원이 되기 위해 항공과를 준비하는 게 맞는지 알고 싶습니다.

A 물론 이 주장들은 저의 개인적인 생각이라는 점 참고 바랍니다. 학생의 나이는 하루에도 몇십 가지의 생각이 들 수 있고, 꿈도 수시로 바뀔 수 있는 나이가 아닐까 싶습니다. 물론 승무원에 대한 열정과 의지를 부정하는 것은 아니지만, 그 나이에 벌써부터 내 시야를 좁혀 한 가지

당신은 승무원의 자질이 있습니까?

직업만 바라보는 것은 반대합니다. 그리고 그때부터 준비해야 할 것이 있는 직업도 전혀 아닙니다. 승무원이라는 직업만 놓고 보더라도 기내에서 일어나는 크고 작은 다양한 일들을 처리하기 위해서는 어려서부터의 다양한 경험과 여러 학문을 배운 학생들이 유리할 수밖에 없는 만큼 굳이 벌써 내 시야를 좁혀 딱 그것만을 위한 준비를 해나가기보다는 현재상황에서 주어진 공부를 열심히 하는 것과 대학교 선택에서는 단순히 승무원이라는 직업만 한정 지어서 학과를 선택하기보다는 본인이 더욱더 하고자 하고 관심이 있는 잘할 수 있는 전공을 선택할 것을 추천합니다.

승무원 준비는 대학교에서도 충분히 할 수 있으니 현재는 주어진 삶에 최선을 다하고 가급적 다양한 방면에서의 경험을 쌓는 시간을 보내기 바랍니다.

2
서류 전형 학점 커트라인이 있나요?

Q 서류 전형에서 학점에 대한 합격선이 존재한다는 얘기는 사실인가요?
2점대로도 합격할 수 있나요?

A 서류 전형에서 정확하게 숫자로 합격선을 정해 탈락시키는 것에 대해
서는 인사과 직원이 아니라면 그 누구도 정확한 답변을 할 수 없겠지
만, 대체로 일부 국내 항공사의 경우 채용마다 다를 수 있겠지만, 합격
자 데이터를 분석해 봤을 때 학점이 영향을 주는 경우가 간혹 있다고
생각합니다. 물론 여학생의 경우 2점대의 합격생을 흔하게 볼 수 있지
만, 남학생의 경우 2점대의 학점으로 최종합격한 경우는 여학생보다는
많지 않은 듯합니다. 하지만 저는 개인적으로 단순히 합격 사례들만 보
고 위안으로 삼는 것에 대해서는 반대하는 견해입니다.

각자 부족한 점이 있는 상황에서 대체로 하는 행동이 사례를 찾는 것입
니다. 조금 냉정하게 들릴 수 있겠지만, 제가 사례에 대한 집착을 반대
하는 이유는 나보다 더 낮은 학점으로 어떤 사람이 합격을 했다고 해서
내가 그 사람보다 승무원으로서의 자질과 자세, 가능성을 면접에서 더
잘 보여줄 수 있는 사람이라는 뜻은 아니기 때문입니다. 이 말의 뜻은
결국 승무원 면접은 학점만으로 사람을 채용하는 것이 아니라는 것을
이해해야 합니다. 물론 학점도 서류단계든 면접을 보는 과정에서든 어
떻게든 작용할 수 있는 요소이지만, 여러 평가요소 중 하나일 뿐, 단순
히 학점이 2점대라는 이유만으로 최종합격을 할 수 없다고는 볼 수 없
는 직종의 면접입니다.

당신은 승무원의 자질이 있습니까?

특히나 학점이 부족한 것들을 다른 숫자들로 채우려고 하지만, 내가 다른 스펙을 높인다고 해서 쉽게 채워지는 것은 아니라고 봅니다. 퍼즐처럼 부족한 부분을 여기저기서 메울 수 있는 면접이 아니라고 생각하기 때문입니다. 물론 보완해야 할 다른 사항들도 소홀히 할 수 없겠지만, 가장 중요한 것은 내가 이 면접에서 승무원으로서의 자질, 자세를 포함하여 가능성을 보여주고 나를 안 뽑으면 안 되게끔 하는 것만이 유일하게 내가 부족한 점수를 가리는 방법이라는 것이 승무원 면접에서의 제 주장입니다.

3
외국 항공사 준비 영어 답변? 영어 회화?

Q 외국 항공사를 가고 싶습니다. 영어를 잘하지 못하는 상황에서 영어 회화를 공부해야 할지 면접 영어 답변을 준비해야 하는지 궁금합니다.

A 우선 외항사 영어 면접이 무엇인지를 이해해야 합니다. 우리는 한국어를 사용하는 한국인이지만, 면접 질문에 대한 답변을 준비하지 않았다면 면접을 잘 볼 수 있을까요? 어렵다고 생각합니다. 영어도 마찬가지입니다.

내가 아무리 평상시에 영어를 잘한다고 해도 영어 면접상황에서는 준비가 안 되어 있다면 말하기가 어렵습니다. 또한, 면접이라는 공간에서 나오는 질문들을 생각해 봤을 때 일상회화와는 조금은 거리가 있다는 것을 알아야 합니다. 물론 기본적으로 평상시 영어 회화를 잘하는 것이 승무원 영어 면접 준비를 하면서 도움이 되긴 합니다만, 단순히 회화실력을 늘리는 것만으로는 승무원 면접을 볼 수 없습니다.

정확히 얘기하자면 승무원 영어 면접에 대한 답변 준비와 기본적인 회화실력을 늘릴 수 있는 준비는 병행되어야 합니다.

나아가 더 중요한 게 있다면 승무원 면접은 영어만으로 가능한 것이 아닙니다. 그게 외국 항공사라고 할지라도 영어만으로 입사할 수 있다면 3차까지의 다양한 과정 없이 모두 불러서 영어시험만 치고 결과를 내면 되겠죠. 영어가 조금 부족하더라도 최종면접에서 "입사 전까지 최대한 영어 공부해서 와야 돼"라는 말을 듣고 합격하는 한국인 승무원이 많다는 것은 그만큼 영어가 부족하더라도 더 주되게 평가하는 것이 승무원이라는 직업에 대한 자질과 자세, 가능성이라는 것을 기억하고, 더불어 외국 항공사 면접을 보는 데 필요한 영어 면접 답변 준비와 회화 준비를 함께하기 바랍니다.

4
나이가 많다면 늦은 걸까요?

Q 나이가 너무 많습니다. 승무원 면접을 준비하기엔 너무 늦은 걸까요?

A 급한 마음은 이해하지만, 너무나 안타깝게도 승무원이 되기 위해 거쳐야 하는 승무원 면접이라는 과정은 단순히 나이만으로는 가능성에 대해 얘기하기가 어렵습니다. 나이만 평가하는 면접이 아니기 때문이겠죠. 물론 지원자의 나이에 민감하게 반응하는 것은 부정할 수 없습니다. 그러나 단순히 나이만을 가지고 평가할 수 있는 면접은 아님이 분명합니다.

승무원이라는 직업 자체가 유니폼을 입고 특수한 기내라는 공간에서 승객을 응대하는 일을 하고 있기 때문에 단순히 나이만으로 채용하지는 않습니다. 물론 나이가 중요하지 않을 수 없지만, 사례만 놓고 얘기하자면 국내 기준 34살, 그리고 외항사는 36살까지도 극소수로 입사하는 사례를 본 적이 있습니다. 하지만 제가 항상 강조하는 것과 같이 사례만으로 위안을 삼고 준비할 수는 없습니다. 절대 위안으로 삼으라는 목적으로 하는 얘기가 아닙니다.

내가 정말 진지하게 도전하고자 하는 직업이 맞다면 옆에 있는 다른 어린 지원자와는 다른 나만의 다른 강점을 보여줄 수 있어야 합니다. 하지만 내가 진지하게 이 준비를 시작하고자 한다면 가장 중요한 것은 승무원 면접 준비에 대한 전반적인 가능성을 확인하는 것입니다. 최소한의 가능성이라도 없다고 한다면 막연히 도전의식만을 가지고 시작할 수 있는 나이는 아니므로 더 잘할 수 있는 일을 찾아야 한다고 주장합니

당신은 승무원의 자질이 있습니까?

다. 특히나 가능성이 어느 정도 있다고 하여도 앞으로 쉽지 않은 준비 시간을 보내야 하기 때문에 현실적으로 내가 정말 해낼 수 있는 상황인지 그리고 의지와 마음가짐이 있는지에 대한 고민을 해봐야 합니다. 어떤 생각과 마음가짐을 가지고 이 직업에 접근했는지, 그리고 현재 어떤 준비가 되어 있으며, 준비한다고 했을 때 어디까지 준비를 해나갈 가능성이 있는지 그리고 시각적인 면접이 중요하기 때문에 외적인 요소가 승무원 이미지에 부합하는지 등을 놓고 내가 만약 가능성이 있느냐를 봐야 하고 그 이후 가능성이 있다면 확고한 의지와 마음가짐을 가지고 해나갈 수 있어야 합니다.

간혹 나이를 고민하는 학생들이 현재 하는 일에서 퇴사를 고려하는 예도 있지만, 물론 정답은 존재하지 않으나 저의 개인적인 주장은 현실적으로 20대 초반과 같이 도전의식만으로 무언가를 해볼 수 있는 환경에 있는 게 아니므로 현재 하는 일에 대해 조금은 본인이 힘들더라도 병행할 수 있어야 한다고 생각합니다.

5

살도 빼야 하고 예쁘지도 않습니다

Q 예쁜 얼굴도 아니고 살도 많이 빼야 합니다. 승무원 준비 가능할까요?

A 우선 승무원이라는 직업은 단순히 외적인 모습만으로 채용할 수 있는 직업이 아니라는 것을 깨달아야 합니다. 새롭지 못한 답변의 시작일 수 있지만, 정답은 그러하다고 생각합니다.

단순한 접근으로 몇천 몇만 명의 승무원들이 모두 다 외모만을 놓고 봤을 때 예쁘고 잘생겼다고 말할 수 있을까요? 절대 그렇지 않습니다. 단순히 외모만을 봤을 때 예쁜 승무원도 있지만 그렇다고 볼 수 없는 승무원도 존재합니다. 이럴 수 있는 이유는 절대 외모만으로 뽑지 않기 때문이겠죠.

물론 승무원이라는 존재를 공항 혹은 여행을 가는 기내에서만 만날 수 있는 학생으로서는 승무원으로서의 태를 갖추고 유니폼을 입고 기내라는 혹은 공항이라는 특수한 환경에서 보이는 것이 승무원이기 때문에 예뻐 보일 수밖에 없습니다. 하지만 매일 다른 승무원들과 비행을 하는 승무원들은 다 아는 사실입니다. 절대 예쁘고 잘생긴 승무원만 있는 것이 아니라는 것을 말입니다. 외모만으로 뽑는 직업이 절대 아니라는 것을 알아야 하고, 우리가 평상시 일상생활 속에서 예쁘고 잘생긴 사람과 승무원으로서의 태를 갖추고 서비스 현장에서 그 분위기 속에서 예쁠 수 있는 사람은 다르다는 것도 알아야 합니다. 처음 승무원 준비를 고민했던 시절의 모습과 최종합격했을 때의 모습은 다릅니다. 그리고 입사 후 초기 훈련을 수료한 뒤의 모습은 정말 많이 달라져 있습니다.

당신은 승무원의 자질이 있습니까?

말투, 눈빛, 손짓, 분위기부터가 이미 승무원답습니다. 하지만 그 모습으로 비행기에 탔을 때 과연 선배 승무원들이 본인을 승무원으로 인정해 줄까요? 아닙니다. 그때부터 시작입니다. 앞으로 승무원으로서의 태를 갖춰나가는 준비를 해나가야 합니다. 물론 그 속에는 외적인 외모와 같은 것들도 포함됩니다. 승무원으로서의 태를 갖춰나가는 다시 말해 면접에서 보여줄 수 있는 승무원으로서의 이미지를 만들어 나가야 합니다.

이 책에서 승무원 이미지에 대해 언급한 내용과 같이 내적이든 외적이든 모든 것들이 다 승무원으로서 보일 수 있는 준비를 해나가야 합니다. 절대 외모만을 보고 뽑는 직업이 아니라는 것을 이해하고 앞으로 외적, 내적인 모든 이미지를 승무원처럼 그림이 그려질 수 있게끔 노력해야 합니다.

6
제 스펙으로 승무원 면접 준비 가능한가요?

Q A 대학교를 졸업하고 학점은 B점이며, 키는 C입니다. 토익은 D점인데 승무원 준비를 해볼 수 있을까요? 너무 부족하지 않을까 걱정됩니다.

A 제가 가장 많이 받는 질문 중 하나가 아닐까 싶습니다. 스펙을 나열하고 가능성을 묻는 말은 물론 비단 저뿐만이 아닌 대부분의 많은 승무원 강사들이 받는 질문일 것이고, 승무원 관련 커뮤니티에서 흔히들 볼 수 있습니다.

하지만 너무나 안타깝게도 나열된 숫자만으로는 이 직업 준비에 대한 가능성을 절대 얘기할 수 없습니다.

일반 기업들의 면접과 같이 어느 정도의 합격을 위한 합격선 점수라는 것이 존재한다면 모르겠지만, 승무원이라는 직업을 뽑는 면접에서는 단순히 어떠한 숫자로의 합격 가능 점수가 존재하지 않기 때문에 숫자만으로 채용할 수 없습니다.

승무원이라는 직업을 더 정확하게 이해할 필요가 있습니다. 객실승무원이라는 직업은 특수한 기내라는 환경에서 유니폼을 입고 사람을 응대해야 하는 일을 해야 하기 때문에 단순히 어느 학교를 나왔고 학점이 몇 점이고 토익이 몇 점이라는 숫자들로 설명이 불가합니다.

차라리 그동안 사람을 응대해 왔던 경험이 이러하고 어떠한 공부를 해왔으며, 승무원이라는 직업에 대해 이러한 마음가짐을 가졌는지에 대해 나열했다면 더더욱 저는 긍정적인 답변을 할 가능성이 높지 않았을

358 당신은 승무원의 자질이 있습니까?

까 싶을 만큼 단순히 숫자로 나열된 스펙으로는 가능성을 얘기하기가 어렵다고 봅니다. 또한, 키의 경우 더더욱 항공사에서 요구하는 것은 숫자의 키가 아닌 보이는 키가 더 중요한 만큼 승무원 면접에서는 이러한 이유로 인해 일반 면접과는 달리 숫자가 주는 힘이 약합니다.

온종일 컴퓨터 앞에서 사무업무를 보는 사람들을 뽑는 일반면접과 온종일 현장에서 사람을 응대해야 하는 승무원을 뽑는 면접은 다를 수밖에 없다는 것을 깨달아야만 어떠한 방향으로 면접을 준비해야 하는지를 알 것이기 때문에 준비기간이 단축된다고 저는 믿고 있습니다. 스펙이라는 정량적인 것들 역시도 중요하지 않다고 말할 수 없으나, 어떠한 점들을 더 주되게 평가하는지를 이해했다면 단순히 숫자만으로는 준비가능성과 합격을 논할 수 없는 것이 승무원 면접입니다.

학점은행제 불리한가요?

> **Q** 학점은행제로 학위를 취득하기 위해 공부 중이고, 곧 졸업입니다. 승무원 면접에서 많이 불리한가요?
>
> **A** 곧 졸업이기 때문에 이제 면접에 뛰어들어야 하는 상황이고, 학점은행제 이전에 가장 먼저 물어보고 싶은 것은 서류 합격 이후 본인이 봐야 하는 2차, 3차까지의 면접에 대한 준비는 되어 있느냐입니다.
>
> 물론, 학점은행제로 합격한 사례는 있습니다. 다만, 절대 사례로 위안을 삼으면 안 됩니다. 특히나 오프라인 대학교를 졸업한 학생들이 너무나 흔해지기도 했고, 또한, 학점은행제 합격자가 있다고 하여 내가 그 사람보다 승무원으로서의 자질과 자세를 더 잘 보여줄 수 있는 사람이라고 생각할 수 없기 때문이죠. 특히나 이 승무원이라는 직업은 단순히 나열된 학교, 학점, 토익점수만으로 들어갈 수 있는 직업이 절대 아닙니다.
>
> 기내라는 특수한 환경에서 사람을 응대해야 하는 일을 주되게 하므로 이러한 직무를 잘해낼 수 있느냐에 대한 가능성을 가장 주되게 보여줘야 하는 승무원 면접에 대한 준비가 얼마나 되어 있느냐가 더 중요하겠죠. 학생이 어떤 사람인지 글만으로는 정확히 알 수 없지만, 학점은행제만을 놓고 대답한다면 그것만으로 떨어지지는 않는다고 생각합니다.

8

고졸로 외국 항공사 가능성이 없다면 대학을 가야 될까요?

Q 사정상 학교를 자퇴하고 현재 고졸의 직장인입니다. 외국 항공사는 고졸로도 준비할 수 있다고 들었습니다. 만약 준비한다고 했을 때 다른 지원자들에 비해 경쟁력이 많이 떨어진다면 대학교를 졸업해야 할까요?

A 물론 겪어보기 전까지는 아무것도 알 수 없는 인생에서 정답은 없겠지만, 단순히 승무원이 되고자 하는 마음만으로만 대학교를 간다는 건 개인적으로 반대합니다. 내가 정말 하고자 하는 공부가 있고, 공부하는 시간만큼은 헛되게 보내지 않기 위해서는 진심으로 내가 공부를 하고자 하는 마음이 있어야 합니다. 이러한 마음은 굳이 지금이 아니더라도 그리고 승무원이라는 직업을 떠나서추후에라도 내가 공부하고자 하는 마음이 생긴다면 그때라도 공부는 해야 한다고 생각합니다.

물론 지금 승무원을 만들어내고 있는 강사의 관점에서 승무원이라는 직업을 떠나더라도 공부는 해야 한다는 주장이지만, 위의 내용과 같이 내가 어떤 공부를 하고자 하는 마음이 아닌 단순히 승무원을 위해서만 학교에 간다는 것은 시간적인 것과 비용적인 부분에서 가치가 있는지를 꼭 고민해 봐야 합니다. 그럼 본론으로 들어가 답변을 해보자면 일부 외항사는 고졸 이상부터 지원이 가능합니다.

물론 한국인의 사례로 고졸은 외국 항공사에도 흔하지 않습니다. 그 이유는 학력을 많이 보기 때문이라기보다는 대부분의 한국인은 대학 졸업자가 많기 때문이 아닐까 싶습니다. 외국 항공사에서 다른 국적의 승무원 중에는 고졸 학력의 승무원을 흔하게 볼 수 있습니다. 대학교가 필수라고 얘기되는 한국과는 조금 다른 문화를 가진 나라가 많기 때문입니다. 물론 학교를 가고 안 가고의 문제를 제가 결정지을 수는 없습니다.

한 사람의 인생에서 어떻게 보면 매우 큰 부분을 차지하는 것이 학력이기 때문이죠. 조금 더 신중하고 깊게 생각해 볼 필요가 있을 것이라 봅니다. 중동이나 일부 아시아 국가의 항공사들만이 고졸로 지원은 가능한 것으로 알고 있습니다. 학력으로 인한 불리함을 따지기 이전에 최종학력으로 인해 지원할 수 있는 항공사가 줄어들고 그만큼 합격의 확률도 줄어든다는 점을 고려하고 시작해야 합니다. 특히나 외국 항공사 중에서도 1차 면접을 한국 본사나 대행사를 통해 진행하는 채용은 한국인이 1차 면접이나 서류 전형을 진행하기 때문에 학력을 참고할 수 있다는 점을 참고해야 하고, 그게 아닌 1차부터 현지 항공사의 면접관을 통해 100% 진행되는 채용은 학력이 고졸 이상부터 지원 가능하다면 크게 학력은 합격과 불합격에 영향을 주지 못하기 때문에 다른 대졸 지원자와 학력만으로 비교되지는 않는다고 봅니다. 물론 중요한 점은 내가 왜 학교에 가지 않았는지 그리고 그 시간을 어떻게 헛되지 않게 보내고 있는지에 대해서 설득력 있는 답변을 통해 면접관을 이해시킬 수 있어야 합니다.

최근에는 오프라인 대학교가 아니더라도 학위를 취득할 수 있는 방법은 많으므로 내가 승무원 지원과 관계없이 더 장기적인 미래를 위해 계속해서 공부를 해야 한다는 것에 대해 고민할 필요가 있고, 당장 학위를 취득할 수 없는 상황에서 외국 항공사를 지원하고자 한다면 고졸로 지원이 가능한 항공사가 일부 있으므로 준비를 시작해볼 수 있지만, 위

당신은 승무원의 자질이 있습니까?

에서 안내한 것과 같이 한정된 항공사만 지원할 수 있다는 것을 고려하여 본인의 상황에서 가장 후회 없는 선택을 할 수 있기 바랍니다.

9
암리치는 가능하지만 작은 키로 외국 항공사 도전

Q 키가 작지만 암리치는 나름의 연습을 통해 높은 편입니다. 외국 항공사라도 가고 싶은데 가능할까요? 영어는 잘하는 편입니다.

A 물론, 승무원이라는 직업은 특수한 기내라는 환경에서 유니폼을 입고 승객을 응대하는 일을 하므로 단순히 키만으로 승무원의 가능성을 논할 수 없습니다. 하지만 그런데도 기본적으로 업무에 키가 필요한 직업이기 때문에 안 본다고 할 수는 없겠죠.

정리해 보자면 단순히 키만 놓고 봤을 때 채용공고를 통해 특정 키를 언급하지 않고, 암리치만을 제시하는 항공사라면 지원 가능합니다. 아시아권에 있는 외항사의 경우 높은 암리치를 요구하지는 않기 때문에 가능합니다. 하지만 채용공고를 통해 세밀하게 숫자로 키를 언급하거나 암리치를 언급하는 회사는 본인이 가진 키와 암리치가 현저히 낮다면 지원이 어렵습니다.

그리고 중요한 것은 단순히 키와 암리치 숫자만으로는 확인할 수 없지만 중요한 것이 실제 면접에서 보이는 키입니다. 키와 암리치 조건이 부합되어 면접에 참여하게 된다면 실제 면접에서는 숫자보다 보이는 키가 더 중요하므로 시각적으로 키가 더 커보일 수 있는 준비를 많이 해줘야 합니다. 그리고 가장 안타까운 것 중 하나가 바로 키가 작은 것을 이력서상의 스펙으로 가리려고 하는 것입니다. 단순하게만 생각해서 키가 작은 것들이 스펙으로 가려질까요? 안 됩니다. 키를 가릴 수 있는 건 내가 승무원으로서의 자질과 자세, 가능성을 보여주고 안 뽑을 수 없게끔 하는, 말하자면 면접을 잘 보는 방법밖에 없습니다.

스펙만으로 키를 가릴 수 없으니 우선 본인의 키와 암리치를 바탕으로 현실적으로 지원 가능한 항공사를 찾아야 하고, 그 항공사를 준비하고자 했을 때 단순히 키가 작은 것들을 단순한 스펙들로만 채우기보단, 면접에서 승무원으로서의 자질과 자세를 면접관에게 보여주고 확신을 줄 수 있는 준비에 더 집중하기 바랍니다.

10
2년제 대학 졸업 앞둔 비전공자 남학생 편입

Q 승무원 준비를 하고 싶어서 항공과를 가고 싶었지만, 여러 고민 끝에 다른 직업을 위한 전공을 선택한 2년제 대학에 재학 중인 남학생입니다. 남자는 2년제로는 승무원 면접에서 승산이 없을까요? 4년제를 가야 할까요?

A 남자로서 승무원 준비를 고민했지만, 다른 방향으로 공부를 해왔고 전혀 새로운 방향으로 준비를 하고자 한다면 매우 신중한 결정을 해야 하는 시기라고 봅니다. 스스로 충분히 진지하게 고민하는 시간은 너무나 소중하지만, 결과적으로 이 면접에서는 스스로가 진지했었던 시간을 짧은 시간의 면접에서 보여주는 것에는 한계가 있고, 보여준다고 하더라도 그 고민한 시간에 대한 어떤 인정을 받을 수 없습니다. 단순히 내가 많이 고민하고 결국 돌아왔기 때문에 정말 잘할 자신이 있다는 내용만으로는 설득시킬 수 없다는 것이죠.

항공과를 나오고 안 나오고에 대해서는 승무원을 준비하면서 큰 의미가 없습니다. 저의 개인적인 주장이지만, 특히나 남학생의 경우 단순히 2년, 4년 동안 항공서비스학만 공부한 학생도 좋지만, 다방면으로 경험하고 공부한 사람을 선호하므로 항공과 출신이 많지 않은 이유라고 생각합니다. 그러므로 이 면접에서는 전공이 크게 중요하지는 않지만, 현재 본인이 나열해 놓은 정보만을 가지고 얘기했을 때 승무원 준비를 한다면 두 가지 방향을 제시하고 싶습니다. 2년제로도 소수로 스튜어드 입사를 하므로 지금부터라도 본인이 승무원 면접에 대한 준비를 시

당신은 승무원의 자질이 있습니까?

작해서 2학년 때부터 항공사 면접을 보는 것과 내가 정말 조금 더 공부를 하고자 하는 의지가 있다면 편입한 후 승무원 면접을 준비하는 것입니다.

단순히 내가 승무원을 하고자 해서 2년을 더 하는 공부라면 반대합니다. 내가 정말 2년 졸업 이후에도 다양한 지식과 경험을 쌓기 위해 공부하고자 하는 마음과 의지가 있어서 공부할 수 있어야 합니다. 그래야 본인이 포기하지 않고 해낼 수 있다고 봅니다.

Chapter
9

승무원 면접
준비 포기

승무원 면접 준비 포기

승무원 면접 포기하려는 학생들을 위한 조언

제목이 다소 자극적일 수 있다는 생각이 들지만, 그만큼 현재 이 페이지를 펼쳐보고 있는 승무원 면접 준비에 지친 학생들에게 조금이나마 자극제가 될 수 있기를 바라는 마음입니다. 저는 외국 항공사를 시작으로 국내 항공사까지 긴 시간을 남자 승무원으로서 비행했지만, 저 역시도 이 글을 읽고 있는 학생들과 같이 승무원 면접을 준비했던 시간이 있었습니다. 그러므로 상반기, 중반기, 하반기라는 이름으로 채용이 넘쳐나는 시점에 누군가는 합격이라는 소식에 행복할 수 있지만, 막연히 행복하지만은 않은 다소 우울한 시간을 보내고 있을 지원자들을 위해 마지막 장을 채워보고자 합니다.

당신은 승무원의 자질이 있습니까?

이제 막 준비를 시작하는 학생들도 나름 각자의 고충에 따라 힘든 시간을 보내고 있을 수 있겠지만, 채용이 뜨고 끝나는 채용시기에 가장 힘든 사람은 바로 준비기간이 길어진 장수생이 아닐까 싶습니다. 장수생이라고 부르는 기준이 준비기간 얼마 이상이라고 정해져 있는 것은 아니지만, 본인이 현재 여러 번의 면접에 떨어지며 항공사의 채용이 새롭게 발표될 때마다 반갑지만은 않다면 이미 장수생의 신분이 되었다고 봐도 무방할 것입니다. 저 역시나 승무원 면접 준비시절부터 비행을 열심히 했던 시간 그리고 지금 학생들을 가르치는 현재까지도 많은 장수생과 힘들어하는 학생들 그리고 결국엔 중도 포기하는 학생들까지 그리고 포기했다가 시간이 지나 다시 준비를 시작하는 학생들까지도 만납니다.

우선 가장 하고 싶은 말은 본인이 과연 이 직업에 대해 얼마나 진지한 마음으로 임하고 있는지를 묻고 싶습니다. 사람마다 차이는 있지만, 누군가는 얼떨결에 승무원 준비를 시작하기도 하고, 누군가는 확고한 본인만의 지원 동기와 꿈을 가지고 준비하는 학생들도 있습니다. 시작의 이유가 어찌 됐든, 현재는 이미 시작의 단계가 지난 장수생의 관점에서 이 직업에 접근한 이유는 중요하지 않다고 생각합니다.

하지만 현재 시각이 흘러 심리적으로 지친 이 시점에 다시 한 번 본인이 왜 승무원이 되고자 하는지를 꼭 스스로 점검해 봐야 한다고 생각합니다. 승무원의 단점까지도 모두 다 고려했을 때 내가 정말 진지하고 진정성 있게 하고자 하는 직업이 맞는지를 스스로 물어봐야 하고, 스스로 승무원이라는 직업에 대해 확고해진다면 저는 말합니다. "더는 그 어떤 고민도 하지 말고 전진해야 한다"입니다. 본인 스스로가 이 직업에 대해 확고하다면 조금 과장되게 말해 본인은 절대 이 직업을 포기할 수 없습니다. 저는 정말 다양한 사례들의 학생들을 봤지만, 이미 승무원에 대해 확고한 의지를 가지고 있는 학생들은 한 번 승무원이라는 직업에 대해 마음을 먹은 이상, 포기해도 결국 시간이 지나 다시 준비를 하겠다고 찾아오는 경우를 많이 봤고, 저 역시도 직장을 다니며 승무원을 준비했기 때문에 포기하고 싶은 시간도 있었지만, 절대 그것이 다른 직업을 가지고 마음을 닫으려 해도 포기가 되지 않는다는 것을 저 스스로가 잘 알고 있습니다. 포기되지 않고, 결국 시간이 지나 다시 준비해야 한다면 현재 준비하는 이 시점에서 내가 포기하지 않고 더 최선을 다해야 한다는 것입니다. 맞습니다. 본인들도 이미 잘 알고 있을 것입니다. 절대 말처럼 쉽지는 않지만, 본인이 승무원에 대한 꿈을 가지고 있고, 그것을 포기할 수 없으므로 해내야 한다면 더는 과거에 탈락했던 시간을 회상하며 우울할 시간이 없습니다.

과거에 내가 탈락했던 경험들은 절대 본인이 승무원에 맞지 않기 때문이 아닙니다. 물론 사람에 따라 직업의 특성상 전혀 가능성이 없는 학생들도 존재할 수 있습니다. 제가 항상 강조하는 것입니다. 승무원이라는 직업도 하나의 직업이기 때문에 절대 대단해서가 아닌, 높은 경쟁률을 뚫어야 하고 유니폼을 입고 특수한 기내라는 공간에서 일해야 하는 특성상 하고 싶다는 마음만으로는 할 수 없다고 생각합니다. 최소한의 가능성이라도 있는지 우선 확인을 해야 하고 만약 가능성이 있다면 제대로 방향을 잡고 힘든 준비를 해나가야 합니다.

제가 지금 얘기하는 것은 승무원뿐만 아니라 세상을 살아감에 있어 모든 직업에 대입되는 것입니다. 하나의 예시로 만약 내가 오늘 면접에서 A라

당신은 승무원의 자질이 있습니까?

는 질문을 받았을 때 이미 잘 준비되어 있었기에 잘 대답하여 합격할 수 있었는데 그날 B라는 전혀 다뤄보지 못한 질문을 받게 되어 대답을 제대로 하지 못해 떨어진다면 과연 본인이 승무원의 자질이 없었다고 생각할 수 있을까요?

면접이라는 것은 본인이 노력하여 준비할 수 있는 것 이외에 다양한 변수들이 합쳐져 그 과정을 거치면서 최종합격을 하게 됩니다. 기본적으로 할 수 있는 승무원 면접을 잘 준비하는 것은 본인이 노력으로 할 수 있고, 그 외에 상황들은 스스로가 조절할 수 없는 시간이죠. 그러므로 저는 본인이 할 수 있는 것에 최선을 다하고 그 외에는 운이 따라야 한다고 말합니다. 그 운이라는 것은 여러 번의 경험을 통해 맞이할 수 있기도 하고, 다양한 경험들은 스스로가 운을 찾아갈 수 있는 능력도 키워내게 된다고 믿습니다. 누군가는 첫 지원에 합격하기도 합니다. 또 누군가는 10년간 준비한 끝에 승무원이 되기도 합니다. 10년 만에 승무원이 된 제 지인은 승무원의 자질이 없어서 10년이란 시간이 걸렸을까요? 저는 아니라고 생각합니다.

그 누구보다 승무원으로서 준비돼 있었고 자질이 있었지만, 각자 다른 합격시기가 존재하기 때문이라고 생각합니다. 이 글을 읽고 있는 현재 승무원을 준비하며 심리가 약해진 혹은 포기를 생각하고 있는 학생이 있다면 분명히 이 페이지까지 오기까지 쉽지 않은 시간을 보냈겠지만, 분명 본인이 포기하고 싶지 않기 때문에 이 글을 찾아 읽어보게 되었을 거라 생각합니다.

각자가 겪는 사연이 다를 수 있지만, 그 고민이 해결될 수 없는 문제이거나 노력해서 정리할 수 있는 게 아니라면 내가 하고자 하는 직업이 맞는지 스스로 다시금 고민해 보고 이 질문에 스스로가 확실해졌다면 내가 다시금 쉽지 않은 승무원 면접 준비를 해나갈 수 있는 의지와 확고한 마음가짐을 다질 수 있는 시간을 가져보기 바랍니다.

당신은 승무원의 자질이 있습니까?

2
서류 탈락의 원인

각각의 항공사들은 모두 다 매번 다른 서류 합격률을 보입니다. 서류 합격률이 가장 높은 대한항공의 경우 대개 70~80%, 제주항공의 경우 일반 전형 기준으로 10% 내외의 합격률을 보여주고 있습니다. 물론 매번 다를 수 있기 때문에 평균적인 합격률은 이렇습니다. 우리가 실제 면접관을 대면해서 면접을 보게 되는 실무면접에 참여하기 위해서는 우선 기본적으로 서류 합격이라는 결과가 필요합니다.

서류 합격이라는 문구를 보게 된다면 그때부터 면접이 시작됩니다. 사실상 내가 서류 합격을 하지 못했다면 크게 상심할 필요는 없습니다. 실제 대면 면접은 시작하지도 않았고, 나를 보고 판단한 뒤, 떨어진 게 아닌 그저 모든 인원을 다 면접장에 수용할 수 없으므로 이루어지는 서류 전형에서의 탈락이므로 크게 마음 쓸 필요가 없습니다. 내가 부족해서가 아니라는 것이죠. 다음에 조금 더 보완하고 자소서 역시 수정해서 포기하지 않고 재지원하는 것이 더 중요합니다. 승무원 면접은 소위 말하는 스펙만으로 뽑는 것이 아니므로 합격 스펙에 큰 의미를 둘 필요가 없고, 더군다나 서류 탈락의 원인을 계속해서 본인의 스펙 탓으로만 돌린다면 끝도 없는 잘못된 방향의 고민에 빠지게 되는 지름길입니다.

서류 전형의 기준은 정말 너무나 다양합니다. 물론 가장 정확한 평가요소와 배점은 인사과 직원만이 알 수 있겠지만, 학생들이 그렇게도 다들 좋아하는 토익만으로 평가하는 게 아니라는 것이죠. 서류를 지원할 때 쓰는 모든 내용 즉 어학, 학력, 학점, 해외 경험, 봉사활동, 자소서, 지원 이력 등 모든 것들이 점수화되어 서류 전형을 진행하게 됩니다. 세부적인 항목들의 배점은 매번 채용마다 달라지기 때문에 정확히 알 수 없으나, 변하지 않는 진리는 가장 높은 배점을 하는 것이 자소서라는 것입니다. 일부 학생들은 "자소서는 읽지 않는다"라는 혼자만의 생각에 사로잡혀 본인의 탈락원인을 자소서가 아닌 토익에서 찾으려고 합니다.

그렇다면 500점대로 국내 항공사에 합격한 학생들은 어떻게 설명할 수 있을까요? 접수된 몇천 명의 서류는 우선 최소한의 지원자격에 따라 자격이 되지 않는(예를 들어 졸업예정자가 아닌 신분으로 지원) 지원자는 자동으로 걸러지게 됩니다. 그 이후 회사마다 차이가 있으나, 대체로 나머지 지원자들에 대해서는 인사과와 객실 본부 팀장 이상급의 직책을 가지는 직원들에 의해 일정량 나뉘어 각자 서류를 확인하게 됩니다.

자소서를 막연히 안 본다고 생각할 수 없는 이유입니다. 그리고 자소서가 가지는 배점이 크기 때문에 승무원 면접의 서류 전형에서는 승무원의 직무를 이해하고 본인이 어떠한 자질을 가졌는지를 명확하게 보여주지 못한다면 좋은 점수를 받을 수 없습니다. 항공사 면접에서는 여러 가지 소문이 많지만, 제가 가장 믿는 것 중 하나는 정말 준비가 안 된 상태로 실무면접에 참여하여 개선의 가능성과 의지가 보이지 않는 지원자에 대해서는 비평이 달리고 이후부터 서류합격이 잘 되지 않는 원아웃이 되는 것입니다. 물론 100% 확신할 수 없지만, 어느 정도는 개인적으로 신뢰하는 얘기입니다. 그만큼 첫 지원에 준비를 잘해서 면접에 임해야 하는 이유기도 합니다.

당신은 승무원의 자질이 있습니까?

하지만 확실한 것은 위와 같이 첫 지원에 큰 실수를 하거나 너무 준비가 안 된 모습을 보여줘서 원아웃되는 게 아니라면 이 사례들을 깨고 합격한 학생들이 많으므로 본인이 정말 서류 합격을 위한 노력과 자소서에 공을 들이고, 면접에 대한 준비를 열심히 해준다면 여러 번 탈락 후에도 충분히 최종합격은 가능합니다. 하지만 확실한 것은 두 번째, 세 번째 면접을 볼 때마다 전과는 다른 모습을 보여줘야 하므로 점점 면접의 난도가 올라간다는 것은 기억하셔야 합니다.

서류 합격과 관련하여 시작한 첫 얘기들과 달리 조금은 더 많은 얘기를 했지만 결론을 다시 한 번 정리하자면 본인의 서류 탈락 원인을 토익에서만 혹은 그 외 스펙에서만 찾는 것은 너무나 무의미하다는 것을 다시 한 번 말합니다. 자소서를 쓰던 본인을 돌이켜봤을 때 과연 내가 이 승무원이라는 직업을 정확히 이해하고 있는지, 그리고 나의 어떠한 자질이 승무원에게 잘 맞는다고 생각하고 글을 썼는지에 대해 다시 생각해 본다면 분명 서류 탈락의 원인이 무엇이었는지 스스로 알 수 있지 않겠냐는 생각입니다. 나이에 민감하고 지원 횟수에 민감한 항공사 면접인 만큼 본인이 확실하게 승무원 면접을 준비하고자 하는 의지가 있다면 흘러가는 시간과 채용기회들을 놓치지 않게끔 내 문제점을 제대로 분석하고 마주하여 잘못된 부분을 해결하기 위해 노력해 나가기 바랍니다.

3
실무면접 탈락에 대처하는 방법

서류 탈락과 같이 실무면접의 벽을 넘지 못하는 학생들은 그 원인을 다른 곳에서 찾는 경우가 많습니다. 정말 본인이 탈락한 이유가 토익, 토스, 제2 외국어와 같은 스펙 혹은 본인 기준에서 예쁘지 않은 얼굴 때문이라고 생각하나요? 만약 정말 학생들이 가장 고민하고 토익, 토스, 그리고 그 외에 전반적인 스펙으로 탈락하는 승무원 면접이라면 "토익 560점 대한항공 최종합격" "34살 제주항공 승무원 최종합격" "1점대와 2.5점의 학점으로 최종합격" "토익 500점대 아시아나 다수 최종합격"이라는 얘기들은 올바르게 성립이 안 될 것입니다.

승무원 면접이 무엇인지 알기 전에 우선 승무원이라는 직업에 대해 이해할 필요가 있다고 생각합니다. 승무원이라는 직업은 유니폼을 입고 기내에서 승객을 응대하는 일을 가장 주되게 하는 직업입니다. 물론 여전히 안전이 제일 중요하다는 것을 부정할 수 없으나, 면접에서만큼은 누구나 다 입사해서 교육받아야 하고, 교육 후 배우기만 하면 누구나 다 할 수 있는 안전업무에 대해서는 궁금해 하지 않습니다.

실제 현장에서 가장 주되게 하는 업무인 사람을 응대하는 능력들을 가장 높게 평가하는 게 승무원 면접입니다. 물론 승무원의 가장 큰 탑승 원인은 언제 발생할지 모르는 상황에 승객들의 안전을 보장하기 위함이지만, 사고는 잘 일어나지도 않고, 일어나서도 안 되는 것이기 때문에 실질적으로 승무원의 가장 주된 현실적인 업무는 서비스라는 것입니다. 그러므로 승무원 면접에서 지원자를 통해 기대하는 모습은 이 지원자가 얼마나 친절하게 손님을 응대할 수 있는 서비스마인드를 가졌는지 그리고 승무원의 자질과 자세가 있는지를 면접에서 보고자 합니다. 항공사마다 차이는 있지만, 대체로 실무면접의 경우 실제 사무장급으로 비행하는 승무원 출신의 면접관을 함께 접하게 됩니다. 사무장 면접관들이 가장 주되게 물어보는 롤플레잉 질문만을 봐도 같이 일하고 싶은, 같이 비행했을 때 무리 없이 무난하게 일을 잘할 수 있는 사람을 좋아할 수밖에 없습니다. 과연 앞에 나열한 이 모든 것들이 학생들이 집착하는 토익, 토스, 제2 외국어, 그리고 그저 예쁘고 잘생기기만 한 얼굴로 충족시킬 수 있을까요? 저는 절대 아니라고 말합니다.

본인이 어떠한 서비스 경험이 있고, 그러한 경험들을 바탕으로 만들어진 서비스마인드와 승무원이라는 직업을 잘 이해하고 준비되어 만들어진 승무원의 자질과 자세가 면접에서 보였을 때만이 실무면접이라는 벽을 넘을 수 있다고 생각합니다. 실무면접의 벽을 넘지 못하는 이유를 스펙이나 외적으로 보이는 이미지만으로 풀어나간다면 저는 절대 좋은 결과를 앞으로도 낼 수 없다고 생각합니다.

정답은 면접입니다. 승무원 면접과 일반 기업 면접이 다르다는 것을 빨리 깨우치고, 어떠한 점에 더 집중해야 하는지를 알아야 결과적으로 실무라는 벽을 그리고 최종합격이라는 결과를 받을 수 있습니다. 물론 2번째, 3번째 지원 횟수가 높아질수록 다른 모습을 보여줘야 하므로 면접의 난도가 올라갈 수밖에 없습니다. 하지만 우리가 승무원이라는 직업을 포기할 것이 아니라면 물론 스펙이 중요하지 않다고 말할 수 없으나 승무원 면접에서 더 주되게 평가하는 부분인 면접이 중요하다는 것을 지금이라도 받아들이고 앞으로는 면접에 대한 준비에 더 많은 시간과 마음을 쓸 수 있기를 바랍니다.

4

항공 채용 빙하기는 반복된다. 무엇을 해야 할까?

오랜 시간 지구의 기온이 하강하며 모든 것이 차디차게 얼어버린 시대를 뜻하는 빙하기라는 단어가 취업 시장에서도 자주 사용됩니다. 코로나 19 등과 같은 문제가 발생해 전체 항공 여행 시장이 위축될 때 항공사 채용 시장 전체가 빙하기에 있다는 표현을 쓰게 됩니다. 일본 제품 불매운동, 사드 배치 보복 등으로 방한 외국인 관광객 수가 줄어드는 등의 시점도 마찬가지입니다. 유가상승과 환율 그리고 더 나아가 수요에 비해 공급이 많아져서 생기는 과당경쟁 등도 채용 시장 빙하기를 초래합니다. 코로나 19 발병 초기였던 2020년 상반기에 발표한 티웨이항공 관계자의 인터뷰만 보더라도 돌파구가 없는 어려움이라고 말할 만큼 항공 채용 시장에 영향을 주는 요인은 셀 수 없이 많고 예상하기조차 어려웠습니다.

하지만 채용이라는 것은 늘 이래 왔습니다. 악재를 떠나서 승무원은 도대체 얼마나 더 뽑을 거야?라는 말이 나올 만큼 풍년이었던 적도, 그리고 지금과 비슷하게 빙하기였던 적도 항상 있어 왔습니다. 물론 코로나 19와 비슷한 사태도 항상 있었죠. 메르스 시절만 보더라도 항공사는 물론 면접 준비를 위한 승무원 관련 사설기관들까지 모두 힘들었고 이를 시작으로 폐업 수순을 밟았던 곳이 많았던 게 사실입니다. 하지만 역사는 반복되듯 중요한 사실은 모든 문제는 언젠가 해결되고 시간이 소요될지언정 회복된다는 것입니다. 코로나 19를 이겨내고 리오프닝을 논하며 신규 채용을 강행하기 시작했던 2023년 상반기와 같은 것이죠. 악재들이 단계별로 해결되며 노선과 이용객의 문제가 회복되면 결국 항공산업은 제자리를 찾음과 동시에 더 확장할 수밖에 없음을 모두가 알고 있습니다. 물론 여전히 회복과 성장에는 기다림이란 시간이 필요하고, 수많은 노력이 필요하다는 것은 절대 부정할 수 없는 사실입니다만 지원자의 입장에서는 사실상 직접적으로 업계에 영향을 줄 수 있는 행동을 할 수 없는 만큼 조금 냉정하게 들릴 수 있습니다만 기다리는 것말고는 사실상 채용 빙하기를 지날 수 있는 방법이 없다는 것입니다.

그러나 채용을 준비하는 관점에서 할 수 있는 게 없다고 생각하면 안 됩니다. 항공업계에서 발생할 수 있는 여러 악재로 인해 채용 시장이 축소되어 포기자들이 속출하고 열심히 잘해 나가던 학생들 역시 게을러지는 시점이 바로 빙하기가 해빙기를 맞이하는 초입에 있다는 증거라고 생각합니다. 물론 말은 누구든 쉽게 할 수 있겠지만 누구에게나 공평하게 어려운 시기에 남들과 비슷하게 꾸준히 게으름만 피우고 있다면 채용이 재개되거나 활발해지기 시작한 시기가 도래하더라도 내가 원하는 합격이라는 결과를 얻을 수 없다는 것을 냉정하게 인지하기 바랍니다.

채용 시장이 회복하여 다시금 성장세로 돌입하기 전까지 어느 정도의 시간이 소요되는 시기에 진행되는 채용은 규모적인 면에서나 횟수에서 열악할 수밖에 없습니다. 하나의 예로 2019년 하반기 아시아나항공 채용에서 합격했던 40여 명의 합격생들은 승무원 면접 강사의 입장으로 보더라도 '최정예 요원만을 뽑았구나'라는 생각이 들 만큼 축소된 채용에서는 승무원 면접에 필요한 모든 내용들이 확실하게 준비된 지원자가 유리할 수밖에 없습니다. 논리는 간단합니다. 100~200명씩 대거 채용하는 면접에서는 최정예

당신은 승무원의 자질이 있습니까?

요원이라고 부를 수 있는 준비가 정말 잘된 지원자들도 뽑겠지만, 채용 인원이 많은 만큼 준비가 부족해도 자질과 자세, 승무원으로서의 태도를 갖출 수 있을 만한 가능성이 보인다면 합격할 수 있습니다. 그렇기 때문에 준비 없이 합격하는 사례가 극소수 포함되는 것입니다.

하지만 항공시장의 어려움이 본격화된 2019년 하반기부터 포스트 코로나 시대의 채용과 같이 축소되거나 어려운 시기를 지나 회복 시점에 들어서며 나온 채용에서 합격하기 위해서는 승무원 면접에서 평가되는 여러 요소들, 다시 말해 자세, 태도, 인성, 서비스 마인드, 목소리, 발음, 발성, 톤, 외적인 이미지, 표정, 말투, 대처능력 등에 대한 것들이 하나의 흠도 없이 완벽하게 준비되어 면접관을 설득시킬 수 있어야 합격한다는 것을 잊지 말아야 합니다. 그러기 위해서는 오히려 채용이 늦어지는 불확실한 시기야말로 결과를 뒤엎을 수 있는 시간이 주어졌다고 생각해야 합니다.

승무원 출신으로서 면접 준비를 돕는 강사로 일하면서 만나는 학생들은 매일 채용시기에 대한 여러 고충들을 토로합니다. 물론 너무나 이해가 됩니다. 저 역시도 승무원을 준비했던 막연한 시기가 있었던 만큼 내가 준비됐든 안 됐든 당장 뭔가 이 시장의 채용소식이 끊임없이 나오지 않으면 불안함을 느낄 수밖에 없습니다. 그러나 채용공고가 꾸준히 뜨더라도 내가 합격하기 위한 준비가 안 되어 있다면 똑같이 불안함을 느낄 수밖에 없습니다. 충분히 공감하고 이해가 됩니다만, 저 역시도 빙하기를 지나 승무원으로서 직접 비행을 하고 현재 승무원이 되고자 하는 학생을 가르치는 입장에서 본인이 면접에서 합격할 수 있는 준비가 안 되어 있다면 365일 꾸준히 채용공고가 나와도 합격자가 될 수 없다는 사실을 알아야 합니다. 면접에서 합격할 만큼 완벽하게 준비되었다고 말할 수 있는 사람은 없을 것이라 생각합니다. 무엇을 해야 하는지 아직도 모르겠다면 정말 단적인 예로 과거 진에어 관련 기사에서 폴바셋이라는 남양유업이 만든 커피 브랜드와 협업하여 승무원들에게 커피 관련 교육을 시행하고 커피 이벤트를 기내에서 진행했다는 얘기만 보더라도 무엇을 준비하며 빙하기를 보내야 하는지를 생각해 볼 수 있습니다.

물론 승무원이라는 직업은 입사 후 실무에 필요한 모든 교육을 받고 수료 후 현장에 투입되는 만큼 어떠한 자격증과 실무에 대한 선수 교육도 필요하지 않습니다만, 만약 채용이 멈춘 시기를 잘 활용한다면 단적인 예로 하다못해 바리스타 자격증 혹은 카페에서 아르바이트를 하며 기내에서 활용할 수 있는 커피 관련 기술을 익혀 실제 진에어 면접에서 이 직무에 적합한 사람으로 성장하고자 노력해 왔고 다른 지원자와 다르게 더 많은 영역에서 이바지할 수 있다는 걸 보여줄 수 있지 않을까 싶습니다. 꼭 바리스타 자격증을 취득해야 한다는 것이 아닙니다. 채용을 기다리는 시기를 어떻게 알차게 보내야 하는지에 대한 단적인 예를 들고자 했음을 참고하기 바랍니다.

채용공고가 언제 뜰지 왜 안 뜨는지에 대한 고민과 생각만 한다고 뜨지 않는 채용이 뜨거나 다음 주에 뜰 채용이 앞당겨져 오늘 뜨는 것은 아니죠. 그렇기 때문에 현재 시점에서 내가 해야 할 것이 무엇인지, 어떤 생각과 마음가짐으로 나 또한 이 시기에 속출하는 포기자가 되지 않고 내일 채용공고가 뜨더라도 합격자가 될 수 있을지를 생각하여 막연히 기다리는 이 시기를 잘 보낼 수 있기 바랍니다.

당신은 승무원의 자질이 있습니까?

5
최종탈락에 대한 진심 어린 위로 글

국내 항공사를 기준으로 최종면접을 보기까지 짧게는 1달에서 길게는 2달 이상 소요되기도 합니다. 서류 전형부터 실무면접, 임원면접 그리고 중간에 체력과 수영 테스트, 그리고 일부 항공사의 경우 영어 면접까지 정말 긴 과정을 거치고 마지막으로 보는 면접인 만큼 탈락이라는 결과를 받게 된다면 말로는 다 설명할 수 없는 복합적인 감정에 사로잡혀 한동안 힘든 시간을 보낸다는 것을 저 역시도 경험해 봤기에 너무나 잘 이해합니다.

최종탈락의 심정은 이전 단계에서 탈락 직후에 느끼는 것과는 다르다고 생각합니다. 제 경험을 돌이켜보자면, 긴장된 마음에 바로 합격 확인을 못하고 있다가 탈락이라는 것을 확인하고 그 자리에서 하염없이 모니터만 멀뚱멀뚱 쳐다보고 있었던 기억도 있습니다. 허무하거나 기분이 안 좋거나 하는 감정을 느낄 새도 없이 그저 탈락이라는 결과만을 계속 한동안 쳐다보고 있었습니다. 본인이 그동안 투자했던 시간과 노력이 물거품이 되었다는 생각이 몰려오면서 더더욱 힘든 시간을 보내게 됩니다. 하지만 그런 시간을 다 겪고 승무원으로 국내와 외항사 모두에서 비행했던 경험을 돌이켜보자면 절대 저는 그날의 슬픔이 끝이라고 생각하지 않습니다.

본인이 정말 하고자 하는 직업이 맞고 해내고자 하는 의지와 마음가짐이 있다면 거의 다 왔다고 얘기하고 싶습니다. 물론, 의지와 마음가짐이 시작점에서 준비되어 있었고, 현재도 여전히 변함없다는 가정하에서 말입니다. 확실하게 말할 수 있는 것은 항공사 면접에서 최종탈락을 했다고 해서 본인이 승무원으로서의 자질과 가능성이 없다고 생각할 필요는 절대 없다는 것입니다. 최종탈락이 주는 의미가 가능성이 없다는 게 절대 아니기 때문이고, 과거 사례를 참고해도 3번 만에 합격, 5번 만에 합격, 7번 만에 합격한 다양한 사례들이 있기 때문입니다. 지속되는 최종탈락을 이겨내고 본인이 가진 여러 문제점을 고쳐 최종합격을 하는 사례들도 있습니다.

이 사례만 놓고 봐도 최종탈락이 절대 승무원으로서의 가능성이나 앞으로 승무원으로서의 미래가 그려지지 않는다는 말이 아니라는 것을 알 수 있습니다. 본인이 정말 하고자 하는 직업이 맞고, 포기하지 않고 해낼 수 있는 의지가 있다면 다시 한 번 마음을 추스르고 힘을 내서 다음 도전을 준비해야 합니다. 조금 더 냉정하게 본인이 부족한 점이 무엇인지 스스로 마주하여 알아내고, 그것에 대해 정확히 고쳐나가야 하며, 그동안 잘해온 장점이 있다면 더욱더 부각해 면접에서 보여줄 수 있는 훈련을 해나가야 합니다. 가장 중요한 점은 이 시점에서 일부 학생들은 본인이 꽤 준비했던 시간이 있었기 때문에 본인의 적나라한 준비상태를 마주하지 않으려는 경향이 있습니다.

잘못된 부분을 정확히 마주하여 파악해야만 다음 면접에서도 똑같은 결과를 피할 수 있습니다. 똑같은 모습으로 똑같은 면접에 간다면 결과도 어쩔 수 없이 똑같겠죠. 이 시점에서 다시금 하고자 하는 의지를 갖추고 다른 결과를 내기 위해 스스로 마주하여 잘못된 부분을 고쳐 다음 면접에서는 원했던 결과를 얻을 수 있도록 해야 합니다. 물론, 저의 경우 학생들을 승무원으로 만들기 위해 가르치고 있는 처지에서 합격한 학생들을 축하하기에도 모자란 시간입니다. 하지만 저는 제가 오랜 시간 최종면접에서 좋은 결과를 내지 못했던 시간이 겹치며 최종탈락자에 대한 아쉬운 마음을 거둘 수가 없습니다. 물론 현재의 저는 그 시간이 절대 헛된 것이 아니었음을 잘 알고 있으므로 절대 좌절할 필요가 없다고 생각하지만, 학생의 시점에서 느낄 수 있는 큰 상실감과 그 심정이 어떤지 누구보다 더 잘 알고 있으므로 그 어떤 말로도 위로가 되지 않는다는 것을 압니다.

이 주제로 글을 쓰면서도 많이 망설였지만, 조금이나마 힘든 시간을 보내고 있을 학생들에게 도움이 되고자 하는 마음에 이 책의 마지막 페이지는 최종탈락자를 위한 글로 채우고자 했고, 조금은 냉정하게 들릴 수 있지만, 결과는 이미 나온 것이고 내가 승무원이라는 직업에 대한 도전을 깨끗이 포기할 게 아니라면 내가 원하는 결과를 얻기 위해 다음 면접을 위한 준비를 위해 더 확고한 마음을 다잡기 바랍니다.

감사의 말

승무원 면접과 관련한 글을 쓰며, 제 경험과 지식 그리고 이 직업을 준비했던 시절 그리고 제가 직접 경험했던 시간들은 물론 더 나아가 승무원이 되고자 하는 학생에게 도움을 주기 위한 면접 강사로 활동하는 경험을 바탕으로 현실적이면서도 냉정한 그러나 냉철한 내용을 전달하고자 노력했던 과정에서 알게 된 여러 좋은 반응을 보았습니다. 책의 출간으로까지 이어졌던 초기에는 전혀 예상치 못한 반응이었습니다.

물론 온라인의 여러 매체를 통해 글을 쓰던 시절에도 예상보다 훨씬 많은 학생들에게서 도움이 되었다는 반응을 얻었지만 여전히 책 출간 후 이렇게까지 많은 관심을 받고 판매로까지 이어질 것이라고는 상상하지 못했던 게 사실입니다. 출간 2개월 만에 초판이 완전 매진되었고, 2쇄분 역시 2개월 만에 모두 완판된 후 3쇄~5쇄(제2판)를 찍는 과정에서 시간이 조금 흐른 시점에 맞도록 일부 내용을 추가하거나 수정 혹은 삭제했습니다. 사실 1쇄가 완판되고, 2쇄를 찍던 시기에도 이미 개정에 대한 욕심은 있었습니다만 재고 부족과 품절 등에 의한 시간 부족으로 개정을 진행하지는 못했습니다. 다른 분야와 달리 승무원 면접이라는 것은 두 가지의 요소가 결합됩니다.

당신은 승무원의 자질이 있습니까?

항공시장의 흐름에 맞게 매 채용 시마다 빠르게 변화하는 최신의 정보와 함께 오래전부터 내려오는 고전의 법칙이 모두 필요한 것이 승무원 면접 준비인 만큼 이 면접이 오랫동안 유지돼 온 기본기에 대해서는 수정할 필요가 없지만 시장 변화에 따라 함께 바뀌는 승무원 면접시장의 정보나 지식 역시 수정할 수밖에 없습니다.

예를 들어 항공사 간의 합병 이슈, 신생 항공사의 등장 등과 같이 빠르게 변화하는 시장을 반영하지 않고 대다수의 기존 승무원 관련 책이 출간 후 개정 없이 방치되는 것과 달리 이 책은 '당신은 승무원의 자질이 있습니까?'라는 물음을 스스로 던지게 되는 만큼 조금이나마 이 직업을 마주하고 준비하고자 하는 시점에서 크고 작은 의미있는 영향력을 행사해야 함을 기억하며, 발 빠른 시장 변화에 맞는 최신의 정보를 담고자 노력했다는 것을 참고하기 바랍니다. 또한, 추가적으로 승무원 면접을 준비하는 학생들이 가장 많이 열어두고 준비하는 지상직에 대한 정보까지 꾸준한 개정을 통해 접할 수 있도록 추가했습니다. 승무원과 지상직이 가지는 공통된 부분들 그리고 면접을 준비함에 있어 사실상 면접에서 평가되는 요소에 큰 차이가 없는 만큼 지상직 면접을 준비함에 있어 참고할 수 있는 유익한 정보를 담았습니다.

끝으로 항공시장의 변화에 맞춘 최신 정보와 지식을 담고자 꾸준히 개정해서 책의 내용은 조금씩 바뀌었지만, 여전히 책을 처음 출간했던 1쇄 때부터 주장해 온 이 책의 출간이 가지는 본질적인 목적과 방향은 조금도 변질되지 않았음을 기억하기 바랍니다. 승무원이라는 직업의 아름다운 면모를 알고자 했거나 이 직업이 가지는 장점 혹은 화려한 모습들을 기대하고 이 책을 열었거나 떠먹여주는 면접 답변의 예시를 알기 위해 책을 선택했다면 개정된 책에도 여전히 그런 내용은 절대 담지 않았음을 강조합니다. 가장 현실적이고 냉정한 그러나 너무나도 냉철한 승무원이라는 직업에 대한 조언을 바탕으로 승무원 준비를 고민하는 단계에서부터 이미 준비 중인 혹은 포기를 고민하는 모든 이들에게 조금이나마 도움이 되는 책으로 자리매김한 이 책을 마주한 모든 사람들이 승무원을 준비하든 다른 방향의 진로를 준비하든 직업을 고심하는 과정 끝에 반드시 원하는 결과를 얻을 수 있기 바랍니다. 감사합니다.

당신은 승무원의 자질이 있습니까?

당신은
승무원의
자질이
있습니까?

저자와의
합의하에
인지첩부
생략

당신은 승무원의 자질이 있습니까?

2019년 8월 30일 초 판 1쇄 발행
2024년 8월 31일 제3판 2쇄 발행

지은이 주지환
펴낸이 진욱상
펴낸곳 (주)백산출판사
교 정 성인숙
본문디자인 신화정
표지디자인 오정은

등 록 2017년 5월 29일 제406-2017-000058호
주 소 경기도 파주시 회동길 370(백산빌딩 3층)
전 화 02-914-1621(代)
팩 스 031-955-9911
이메일 edit@ibaeksan.kr
홈페이지 www.ibaeksan.kr

ISBN 979-11-6567-653-7 13320
값 26,000원